Linnenkohl, Arbeitsrecht

Arbeitsrecht
Lehrbuch für Fachhochschulstudenten

Herausgegeben von Horst Hartwig
Richter am Oberlandesgericht, Dozent an der Fachhochschule Dortmund

---

Arbeitsrecht
mit Hinweisen auf das Sozial- und Ausbildungsrecht

mit 14 Schaubildern

Von

Professor Dr. jur. Karl Linnenkohl

Gesamthochschule Kassel

1977

J. Schweitzer Verlag · Berlin

CIP-Kurztitelaufnahme der Deutschen Bibliothek

Linnenkohl, Karl
Arbeitsrecht mit Hinweisen auf das Sozial- und Ausbildungsrecht. – 1. Aufl. – Berlin : Schweitzer, 1977.
(Lehrbuch für Fachhochschulstudenten)
ISBN 3-8059-0460-6

Satz und Druck: Walter de Gruyter & Co., Berlin. Bindearbeiten: Dieter Mikolai, Berlin. – Printed in Germany.

Vorwort

Das Arbeitsrecht gehört zu jenen Rechtsgebieten, die in der Praxis des Wirtschaftswissenschaftlers (Ökonomen, Betriebswirtes), des Ingenieurs u. a. eine entscheidende Rolle spielen können. Dennoch kann von diesen Berufsgruppen nicht erwartet werden, daß sie das Arbeitsrecht bis in alle Einzelheiten und Streitfragen hinein beherrschen. Vielmehr kommt es darauf an, die Bedeutung des Arbeitsrechtes für die berufliche Tätigkeit aufzuzeigen sowie Interesse und Verständnis für Aufgabe und Funktion dieser Rechtsmaterie zu wecken. Das bedingt eine exemplarische Stoffauswahl bei gleichzeitiger Berücksichtigung der Systematik des Arbeitsrechtes. Die Darstellung erfolgt anhand von Fällen, die in Lehrveranstaltungen erprobt sind. Die fallweise Stoffbehandlung dient der Veranschaulichung von Sinn und Tragweite der besprochenen Rechtsnormen, außerdem der Schulung in der Rechtsanwendung. Rechtsausbildung für die vorstehend erwähnten Berufe hat eine das (Fachhochschul- oder Universitäts-)Studium ergänzende, also komplementäre, Funktion. Die Vermittlung und der Erwerb von Rechtskenntnissen steht folglich nicht – wie für Juristen – im Mittelpunkt des Studiums, sondern stellt einen unter mehreren Ausbildungsfaktoren dar. Das heißt nicht, daß nicht auch Studenten der Rechtswissenschaft – zum Einstieg in das Arbeitsrecht – Nutzen aus der Lektüre dieses Buches ziehen könnten.

Am Ende jeder Fallbesprechung finden sich Hinweise auf weiterführende und vertiefende Literatur bzw. Rechtsprechung. Zur Verdeutlichung sind dem Text Schaubilder beigegeben.

Den Herren Tutoren Heinz Brethauer, Rainer Emde und Gerhard Tripp danke ich für wertvolle Mitarbeit bei der Durchsicht von Manuskript und Druckfahnen.

Kassel, im Januar 1977 — Karl Linnenkohl

Inhaltsverzeichnis

Seite

Vorwort V
Abkürzungsverzeichnis IX
Quellenverzeichnis XIII

Fall *Gegenstand*

I. Abschnitt: Allgemeines 1

Nr. 1 Der Begriff des Arbeitsrechtes 1
Nr. 2 Die Rechtsquellen 5
Nr. 3 Das einzelne Arbeitsverhältnis 7
Nr. 4 Das Gruppenarbeitsverhältnis 11
Nr. 5 Der einzelne Arbeitsvertrag 12
Nr. 6 Der Kollektivarbeitsvertrag 16

II. Abschnitt: Individuelles Vertragsrecht 20

Teil I Rechte und Pflichten der Arbeitsvertragsparteien 20

Nr. 7 Die Arbeitspflicht des Arbeitnehmers 20
Nr. 8 Die Lohnzahlungspflicht des Arbeitgebers 22
Nr. 9 Die Treuepflicht des Arbeitnehmers 25
Nr. 10 Die Fürsorgepflicht des Arbeitgebers 27

Teil II Die Beendigung des Arbeitsverhältnisses 31

Nr. 11 Die Endigungsgründe 31
Nr. 12 Die Befristung des Arbeitsverhältnisses 33
Nr. 13 Die ordentliche Kündigung 35
Nr. 14 Die außerordentliche Kündigung 41

Teil III Das Arbeitnehmerschutzrecht i. e. S. (Arbeitsschutzrecht) 44

Nr. 15 Der Schutz des erwachsenen Arbeitnehmers 44
Nr. 16 Der Sonderschutz der Frauen 48
Nr. 17 Der Sonderschutz der Jugendlichen 52

Teil IV Das Berufsausbildungsverhältnis 55

Nr. 18 Die Pflichten des Ausbildenden 55
Nr. 19 Die Pflichten des Auszubildenden 60
Nr. 20 Die Beendigung des Berufsausbildungsverhältnisses 61

III. Abschnitt: Kollektives Vertragsrecht 65

Nr. 21 Betriebsvereinbarung und Tarifvertrag 65
Nr. 22 Der schuldrechtliche Teil des Tarifvertrages 70
Nr. 23 Der normative Teil des Tarifvertrages 72
Nr. 24 Die Tarifbindung 75

IV. Abschnitt: Arbeitskampfrecht 79

Nr. 25 Der Streik 79
Nr. 26 Die Aussperrung 82

V. Abschnitt: Betriebsverfassungsrecht 88

Nr. 27 Gewerkschaft und Betriebsverfassung 88
Nr. 28 Jugendvertretung und Betriebsrat 90
Nr. 29 Die Beteiligung des Betriebsrates in personellen, sozialen und wirtschaftlichen Angelegenheiten i. S. d. BVG 94

Anhang:

Nr. 30 Musterklausur 110

Stichwortverzeichnis 113

Abkürzungsverzeichnis

a. a. O.	am angeführten Ort
Abs.	Absatz
AEVO	Ausbildereignungsverordnung
AFG	Arbeitsförderungsgesetz
allg.	allgemein
Anm.	Anmerkung
AP	Arbeitsrechtliche Praxis
ArbG	Arbeitgeber
ArbGG	Arbeitsgerichtsgesetz
ArbSichG	Arbeitssicherheitsgesetz
ArbN	Arbeitnehmer
ArbNer	Arbeitnehmer als Mehrzahl
Aufl.	Auflage
Ausn.	Ausnahme
AÜG	Arbeitnehmerüberlassungsgesetz
AV	Arbeitsverhältnis
AVE	Allgemeinverbindlicherklärung (von Tarifverträgen)
AZ	Arbeitszeit
AZO	Arbeitszeitordnung
BAG	Bundesarbeitsgericht
BAGE	Bundesarbeitsgericht, Entscheidungen
BAV	Berufsausbildungsvertrag
BB	Der Betriebs-Berater
Bd.	Band
Beschl.	Beschluß
bestr.	bestritten
BetrVG	s. BVG
BGB	Bürgerliches Gesetzbuch
BGBl.	Bundesgesetzblatt
BMAuS	Bundesminister für Arbeit und Sozialordnung
BR	Betriebsrat
BSG	Bundessozialgericht
BSHG	Bundessozialhilfegesetz
BT-Drucksache	Bundestags-Drucksache
BV	Betriebsvereinbarung
BVerfG	Bundesverfassungsgericht
BVerfGE	Bundesverfassungsgericht, Entscheidungen
BVG	Betriebsverfassungsgesetz
bzw.	beziehungsweise
Entsch.	Entscheidung
Erl.	Erläuterung(en)
etc.	et cetera (lateinisch) = und so weiter (usw.)
f.	folgende Seiten oder folgende Paragraphen
GAZ	gleitende Arbeitszeit
GewO	Gewerbeordnung
gem.	gemäß
GG	Grundgesetz
GmbH	Gesellschaft mit beschränkter Haftung
GmbHG	Gesetz betreffend die Gesellschaften mit beschränkter Haftung
Gr. S.	Großer Senat
Ges.	Gesetz
HAG	Heimarbeitsgesetz
HandwO	Handwerksordnung

hersg.	herausgegeben
HGB	Handelsgesetzbuch
hins.	hinsichtlich
h. L.	herrschende Lehre
h. M.	herrschende Meinung
HV	Hessische Verfassung
IA	Interessenausgleich
i. S.	im Sinne
i. e. S.	im engeren Sinne
i. d. F.	in der Fassung
i. S. d.	im Sinne der, des
i. S. e.	im Sinne einer, eines
JASchG	Jugendarbeitsschutzgesetz
KFZ	Kraftfahrzeug
KO	Konkursordnung
KSchG	Kündigungsschutzgesetz
LAA	Landesarbeitsamt
LadSchlG	Ladenschlußgesetz
LAG	Landesarbeitsgericht
LohnfortzG	Lohnfortzahlungsgesetz
m.	mit
MB	Mitbestimmung
ME	Mitentscheidung
MitbestG	Mitbestimmungsgesetz
mm	manager magazin
MuSchG	Mutterschutzgesetz
MW	Mitwirkung
NJW	Neue Juristische Wochenschrift
Nr.	Nummer
od.	oder
OLG	Oberlandesgericht
PKW	Personenkraftwagen
pos.	positiv(e)
Präs.	Präsident
RdA	Recht der Arbeit
Rdnr.	Randnummer
Reg. Entwurf	Regierungsentwurf
RG	Reichsgericht
RGBl.	Reichsgesetzblatt
Rspr.	Rechtsprechung
RVO	Reichsversicherungsordnung
S.	Seite
s.	siehe
sog.	sogenannt(e)
SP	Sozialplan
SchwbG	Schwerbehindertengesetz
SchwBeSchG	Schwerbeschädigtengesetz
st.	ständiger
Stde	Stunde
TOP	Tagesordnungspunkt
TV	Tarifvertrag
TVG	Tarifvertragsgesetz
Tz.	Textziffer
U	Unternehmer
u.	und

üb.	über
Urt.	Urteil
UVVen	Unfallverhütungsvorschriften
v.	von
VG	Verwaltungsgericht
v. H.	vom Hundert
VO	Verordnung
Wo.	Woche
z.	zum
z. B.	zum Beispiel
Ziff.	Ziffer
ZPO	Zivilprozeßordnung

Quellenverzeichnis

Arbeitgeberverband der hessischen Metallindustrie e. V., Frankfurt (Main); Vereinigung der hessischen Arbeitgeberverbände e. V., Frankfurt (Main); Arbeitsunterlagen für die Personalarbeit unter Berücksichtigung des neuen Betriebsverfassungsgesetzes; **Zit.**: Arbeitsunterlagen für die Personalabteilung, a. a. O.

Dieselben, Das neue Betriebsverfassungsgesetz, Hinweise für die Praxis; **Zit.**: Das neue Betriebsverfassungsgesetz.

Arbeitsring der Arbeitgeberverbände der Deutschen Chemischen Industrie e. V., Personalplanung im Betrieb, Heidelberg 1975; **Zit.**: Arbeitsring der Arbeitgeberverbände etc., a. a. O.

Paul **Bobrowski,** Dieter **Gaul,** Das Arbeitsrecht im Betrieb, 6. Aufl., Heidelberg 1970; **Zit.**: Bobrowski-Gaul, a. a. O.

Hans **Brox,** Grundbegriffe des Arbeitsrechts, 5. Aufl., 1976; **Zit.**: Hans **Brox,** a. a. O.

Das Personal-Büro, in Recht und Praxis, Rudolf Haufe Verlag, Freiburg i. Breisgau; **Zit.**: Das Personal-Büro, a. a. O.

Udo **Degener,** Das Fragerecht des Arbeitgebers gegenüber Bewerbern, Berlin 1975; **Zit.**: Udo **Degener,** a. a. O.

Johannes **Denecke,** Herbert **Monjau,** Dirk **Neumann,** Arbeitszeitordnung, Kommentar, 7. Aufl., München 1970; **Zit.**: Denecke-Monjau-Neumann, a. a. O.

Dudo von **Eckardstein,** Franz **Schnellinger,** Betriebliche Personalpolitik, München 1973; **Zit.**: **v. Eckardstein-Schnellinger,** a. a. O.

Nobert **Eickhof,** Eine Theorie der Gewerkschaftsentwicklung, Tübingen; **Zit.**: Norbert **Eickhof,** Eine Theorie der Gewerkschaftsentwicklung, a. a. O.

Hans-Ulrich **Evers,** Arbeitskampffreiheit, Neutralität, Waffengleichheit, Hamburg 1969; **Zit.**: Hans-Ulrich **Evers,** a. a. O.

Freytag – Gmel – Göbel – Grasmeher, Der Ausbilder im Betrieb, 4. Aufl., Kassel 1974; **Zit.**: Freytag u. a., a. a. O.

Franz **Gamillscheg,** Arbeitsrecht, 4. Aufl., München 1976; **Zit.**: Franz **Gamillscheg,** a. a. O.

Ruprecht **Grossmann,** Friedrich **Schneider,** Arbeitsrecht, Bonn 1971; **Zit.**: **Großmann-Schneider,** a. a. O.

Horst **Hartwig,** Lehrbuch für Fachhochschulstudenten Privatrecht Band I: Grundlagen des bürgerlichen Rechts, Berlin 1973; **Zit.**: Horst **Hartwig,** a. a. O.

derselbe, Lehrbuch für Fachhochschulstudenten Privatrecht Band II: Allgemeines Schuldrecht, Berlin 1973; **Zit.**: Horst **Hartwig,** a. a. O., Bd. II.

Josef **Herkert,** Berufsbildungsgesetz, Kommentar, Regensburg 1974; **Zit.**: Josef **Herkert,** a. a. O.

Karl **Hernekamp,** Arbeitskampf (Aktuelle Dokumente), Berlin 1975; **Zit.**: Karl **Hernekamp,** a. a. O.

Ralf **Holland,** Arbeitsrecht, Wirtschaftsgrundrisse Bd. 21, Bielefeld und Köln 1975; **Zit.**: Ralf **Holland,** Arbeitsrecht, a. a. O.

Alfred **Hueck,** Götz **Hueck,** Kommentar zum Kündigungsschutzrecht, 9. Aufl. München 1974; **Zit.**: A. **Hueck** u. G. **Hueck,** a. a. O.

Alfred **Hueck** und Hans Carl **Nipperdey,** Grundriß des Arbeitsrechts, 5. Aufl., Berlin und Frankfurt a. M. 1970; **Zit.**: **Hueck-Nipperdey,** Grundriß, a. a. O.

Hubert **Klingberg,** Lehrbuch für Fachhochschulstudenten Band V: Gesellschaftsrecht, Berlin 1974; **Zit.**: Hubert **Klingberg,** a. a. O.

P. **Lerche,** Verfassungsrechtliche Zentralfragen des Arbeitskampfes, Bad Homburg v. d. H., Berlin-Zürich 1968; **Zit.**: P. **Lerche,** a. a. O.

Karl **Linnenkohl,** Einführung in die Grundlagen des Arbeitsrechtes, Baden-Baden und Bad Homburg v. d. H. 1971; **Zit.**: Karl **Linnenkohl,** a. a. O.

Günter **Löwisch** und Manfred **Löwisch,** Arbeitsrecht für Wirtschaftswissenschaftler, Tübingen 1974; **Zit.: Löwisch-Löwisch,** Arbeitsrecht, a. a. O.

Hans-Christoph **Matthes,** Einstellung und Kündigung, Bonn 1974; **Zit.:** H.-C. **Matthes,** a. a. O.

Peter G. **Meisel,** Die Mitwirkung und Mitbestimmung des Betriebsrates in personellen Angelegenheiten, Heidelberg 1974; **Zit.:** Peter G. **Meisel,** a. a. O.

Bernd **Otto,** Gewerkschaftsbewegung in Deutschland, Köln 1975; **Zit.:** Bernd **Otto,** Gewerkschaftsbewegung in Deutschland, a. a. O.

Palandt, Bürgerliches Gesetzbuch, Kurz-Kommentar, 36. Aufl., München 1977; **Zit.: Palandt,** a. a. O.

Klaus **Popp,** Öffentliche Aufgaben der Gewerkschaften und innerverbandliche Willensbildung, Berlin 1975; **Zit.:** Klaus **Popp,** a. a. O.

Manfred **Rehbinder,** Optisches Arbeitsrecht, Heft 1: Das Arbeitsverhältnis im Privatrecht (Arbeitsvertragsrecht). Herne u. Berlin 1972.

Hans-Dietrich **Rewolle,** Kommentar zum Schwerbehindertengesetz, Percha a. Starnberger See; **Zit.:** H.-D. **Rewolle,** a. a. O.

Bernd **Rüthers,** Arbeitsrecht und politisches System, Frankfurt a. M. 1973; **Zit.:** Bernd **Rüthers,** a. a. O.

Klaus **Rumpf,** Mitbestimmung in wirtschaftlichen Angelegenheiten, Heidelberg 1972; **Zit.:** Klaus **Rumpf,** a. a. O.

Günter **Schaub,** Arbeitsrecht, 7. Aufl., München (dtv), 1975; **Zit.:** Günter **Schaub,** Arbeitsrecht, a. a. O.

derselbe, Der Betriebsrat, 1. Aufl., München (dtv), 1973; **Zit.:** Günter **Schaub,** Der Betriebsrat, a. a. O.

derselbe, Arbeitsrechts-Handbuch, 2. Aufl., München 1975; **Zit.:** Günter **Schaub,** Arbeitsrechts-Handbuch, a. a. O.

Werner **Schimanski,** Sozialrecht, Lehrbuch für Fachhochschulstudenten: Kranken-, Unfall- und Rentenversicherung, Berlin 1975; **Zit.:** Werner **Schimanski,** a. a. O.

Alfred **Söllner,** Arbeitsrecht, 2. Aufl., Stuttgart 1969; **Zit.:** Alfred **Söllner,** a. a. O.

Eugen **Stahlhacke,** Kündigung und Kündigungsschutz im Arbeitsverhältnis, München 1970; **Zit.:** Eugen **Stahlhacke,** a. a. O.

H. **Schieckel,** Berufsbildungsgesetz, Kommentar, Bd. I u. II, Percha am Starnberger See; **Zit.:** H. **Schieckel,** a. a. O.

Hildegard **Waschke,** Gewerkschaften in Westeuropa, Frankfurt a. M. 1975; **Zit.:** Hildegard **Waschke,** Gewerkschaften in Westeuropa, a. a. O.

Rudolf **Wiethölter,** Rechtswissenschaft, Funkkolleg 4, Frankfurt a. M. und Hamburg 1968; **Zit.:** Rudolf **Wiethölter,** a. a. O.

Georg **Wannagat,** Lehrbuch des Sozialversicherungsrechts, Tübingen 1965; **Zit.:** Georg **Wannagat,** a. a. O.

Johannes **Zmarzlik,** Jugendarbeitsschutzgesetz, Kommentar, München 1976; **Zit.:** Johannes **Zmarzlik,** Jugendarbeitsschutzgesetz, a. a. O.

I. Abschnitt: Allgemeines

Fall Nr. 1: Der Begriff des Arbeitsrechtes

Auf welche der folgenden Personen trifft Arbeitsrecht zu:
a) Inhaber einer Bauschlosserei,
b) Handelsvertreter,
c) Reisenden,
d) frei praktizierenden Arzt,
e) Beamten,
f) Strafgefangenen?

Besprechung

Die Beurteilung des vorstehenden Sachverhaltes setzt die Kenntnis des **Begriffes** sowie der **Aufgabe** (Funktion) des Arbeitsrechtes voraus. Es gibt keine gesetzliche Definition. Die einheitliche Kodifikation des Arbeitsrechtes zu einem sog. Arbeitsgesetzbuch befindet sich z. Zt. noch im Stadium vorbereitender Kommissionsarbeit. Arbeitsrecht ergibt sich somit aus einer Vielzahl von Rechtsquellen, die über die gesamte Rechtsordnung verteilt sind (vgl. Fall Nr. 2). Aus der Summe dieser Rechtsregeln haben die Arbeitsgerichtsbarkeit und die Rechtswissenschaft im Wege verallgemeinernder (abstrahierender) Betrachtungsweise einen Begriff des Arbeitsrechtes abzuleiten versucht. Dabei haben sich folgende Auffassungen herauskristallisiert:

Nach üblicher Definition ist Arbeitsrecht das **Recht der abhängigen Arbeit** oder das **Sonderrecht der abhängigen** (unselbständigen) **ArbNer** (h. L.). In vorstehender Inhaltsbestimmung ist ein weiterer zu definierender Begriff, nämlich der des ArbN, enthalten. Nach herrschender, wenn auch nicht unbestrittener, Lehre sind **ArbNer** Personen, die aufgrund privatrechtlichen Vertrages oder eines ihm gleichgestellten Rechtsverhältnisses im Dienst eines anderen zur Arbeit körperlicher oder geistiger Art verpflichtet sind (**Hueck-Nipperdey** a. a. O.).

Gegen den Begriff des Arbeitsrechtes und seine Abgrenzung werden folgende **Einwände** erhoben:

1. Der Ausdruck „Arbeitsrecht" sei zu weit, weil z. B. auch der Unternehmer und der frei praktizierende Arzt Arbeit leisteten (Franz **Gamillscheg** u. a.). Richtig ist, daß der Begriff die Vorstellung weckt, Arbeitsrecht umfasse sämtliche Rechtsregeln menschlicher Arbeit. Nach überliefertem Verständnis handelt es sich aber um das Sonderrecht der **abhängigen** Arbeit.

2. In der Charakterisierung des Arbeitsrechtes als eines **Sonderrechtes** sieht Rudolf **Wiethölter** ein Paradoxon (Widerspruch), weil Arbeit die menschliche Existenz begründe. Mithin lasse sich Arbeitsrecht als Sonderrecht nur in historischen und gesellschaftlichen Zusammenhängen begreifen. Unter den Bedingungen der bürgerlich-privatkapitalistischen Wirtschaftsgesellschaft sei im 19. Jahrhundert aus dem Arbeitsrecht ein Herrschafts-Recht, ein Recht des Klassengegensatzes von „Kapital" und „Arbeit", geworden.

Hierzu ist zu bemerken, daß ohne die prägende Kraft der zu Beginn des 19. Jahrhunderts einsetzenden Industrialisierung sowie der früh-kapitalistischen Produktionsweise Arbeitsrecht in heutiger Form sicherlich nicht entstanden wäre. Das Arbeitsrecht der westlichen Industriestaaten ist ein junges Rechtsgebiet. Das **Römische** Recht, das das sonstige Recht auf dem Kontinent stark beeinflußt hat, vermochte keinen entscheidenden Beitrag zur Entwicklung des Arbeitsrechtes zu leisten, weil die abhängige Arbeit in Rom zumeist von Sklaven verrichtet wurde. Das **mittelalterliche** Handwerker-, Bauern- und Gesinderecht war zu stark mit der ständischen Ordnung verbunden, um deren Untergang zu überleben. Das heutige Arbeitsrecht entstand daher erst im Gegensatz zum schrankenlosen Liberalismus z. B. in Form von **Arbeiterschutzrecht.** In **England** erging in 1802 ein Gesetz „Über die Gesundheit und Moral der Lehrlinge und anderer Personen in den Baumwollspinnereien und -fabriken", in dem verboten wurde, Lehrlinge länger als 12 Stunden täglich zu beschäftigen, Männer und Frauen in gleichen Schlafräumen unterzubringen und mehr als zwei Lehrlinge in einem Bett schlafen zu lassen. Das erste Arbeitsschutzgesetz in Deutschland erließ **Preußen** 1839, mit dem die Arbeit von Kindern unter neun Jahren verboten und die der älteren Kinder auf 10 Stunden täglich beschränkt wurde. 1841 folgte **Frankreich** mit einem „Gesetz über die Kinderarbeit". Zunächst von staatlicher Seite bekämpft, setzte sich **gegen Ende des 19. Jahrhunderts die Anerkennung der Koalitionsfreiheit** durch, die den gesellschaftlichen Zusammenschluß der Arbeiter legalisierte und damit die **Entwicklung des Tarifvertragsrechtes** einleitete.

Wie dieser geschichtliche Rückblick zeigt, ist für das Verstehen des Begriffes des Arbeitsrechtes zwar die Berücksichtigung historisch-gesellschaftlicher Zusammenhänge Voraussetzung. Ob diese jedoch, wie nach **Wiethölters** Auffassung, einzig und allein auf den Gegensatz von „Arbeit" und „Kapital" zurückgeführt werden können, erscheint fraglich. **Wiethölters** Standpunkt enthält die These, daß Arbeitsrecht vorwiegend das Ergebnis des Kampfes zwischen „Arbeiterklasse" und „Kapitalisten" sei. Dies trifft zu, soweit Arbeitsrecht ein Produkt der **Selbsthilfe** der Arbeitnehmer ist. Beispiele hierfür sind der Zusammenschluß zu Gewerkschaften (Koalitionen) und der Abschluß von Tarifverträgen. Als erster wäre der 1873 abgeschlossene Buchdruckertarif zu nennen. 1913 bestanden bereits 12369 Tarifverträge für 193000 Betriebe mit etwa 1,8 Millionen ArbNern. Andererseits gehört zur Darstellung des Arbeitsrechtes im 19. Jahrhundert die Erwähnung der Tatsache, daß der Staat zur Beseitigung bestehender Mißstände durch den Erlaß von **Arbeitsschutzgesetzen,** also im Wege der Gesetzgebung, ebenfalls gestaltend tätig geworden ist. Neben Jugendschutz und Truckverbot (s. § 115 GewO und Fall Nr. 8) sind hierfür in den achtziger und neunziger Jahren vor allem das Arbeiterschutzgesetz in Form einer Novelle zur GewO von 1891 sowie die Einführung der gesetzlichen Sozialversicherung (als Sozialrecht) zu erwähnen. Diese Tendenz hat sich im 20. Jahrhundert durch den weiteren Ausbau der Arbeitsschutzgesetzgebung in bezug auf Krankheit, Alter, Urlaub, Arbeitszeit, Jugend, Frauen, Mütter, Schwerbehinderte, Kündigung und Arbeitsplatz sowie die gesetzliche Ausformung des Betriebsverfassungs- und Tarifvertragsrechtes fortgesetzt und noch verstärkt. Die These **Wiethölters** bedarf also insoweit einer Differenzierung, als der Gegensatz zwischen Arbeit und Kapital nicht den einzigen wesentlichen Faktor für die Entstehung des modernen Arbeitsrechtes darstellt. Vielmehr ist als weitere entscheidende Kraft die staatliche Arbeitsschutzgesetzgebung anzusehen. Im Anschluß hieran ist außerdem auf die Rechtsgestaltung durch Rechtsprechung seitens der Arbeitsgerichte hinzuweisen. (Näheres dazu s. Fall Nr. 2).

3. Im Zusammenhang mit der Definition des Begriffes des Arbeitsrechtes bemerkt **Wiethölter** in bezug auf den Ausdruck **abhängiger ArbN:** nicht der ArbN, sondern

der ArbG nehme Arbeit im Sinne von Leistung. Daher handele es sich um eine Rollenvertauschung, die auf einen unerledigten Emanzipationsprozeß hindeute.
Es ist zuzugeben, daß die Begriffe „ArbN" und „ArbG" mehrdeutig sind und sinnvollerweise nur so verstanden werden können, daß der ArbN Arbeits**gelegenheit** vom ArbG nimmt.
Nach Darstellung und Auseinandersetzung mit den Einwänden gegen den herrschenden Begriff des Arbeitsrechtes bleibt zu fragen, worin die **Abhängigkeit** des ArbN besteht. Personen, die für andere Arbeit leisten, lassen sich in zwei Gruppen gliedern: in solche, die die Arbeit im Dienst eines anderen leisten und solche, die in bezug auf die Arbeitsleistung **selbständig** sind. Das letztere ist der Fall, wenn der Betreffende seine Arbeit selbst einteilen kann und in der Arbeitszeit frei ist. Demgemäß bestimmt beispielsweise § 84 Abs. 1 Satz 2 HGB zur Abgrenzung des selbständigen Handelsvertreter vom angestellten (abhängigen) Reisenden, daß **selbständig ist, wer im wesentlichen frei seine Tätigkeit gestalten und seine Arbeitszeit bestimmen kann.** Wo das nicht der Fall ist und einem anderen (ArbG) ein sog. „Weisungs- und Direktionsrecht" hinsichtlich der Arbeitsleistung zusteht, liegt Abhängigkeit vor. Diese ist also in erster Linie **persönlicher** und nicht wirtschaftlicher Natur. Daher ist der Handelsvertreter selbständiger Kaufmann (§§ 1 Abs. 2 Nr. 7; 84 Abs. 1 HGB), während der Reisende als „Angestellter" gilt (§ 84 Abs. 2 HGB), selbst wenn sein Einkommen das des Handelsvertreters übersteigen sollte.
Die heutige Erscheinungsform der unselbständigen Arbeitsleistung ist vornehmlich eine Folge der Industrialisierung und der damit verbundenen fortschreitenden Arbeitsteilung. Diese macht die Bindung des ArbN an die Weisungen der Betriebsleitung unabweisbar. Daher ist das Phänomen der Abhängigkeit weniger Auswirkung der jeweiligen Wirtschaftsordnung als vielmehr der derzeitigen industriellen Produktionsweise.
Unter einem **Angestellten** (employé, impiegato, employee) versteht man herkömmlicherweise im Gegensatz zum angeblich überwiegend körperlich tätigen **Arbeiter** (ouvrier, lavoratore, workman) den „Kopfarbeiter", der hauptsächlich geistig arbeitet. Während z. B. ein Maschinenschlosser als qualifizierter Facharbeiter zu einem erheblichen Prozentsatz auch geistig tätig ist, arbeitet eine Schreibkraft, die Diktate von Tonbändern abschreibt, vorwiegend körperlich (manuell). Dennoch stuft man den Facharbeiter als Arbeiter und die Schreibkraft als Angestellte ein. Wie dieses Beispiel zeigt, ist die zu Beginn der (europäischen) Industrialisierung zutreffende Differenzierung zumindest teilweise infolge der durch die fortschreitende Technisierung veränderten Tätigkeitsmerkmale und Berufsbilder überholt. Die zu ziehende Konsequenz wäre die Korrektur der überlieferten Einstufung bisheriger Berufsbilder. Das hätte zur Folge, daß z. B. der Facharbeiter den Angestelltenstatus erhielte, während die Schreibkraft als Arbeiterin anzusehen wäre. Dies hätte für letztere gewisse rechtliche und soziale Nachteile. Daher wäre die Alternative ein Verzicht auf die bisherige Unterteilung in Arbeiter und Angestellte sowie die rechtliche und soziale Angleichung. Diesen Weg hat der Gesetzgeber im Bereich des Arbeitsrechtes eingeschlagen, indem er schrittweise die Rechtsstellung des Arbeiters der des Angestellten angenähert hat. Daher bestehen im Arbeitsrecht keine erheblichen Unterschiede mehr zwischen der Rechtsstellung des Arbeiters und der des Angestellten. Der Oberbegriff „ArbN" (salasié) findet immer häufiger Verwendung.
Auch im Recht der gesetzlichen **Sozialversicherung** hat eine weitgehend materiellrechtliche Angleichung beider ArbNer-Gruppen stattgefunden. Demgemäß spricht beispielsweise § 1227 Abs. 1 Nr. 1 RVO in bezug auf den in der Rentenversicherung der Arbeiter versicherten Personenkreis nur noch von „ArbNern". Die Differenzierung

nach Arbeitern und Angestellten hat vor allem noch formalrechtlich-organisatorische Bedeutung für die Mitgliedschaft bei den einzelnen Trägern des jeweiligen Versicherungszweiges (z. B. BfA oder LVA). (Vgl. hierzu Werner **Schimanski,** a. a. O., Fall Nr. 1, 52, 118).

Insgesamt ist ein Absinken des Anteils der „Arbeiter" und eine Zunahme der Angestelltenberufe festzustellen.

Zum ArbN-Begriff gehört das Merkmal der **vertraglichen** Bindung, d. h. die Rechtsgrundlage für die Verpflichtung zur Arbeitsleistung ist eine gegenseitige Absprache zwischen ArbN und ArbG. **Strafgefangene** sind somit keine ArbNer, weil sie nicht aufgrund einer vertraglich eingegangenen Verpflichtung, sondern aufgrund verwaltungsrechtlichen Zwanges Arbeit (sog. Zwangsarbeit) leisten.

Beamte sind ebenfalls keine ArbNer. Zwar sind sie ebenso wie andere ArbNer zur Arbeitsleistung verpflichtet. Sie werden jedoch durch Aushändigung einer Ernennungsurkunde vom jeweiligen „Dienstherrn", einem Träger staatlicher, kommunaler oder sonstiger hoheitlicher Gewalt, in ein **öffentlich-rechtliches Dienst-** und **Treueverhältnis** berufen (Art. 33 Abs. 4 GG). Unter **öffentlichem Recht** versteht man die Regelung der Rechtsbeziehung des Bürgers zum Staat und zu sonstigen Trägern hoheitlicher Gewalt sowie die Rechtsverhältnisse dieser Einrichtungen zueinander. Dabei ist öffentliches Recht mit „Befehlsgewalt" ausgestattet. Die Rechtsgrundlage für die Tätigkeit eines Beamten ist also im Unterschied zur Arbeitsverpflichtung eines ArbN nicht eine vertragliche Vereinbarung. Vielmehr werden Rechte und Pflichten eines Beamten durch öffentliches Recht in Form von Bundes- oder Landesgesetz unter Berücksichtigung der **hergebrachten Grundsätze des Berufsbeamtentums** geregelt (Art. 33 Abs. 5 GG). Unter den Grundsätzen des hergebrachten Berufsbeamtentums versteht man u. a. die prinzipielle lebenslange Anstellung, die Alters- und Hinterbliebenenversorgung sowie die besondere **Treuepflicht** gegenüber dem öffentlich-rechtlichen Dienstberechtigten, aus der die h. L. (bestr. s. Fall Nr. 25) ein **Streikverbot** für Beamte herleitet. Nachdem die öffentliche Verwaltung dem Bürger in zunehmendem Maße neben den überlieferten Formen staatlicher Tätigkeit auch Dienstleistungen, wie z. B. auf dem Gebiet der Energieversorgung, der Personenbeförderung und dem Bildungswesen, erbringt, hat sich die Aufgabenstellung erweitert und damit auch die Personalstruktur verändert. Dies zeigt die Tatsache, daß Arbeiter und Angestellte Eingang in den öffentlichen Dienst gefunden haben und zum Teil Funktionen wahrnehmen, die ehedem Beamte ausübten. Dies hat vor allem in letzter Zeit zu gesetzgeberischen Überlegungen geführt, das gesamte Recht des öffentlichen Dienstes zu vereinheitlichen und die beamtenrechtliche Differenzierung aufzugeben. Schon die Verfassung des Landes Hessen aus dem Jahre 1946 sieht die Schaffung eines einheitlichen Arbeitsrechtes für alle Angestellten, Arbeiter und Beamten vor (Art. 29 Abs. 1). Zunächst bleibt es jedoch noch bei der rechtlichen Sonderstellung der Beamten. Diese kommt auch in der Abgrenzungsvorschrift des § 5 Abs. 2 ArbGG zum Ausdruck, wonach Beamte als solche keine ArbNer sind. Demgegenüber findet jedoch auf Arbeitgeber und Angestellte im öffentlichen Dienst Arbeitsrecht Anwendung, weil Grundlage der Anstellung nicht ein öffentlich-rechtliches Dienst- und Treueverhältnis ist, sondern ein Arbeitsvertrag.

Abschließend sei darauf hingewiesen, daß den anglo-amerikanischen Rechten die starke Trennung von Beamten und ArbNern des öffentlichen Dienstes fremd ist.

Zur Beurteilung des zugrunde liegenden Falles lassen sich aus den vorstehenden Ausführungen folgende Ergebnisse ableiten:

Zu a): Der **Inhaber einer Bauschlosserei** ist als **selbständiger** Handwerker (§ 1 HandwO) Unternehmer. Sofern er ArbNer beschäftigt, ist er zugleich ArbG und insoweit an die Rechtsregeln des Arbeitsrechtes gebunden. In seiner Eigenschaft als ArbG wird der Unternehmer also auch vom Arbeitsrecht erfaßt. Dagegen gehören die Rechtsnormen, die sich auf die Unternehmertätigkeit beziehen, nicht zum Arbeitsrecht, sondern z. B. zum Handels- oder Wirtschaftsrecht (zu diesem Begriff vgl. Horst **Hartwig,** Privatrecht, Bd. 1, a. a. O., S. 4). Demgegenüber unterliegt jedoch die gesamte berufliche Existenz des ArbN der rechtlichen Bewertung durch das Arbeitsrecht. **In seiner Unternehmereigenschaft trifft also auf den Inhaber einer Bauschlosserei Arbeitsrecht nicht zu.**

Zu b): Dies gilt auch für den **Handelsvertreter** als selbständigen Kaufmann (§§ 1 Abs. 2 Nr. 7, 84 Abs. 1 HGB).

Zu c): Dagegen ist der **Reisende nicht selbständig** (§ 84 Abs. 1 S. 2 HGB): er gilt daher als Angestellter (§ 84 Abs. 2 HGB), mithin als ArbN, dessen rechtliche Stellung sich nicht aus dem Handelsvertreterrecht der §§ 84 ff, HGB, sondern aus dem Arbeitsrecht herleitet.

Zu d): Auch der **frei praktizierende Arzt ist selbständig.** Jedoch ist er im Gegensatz zu dem Inhaber einer Bauschlosserei oder einem Handelsvertreter kein Unternehmer, weil die Ausübung der Heilkunde nicht als Gewerbe gilt (§ 6 GewO). Als ArbG würde er z. B. durch die Beschäftigung von ärztlichen Mitarbeitern und Arzthelfern in Berührung mit dem Arbeitsrecht gelangen.

Zu e): Der **Beamte gilt nicht als ArbN**, weil seine Rechtsstellung in einem durch Gesetz ausgestalteten öffentlich-rechtlichen Dienst- und Treueverhältnis begründet ist.

Zu f): Der **Strafgefangene ist kein ArbN,** da er nicht aufgrund eines Vertragsverhältnisses, sondern durch verwaltungsrechtliche Bestimmung im Rahmen einer Strafvollzugsordnung **Zwangsarbeit** leisten muß.

Abschließend ist festzustellen, daß lediglich der **Reisende** als **ArbN** unter den Geltungsbereich des Arbeitsrechtes fällt.

Dem Arbeitsrecht teilweise unterstellt sind u. a. **arbeitnehmerähnliche** Personen (§ 12a TVG) und **Heimarbeit** (HAG).

Literaturhinweise

Franz **Gamillscheg,** a. a. O., Fragen Nr. 1 ff.; **Hueck-Nipperdey,** Grundriß a. a. O., S. 1 ff., Günter **Schaub,** Arbeitsrecht, a. a. O., Stichwort „Arbeitsrecht"; Rudolf **Wiethölter,** a. a. O., S. 281 ff.

Fall Nr. 2: Die Rechtsquellen

A. arbeitet als kaufmännischer Angestellter in einem Großraumbüro, in dem ständig geraucht wird. Als überzeugter Nichtraucher hält A das zwangsläufige „Mitrauchen" für gesundheitsschädlich. Er verlangt daher von der Geschäftsleitung den Erlaß eines allgemeinen Rauchverbotes. Zu Recht?

Besprechung

Wenn A von der Geschäftsleitung die Einführung eines allgemeinen Rauchverbotes fordert, so fragt es sich, ob A hierzu berechtigt ist. Die Beantwortung dieser Frage setzt die Suche nach einer **Rechtsnorm** voraus, die dem Verlangen des A entspricht. Unter Rechtsnormen versteht man **typisierte Lebenssachverhalte mit einer Rechtsfolge.** Im vorstehenden Falle könnte die zutreffende Rechtsnorm beispielweise lauten: „Rauchen in einem Großraumbüro ist verboten." Man wird jedoch hier nicht davon ausgehen können, daß ein derartiges Verbot auf betrieblicher Ebene, z. B. in Form einer **Betriebsvereinbarung,** besteht. Das Verlangen des A wäre sonst unverständlich. Hieraus folgt, daß die Suche nach einer weiteren möglichen **Rechtsquelle** erforderlich ist. Unter einer Rechtsquelle kann man sich eine **Summe von Rechtsnormen** vorstellen, die die rechtliche Regelung eines bestimmten Lebensbereiches vorsieht. Neben einer Betriebsvereinbarung, die sich auf den Lebensbereich „Betrieb" bezieht, könnte als Rechtsquelle auch ein **Tarifvertrag** in Betracht kommen, der auf überbetrieblicher Ebene je nach Branche, d. h. nach Wirtschafts- und Industriezweig, die Arbeitsbedingungen regelt. Unter den Begriff des Tarifvertrages fallen sowohl die bekannten Lohn- und Gehaltstarife als auch die sog. Manteltarifverträge, die die übrigen Arbeitsbedingungen, wie z. B. die Dauer der regelmäßigen Arbeitszeit, die Zahlung von Zulagen und Urlaubsansprüchen, enthalten. Ein betriebliches Rauchverbot könnte als Regelung des Verhaltens der Arbeitnehmer am Arbeitsplatz Gegenstand eines Manteltarifes sein, der insoweit Grundsätze für den Erlaß von Betriebsordnungen aufstellen würde. Bislang haben die Tarifvertragsparteien das Problem eines betrieblichen Rauchverbotes noch nicht aufgegriffen. Sie überlassen es der Regelungsbefugnis der betrieblichen Sozialparteien, dem Arbeitgeber und dem von der Belegschaft gewählten Betriebsrat.

Weiter ist zu prüfen, ob sich der A zur Durchsetzung seines Verlangens auf eine Rechtsnorm im Rahmen einer **gesetzlichen** Rechtsquelle berufen kann. Da A kaufmännischer Angestellter ist, könnte eine derartige Vorschrift in den §§ 59 ff., HGB, der gesetzlichen Regelung des Rechtes der Handlungsgehilfen, enthalten sein. Aus der Zahl dieser Normierungen könnte § 62 Abs. 1 HGB in Betracht kommen. Hiernach ist der „Prinzipal", d. h. die Geschäftsleitung, verpflichtet, die Geschäftsräume und den Geschäftsbetrieb so einzurichten und zu unterhalten, daß der Handlungsgehilfe gegen eine Gefährdung seiner Gesundheit geschützt ist, soweit die Natur des Betriebes es gestattet. Zwar spricht diese Rechtsnorm das „Rauchen" als Fall der Gesundheitsgefährdung nicht ausdrücklich an. Jedoch kann jetzt als gesicherte Erkenntnis angesehen werden, daß Rauchen auf die Dauer gesundheitsschädlich ist. Das gleiche dürfte inzwischen für das „passive Mitrauchen" gelten, weil Tabakrauch auch für andere gesundheitsschädigend wirkt (**OLG** Stuttgart, Beschl. v. 26. 6. 74 = NJW 74, 2014 f.; **VG** Schleswig, Urt. v. 20. 9. 74 = NJW 75, 275). Entscheidende Faktoren hierfür sind die Vergiftung der Luft mit Kohlenmonoxyd. Teertröpfchen und Benzpyren, die als krebsfördernde Substanzen erkannt sind. So atmet ein Nichtraucher in stark verräucherten Räumen stündlich den Giftgehalt von etwa vier Zigaretten ein. Ist man am Arbeitsplatz derartigen Bedingungen ständig oder über einen langen Zeitraum ausgesetzt, so handelt es sich um eine Körperschädigung mit Langzeitwirkung, die man als Körperverletzung bezeichnen kann. Insoweit ist also die Auffassung des A zutreffend.

Unter Berücksichtigung dieser Tatsache ist im zugrunde liegenden Falle die Geschäftsleitung verpflichtet, den A im Rahmen des § 62 HGB zu schützen. Dies könnte z. B. durch die Anbringung wirksamer Entlüftungsanlagen oder durch die Einrichtung

getrennter Arbeitsplätze für Nichtraucher und Raucher geschehen. Sollten diese Maßnahmen undurchführbar oder nicht wirksam sein, so wäre als letztes Mittel (ultima ratio) ein Rauchverbot für das Großraumbüro auszusprechen.
Die bisherige Prüfung hat ergeben, daß A zwar nicht von vornherein den Erlaß eines allgemeinen Rauchverbotes, wohl aber Schutz vor „passivem Mitrauchen" am Arbeitsplatz beanspruchen kann, was letztlich auch das Untersagen des Rauchens bedeuten kann. Diese Rechtsfolge ergibt sich aus § 62 HGB (entsprechende Normen sind § 618 BGB und § 120a GewO), also einer **gesetzlichen** Rechtsnorm. Hierbei handelt es sich um eine **konkretisierte Form der Fürsorgepflicht des Arbeitgebers,** die aufgrund des **Arbeitsvertrages** besteht. (Näheres s. Fall Nr. 10).
Fraglich ist, ob sich diese Rechtslage nicht noch aus einer weiteren, übergeordneten Quelle, dem **GG,** herleiten läßt. Nach Art. 2 Abs. 1 GG hat jedermann das Recht auf freie Entfaltung seiner Persönlichkeit, soweit er nicht die Rechte anderer verletzt. Zur Persönlichkeitsentfaltung gehört auch das Nichtrauchen. In diesem Falle beansprucht der Nichtraucher die Teilnahme am Gemeingebrauch der Atemluft. Ob und in welchem Umfange sich auch der Raucher auf Art. 2 Abs. 1 GG berufen kann, ist streitig. Es wird z. B. die Auffassung vertreten, daß das Rauchen nicht nur ein Gemein- sondern ein Spezialgebrauch des Rechtes auf freie Persönlichkeitsentfaltung sei und daher nur soweit gestattet werden dürfe, als es den Gemeingebrauch des Nichtrauchers an der reinen Luft nicht beeinträchtige. Ohne auf diese Frage an dieser Stelle weiter einzugehen, kann jedoch festgehalten werden, daß für das Verlangen des A auch das GG als Rechtsquelle in Betracht kommt. (Ebenso **VG** Schleswig, Urt. v. 20. 9. 74 = NJW 75, 275).
Bei der Behandlung des zugrunde liegenden Falles sind als **Rechtsquellen** der **Arbeitsvertrag,** die **Betriebsvereinbarung,** der **Tarifvertrag,** das **Gesetz** sowie das **Grundgesetz** angesprochen worden. Dabei ist zu ergänzen, daß sich arbeitsrechtliche Normen auch aus **überstaatlichem Recht,** wie z. B. der Europäischen Sozialcharta, **Gewohnheits-** und **Richterrecht** ergeben können. Die einzelnen Rechtsquellen stehen in einem bestimmten Rangverhältnis zueinander. Dabei geht die ranghöhere der rangniederen Rechtsquelle vor. Demgemäß bestimmt Art. 31 GG, daß Bundesrecht Landesrecht bricht. Abmachungen des Einzel-Arbeitsvertrages dürfen z. B. grundsätzlich nicht Regelungen einer Betriebsvereinbarung – oder bei Tarifgebundenheit (s. Fall Nr. 24) – Tarifvertragsnormen widersprechen. Diese müssen sich wiederum im Rahmen der Gesetze bewegen, die ihrerseits nicht verfassungswidrig sein dürfen.

Literaturhinweise
Großmann-Schneider, a. a. O., S. 28ff.; Horst **Hartwig,** a. a. O., Fall Nr. 3 (betr. Rechtsquellen); Günter **Schaub,** a. a. O., Stichwort „Rauchverbot".

Rechtsquellen im Arbeitsrecht

Überstaatliches Recht (z. B. Europäische Sozialcharta)

↕

Grundgesetz (z. B. Artikel 1, 2, 3, 9 Abs. 3, 12)

↕

Gesetze (z. B. Arbeitsschutzgesetze), **Rechtsgrundsätze** (z. B. Treu und Glauben, Arbeitnehmerschutzgedanke), **Rechtsprechung** (z. B. zum Arbeitskampfrecht)

↕

Tarifverträge (z. B. Mantel-Lohn- u. Gehaltstarifverträge) – überbetrieblich –

↕

Betriebsvereinbarungen (z. B. Regelung formeller Arbeitsbedingungen i. S. d. § 87 Abs. 1 Nr. 1 BVG) – betrieblich –

↕

Betriebsübungen (z. B. Anwendung von Tarifverträgen ohne Tarifbindung)

↕

Einzelarbeitsvertrag zwischen ArbG und ArbN (Vereinbarung von Arbeitsbedingungen)

Anmerkungen
Die oberste Rechtsquelle (überstaatliches Recht) ist die stärkste, die unterste (Einzelarbeitsvertrag) die schwächste.
Zum Verhältnis zwischen Tarifvertrag und Betriebsvereinbarung s. Fall Nr. 21.

Fall Nr. 3: Das einzelne Arbeitsverhältnis

Firma B und Arbeitnehmer A schließen am 15. 3. 19.. einen Arbeitsvertrag ab, wonach A am 1. 4. 19.. die Arbeit bei B aufnehmen soll. Inzwischen erkrankt A arbeitsunfähig und kann die Arbeit bei B erst am 15. 4. 19.. antreten.

1. Ab welchem Zeitpunkt besteht zwischen A und B ein Arbeitsverhältnis?
2. Hat A ab 1. 4. 19.. einen Lohnanspruch? Ist hierfür von Bedeutung, ob A als „Arbeiter" oder als „Angestellter" tätig werden soll?
3. Wie wäre die Rechtslage, wenn A bei Vertragsabschluß noch minderjährig war, und keine Zustimmung des gesetzlichen Vertreters vorlag?

Besprechung

Der vorstehende Sachverhalt enthält zwei arbeitsrechtlich bedeutsame Begriffe: das **Arbeitsverhältnis** und den **Arbeitsvertrag. Ziel** der nachfolgenden Ausführungen ist die Auseinandersetzung mit Begriff und Funktion des **Arbeitsverhältnisses** sowie dessen Abgrenzung vom Arbeitsvertrag. Allgemein liegt einem Arbeitsverhältnis ein Arbeitsvertrag zugrunde. Ausnahmsweise entsteht ein Arbeitsverhältnis auch ohne Arbeitsvertrag. Die Begründung für diese Feststellung ergibt sich im Zusammenhang mit der Behandlung des Sachverhaltes.

Zu 1. Die Beantwortung der Frage, ab wann zwischen A und B ein Arbeitsverhältnis besteht, setzt u. a. die Klärung dieses Begriffes voraus. Unter Arbeitsverhältnis kann man das aufgrund eines **rechtswirksamen Arbeitsvertrages entstehende Rechtsverhältnis zwischen ArbG und ArbN** verstehen, das im wesentlichen auf den Austausch von Arbeitsleistung und Vergütung gerichtet ist. Nach dieser Definition wird das Arbeitsverhältnis als Rechtsverhältnis durch den **Abschluß des Arbeitsvertrages** begründet. Diese Begriffsbestimmung fußt auf der sog. **Vertragstheorie.** Demgegenüber verlangt die heute kaum noch vertretene **Eingliederungstheorie** die **tatsächliche** Einstellung des ArbN in den Betrieb oder Haushalt des ArbG. Wegen der geschichtlichen und rechtstheoretischen Bedeutung dieses Theorienstreites wird auf **Hueck-Nipperdey** sowie **Alfred Söllner** a. a. O. verwiesen.

Für das Entstehen eines Arbeitsverhältnisses sind im vorliegenden Falle drei Zeitpunkte zu überprüfen, der 15. 3., 1. 4. und 15. 4. 19. .. Auf den 15. 3. fällt der Vertragsabschluß. Am 1. 4. ist B arbeitsvertraglich zur Arbeitsaufnahme bei A verpflichtet. Am 15. 4. tritt B die Arbeit bei A tatsächlich an. Der Termin 15. 3. ist der entscheidende Zeitpunkt für den rechtswirksamen Abschluß des Arbeitsvertrages. Daraus folgt aber nicht das sofortige Entstehen eines Arbeitsverhältnisses. Die rechtliche Verpflichtung zum Arbeitsantritt ist vertraglich auf den 1. 4. festgelegt. Ab

diesem Zeitpunkt wird also ein Rechtsverhältnis zwischen ArbG A und ArbN B begründet. Somit liegt am **1. 4.** ein **Arbeitsverhältnis** vor.
Allgemein läßt sich formulieren, daß ein **Arbeitsverhältnis** von dem Zeitpunkt an gegeben ist, in dem eine **rechtliche Verpflichtung zum vollständigen oder teilweisen Vollzug des Arbeitsvertrages** besteht. Danach hat in der Zeit vom 15. 3. bis 1. 4. 19.. zwar ein rechtswirksamer Arbeitsvertrag aber kein Arbeitsverhältnis bestanden.

Zu 2. Ob A bereits ab 1. 4. 19.. ein Lohnanspruch zusteht, ist fraglich. Zwar sollen zu diesem Zeitpunkt nach dem Arbeitsvertrag die gegenseitigen Rechte und Pflichten, die Arbeitspflicht und die Lohnzahlungspflicht, wirksam werden. Jedoch ist zu berücksichtigen, daß A am 1. 4. arbeitsunfähig erkrankt und an der Arbeitsaufnahme verhindert ist. Nach dem Grundsatz „ohne Arbeit kein Lohn" würde kein Lohnanspruch entstehen. Hierfür würde auch die schuldrechtliche Regelung des § 323 Abs. 1 BGB sprechen. Hiernach verliert der Gläubiger den Anspruch auf die Gegenleistung, wenn die ihm obliegende Leistung infolge eines Umstandes **unmöglich** wird, den weder der Gläubiger noch der Schuldner zu vertreten hat. Bei Arbeitsunfähigkeit infolge unverschuldeter Krankheit würde somit kein Lohnanspruch gegeben sein. Dieses Ergebnis würde jedoch eine soziale Unsicherheit des ArbN im Krankheitsfalle auslösen. Damit erweist sich die schuldrechtliche Regelung des § 323 Abs. 1 BGB als unzulänglich für das Arbeitsrecht, zu dessen Aufgaben auch der **Schutz des ArbN** vor den Risiken des Berufslebens gehört. Daher hat der Gesetzgeber für das Arbeitsrecht im Rahmen des Arbeitnehmerschutzrechtes eine eigenständige Regelung geschaffen. Hinsichtlich der Alternative einer Kostenübernahme durch die gesetzliche Krankenversicherung und der Lohn- und Gehaltsfortzahlung durch den ArbG hat man sich für die letztere, die sog. **arbeitsrechtliche Lösung,** entschieden.
Die Rechtsquellen für die Lohnfortzahlung im Krankheitsfalle sind für **Arbeiter** und **Angestellte** unterschiedlich. Im Gegensatz zu den Angestellten erhielten **Arbeiter** im Krankheitsfalle zunächst überhaupt keinen Lohn. Sodann wurde der ArbG aufgrund des **Gesetzes zur Verbesserung der wirtschaftlichen Sicherung der Arbeiter im Krankheitsfalle** vom 26. 7. 1957 **(BGBl. I S. 649)** zur Zahlung eines Zuschusses zu den Leistungen aus der gesetzlichen Kranken- oder Unfallversicherung in Höhe des Unterschiedbetrages zwischen den entsprechenden Sozialversicherungsleistungen und dem Nettoarbeitsentgelt verpflichtet. Eine im Grunde völlige Gleichstellung mit dem Angestellten ist durch das **Gesetz über die Fortzahlung des Arbeitsentgelts im Krankheitsfalle** (Lohnfortzahlungsgesetz) vom 27. 7. 1969 (BGBl. I S. 946) eingetreten. Nach § 1 Abs. 1 Lohnfortzahlungsgesetz hat ein Arbeiter Anspruch auf Arbeitsentgelt für die Zeit der krankheitsbedingten unverschuldeten Arbeitsunfähigkeit bis zur Dauer von sechs Wochen. Die Lohnfortzahlungspflicht entsteht allerdings erst **nach Beginn der Beschäftigung.**
Das bedeutet für die Beurteilung der vorstehenden Frage, daß für A als **Arbeiter** ein derartiger Anspruch **erst mit der tatsächlichen Aufnahme der Arbeit, also ab 15. 4. 19 . .,** entstehen würde.
Wäre A **Angestellter,** so könnte er einen Anspruch auf Fortzahlung des Gehaltes als Handlungsgehilfe aus § 63 HGB, als gewerblicher Angestellter aus § 133c GewO und als sonstiger (BGB-) Angestellter aus § 616 Abs. 2 BGB herleiten. In diesem Falle würde der **Vergütungsanspruch bereits ab 1. 4. 19 . .** entstehen, weil die genannten Vorschriften nicht auf den Beginn der Beschäftigung, sondern nur auf die **Dienstverpflichtung** abstellen, die hier mit dem 1. 4. 19 . . eintritt. Insoweit ist die Rechtslage für den Angestellten günstiger als für den Arbeiter. Für die Fälligkeit des Vergütungs-

anspruchs des Angestellten ist mangels anderweitiger Vereinbarung § 614 BGB maßgeblich.

Zu 3. Der Abschluß eines Arbeitsvertrages setzt seitens des Minderjährigen eine rechtsgeschäftliche Willenserklärung voraus. Durch die Willensäußerung, das Vertragsangebot oder dessen Annahme, würde A rechtliche Verpflichtungen (z. B. Arbeitspflicht) eingehen und somit durch die Abgabe der Willenserklärung nicht **lediglich** einen **rechtlichen** Vorteil erlangen. In diesem Falle ist für die Wirksamkeit der Willenserklärung nach **§ 107 BGB,** der auch im Arbeits**vertragsrecht** Anwendung findet, die **Einwilligung,** d. h. die vorherige Zustimmung, **des gesetzlichen Vertreters** erforderlich. Nach dem Sachverhalt der Frage 3. lag im Zeitpunkt des Vertragsabschlusses keine Einwilligung vor, so daß die Wirksamkeit der Willenserklärung des A und damit des Arbeitsvertrages gem. **§ 108 Abs. 1 BGB** von der **Genehmigung,** d. h. der nachträglichen Zustimmung, des gesetzlichen Vertreters abhängen würde. Bis dahin bliebe die Wirksamkeit des Arbeitsvertrages in der Schwebe, d. h. „schwebend" unwirksam.

Eine Wirksamkeit der Willenserklärung nach § 113 Abs. 1 BGB scheidet ebenfalls aus, weil der Sachverhalt für eine Ermächtigung des A durch den gesetzlichen Vertreter keine Anhaltspunkte aufweist.

Am 15. 3. 19 . . ist daher kein wirksamer Arbeitsvertrag zustande gekommen. Daraus folgt, daß am 1. 4. 19 . . kein Arbeitsverhältnis vorliegt. Es besteht somit für A keine Arbeitspflicht. Die Arbeitsaufnahme am 15. 4. 19 . . begründet daher nur ein sog. **faktisches Arbeitsverhältnis.** Ein Arbeitsverhältnis, von dem sich herausstellt, daß es auf einem von vornherein rechtsunwirksamen bzw. nichtigen Arbeitsvertrag beruht, wird für die **Vergangenheit** als faktisches (tatsächliches) Arbeitsverhältnis betrachtet. Es wird – für die Vergangenheit – **wie ein wirksames** fehlerfrei zustandegekommenes **Arbeitsverhältnis behandelt.** So hat der ArbN z. B. Anspruch auf den vereinbarten Lohn. Für die **Zukunft** besteht jedoch **keine Bindung** mehr, sobald sich der Arbeitsvertrag als rechtsunwirksam bzw. nichtig erwiesen hat. Der ArbN kann sofort die Arbeit niederlegen (Wirkung der Nichtigkeit des Arbeitsvertrages für die Zukunft). Insoweit als Arbeitsaufnahme, d. h. tatsächliche Eingliederung in den Betrieb, erfolgt ist, findet also die Eingliederungstheorie Anwendung. Das Institut des faktischen Arbeitsverhältnisses schützt nur den **tatsächlichen Vollzug** des Arbeitsverhältnisses. Dagegen heilt es nicht die Rechtsunwirksamkeit oder Nichtigkeit des Arbeitsvertrages vor Arbeitsantritt. Daher liegt im vorstehenden Falle in der Zeit vom 1. 4. 19 . . bis 15. 4. 19 . . noch kein faktisches Arbeitsverhältnis, sondern nur ein rechtsunwirksamer Arbeitsvertrag vor.

Die Lehre vom faktischen Arbeitsverhältnis, die zwar vorherrschend aber nicht unbestritten ist, verhindert die Rückabwicklung des Arbeitsverhältnisses nach den Vorschriften über die Herausgabe einer ungerechtfertigten Bereicherung (§§ 812 ff. BGB). Nach dieser Regelung wäre z. B. der ArbN verpflichtet, den empfangenen Lohn zurückzugewähren. Dies wäre jedoch angesichts der damit für den ArbN verbundenen Existenzfrage ein sozial nicht vertretbares Ergebnis. Dem kommt die Konstruktion des faktischen Arbeitsverhältnisses zuvor. Sie dient dem Schutz der ArbNer und ist damit –ebenso wie das oben behandelte Lohnfortzahlungsgesetz – Bestandteil des Arbeitnehmerschutzrechtes. Die Dogmatik, d. h. das Lehrsatzgebäude des Arbeitsrechtes, weicht also hier bewußt von der Regelung des BGB ab, um seiner Funktion, der Verwirklichung des Arbeitnehmerschutzgedankens, gerecht zu werden.

Eine Parallele zum faktischen Arbeitsverhältnis stellt die Konstruktion der **faktischen Gesellschaft** (Hubert **Klingberg,** a. a. O., Fall Nr. 7) für die Fälle der fehlerhaften Gründung oder des fehlerhaften Beitrittes zu einer Personengesellschaft dar.

Im Zusammenhang mit dem faktischen Arbeitsverhältnis ist das sog. **Beschäftigungsverhältnis** zu erwähnen. Teils wird dieser Begriff gleichbedeutend (synonym) mit dem faktischen Arbeitsverhältnis verwandt, teils zur Kennzeichnung des Sachverhaltes herangezogen, daß tatsächlich Arbeit geleistet wird und der ArbG den ArbN tatsächlich beschäftigt. Der eigentliche Unterschied zum faktischen Arbeitsverhältnis besteht darin, daß beim Beschäftigungsverhältnis im Bewußtsein fehlender Rechtspflicht Arbeit geleistet und Lohn gezahlt wird. Der Begriff des Beschäftigungsverhältnisses ist vor allem für das Recht der gesetzlichen Sozialversicherung von Bedeutung. So lassen z. B. die gesetzliche Kranken- und gesetzliche Rentenversicherung das Vorliegen eines Beschäftigungsverhältnisses für das Entstehen der Versicherungspflicht genügen (§§ 165ff.; 1227ff. RVO).

Zusammenfassend ist festzustellen, daß ab 1. 4. 19 . . ein Arbeitsverhältnis zwischen A und B besteht.
Als Angestellter hätte A im Krankheitsfalle bereits ab 1. 4. 19 . . einen Gehaltsanspruch, als Arbeiter erst nach Arbeitsaufnahme.
Für den Fall der Minderjährigkeit des A liegt nach Arbeitsaufnahme ein faktisches Arbeitsverhältnis vor.

Literaturhinweise
Hueck-Nipperdey, Grundriß, a. a. O. S. 43ff.; **Günter Schaub** a. a. O. Stichwörter „Arbeitsverhältnis“, „Beschäftigungsverhältnis“, „Krankenvergütung“; **Alfred Söllner,** a. a. O., S. 206ff.; Hans **Brox,** a. a. O.

Fall Nr. 4: Das Gruppen-Arbeitsverhältnis

Aus arbeitsorganisatorischen Gründen hat der Betrieb B im Bereich der Fertigung und unter Beteiligung des Betriebsrates aus mehreren Arbeitnehmern bestehende Arbeitsgruppen gebildet. Die Entlohnung erfolgt nach tarifvertraglich festgelegtem Gruppenakkordsatz. B zahlt die Arbeitsvergütung an den jeweiligen Gruppenführer aus. Können die einzelnen Gruppenmitglieder verlangen, daß der Lohn direkt an sie ausgezahlt wird?

Besprechung

Das Begehren der einzelnen Gruppenmitglieder kann begründet sein, wenn jenen ein Lohnanspruch direkt gegenüber dem ArbG zusteht. Dies hängt von den Rechtsbeziehungen der Beteiligten zueinander ab.
Im vorstehenden Falle sind mehrere ArbNer in einer Gruppe zusammengefaßt. Es liegt damit ein Gruppenarbeitsverhältnis vor.
Drei Grundtypen sind zu unterscheiden:

1. Mehrere ArbNer sind unabhängig voneinander Arbeitsverhältnisse eingegangen. Erst der ArbG faßt sie von sich aus zusammen. Dies kann in der Weise geschehen, daß das Entgelt nach dem Ergebnis der gemeinsamen Arbeit berechnet wird (Gruppenakkord). In solchen Fällen spricht man von einer **Betriebsgruppe**.

2. Schließen sich mehrere ArbNer vor Arbeitsantritt zwecks gemeinsamer Arbeitsleistung zu einer Gruppe zusammen, so handelt es sich um eine sog. **Eigengruppe. Beispiele** hierfür sind Musikkapellen, „Gänge" (Gruppen) von Hafenarbeitern und Holzfällergruppen.

3. Beschäftigt ein ArbN mit Wissen eines ArbG einen anderen ArbN, dessen Arbeitsergebnis unmittelbar dem ArbG zugute kommt, so liegt ein **mittelbares Arbeitsverhältnis** vor. **Beispiel:** Beschäftigung einer Musikkapelle in einem Lokal durch den Kapellmeister.
Während in der Betriebsgruppe voneinander unabhängige Arbeitsverhältnisse zwischen ArbG und ArbNern bestehen, kann die Eigengruppe geschlossen als Vertragspartei gegenüber dem ArbG auftreten. Dies kann z. B. der Fall bei größeren Orchestern sein, insbesondere wenn es sich dabei um juristische Personen handelt. Die Rechtsbeziehungen können dann werkvertraglicher Art sein; sie liegen damit außerhalb des eigentlichen Arbeitsrechts. Beim mittelbaren Arbeitsverhältnis haftet der ArbG, dem die geleistete Arbeit unmittelbar zufällt, sowohl arbeitsvertraglich als auch sozialversicherungsrechtlich.
Im vorstehenden Falle hat der ArbG kraft seines **Weisungs- und Direktionsrechtes** unter Beteiligung des BR (§§ 87 Abs. 1 Nr. 10 u. 11; 90 BVG) eine Arbeitsgruppe gebildet. Das erfüllt den Tatbestand der **Betriebsgruppe.** Hinsichtlich der Frage, ob die einzelnen Gruppenmitglieder direkte Lohnauszahlung verlangen können, ist folgendes zu berücksichtigen: Die Besonderheit des Gruppenakkords gegenüber dem normalen Akkord (Entlohnung nach der vom ArbN zu beeinflussenden Leistung) liegt darin, daß die Gruppenangehörigen eine Vereinbarung darüber treffen, in welcher Weise der Akkordverdienst unter sie verteilt wird. Hiernach besteht zwar im Rahmen des einzelnen Arbeitsverhältnisses ein Lohnanspruch. Die Höhe dieses Anspruchs im Einzelfall legt jedoch die Gruppe selbst fest. Die gruppenakkordmäßig berechnete Gesamtsumme kann der ArbG an den Gruppenführer auszahlen, wenn dieser empfangsberechtigt ist. Im Falle fehlender Bevollmächtigung müßte der ArbG den gesamten Betrag der Gruppe insgesamt zur Verfügung stellen. Der Lohn würde zunächst – bis zur Unterverteilung – **Gesamthandseigentum** (§§ 718, 719 BGB). (Vgl. Hubert **Klingenberg,** a. a. O., Fall Nr. 3.)
Ungeachtet dieser Regelung kann die Betriebsgruppe die Lohnberechnung auch vom ArbG vornehmen lassen. Nur in diesem Falle können die einzelnen Gruppenmitglieder verlangen, daß der ArbG den Lohn direkt an sie auszahlt.
Außer dem Gruppenarbeitsverhältnis gibt es noch andere Arten von Arbeitsverhältnissen. Insoweit wird auf Alfred **Söllner,** a. a. O., S. 246ff. verwiesen.

Literaturhinweise
Günter **Schaub,** a. a. O., Stichwort „Gruppenarbeitsverhältnis" u. „Mittelbares Arbeitsverhältnis"; **Hueck-Nipperdey,** Grundriß, a. a. O., S. 142ff.; Alfred **Söllner,** a. a. O., S. 249f.; Georg **Wannagat,** a. a. O., S. 321f.

Fall Nr. 5: Der einzelne Arbeitsvertrag

1. ArbG A weigert sich, den schwerbehinderten B als ArbN einzustellen. A will stattdessen eine Ausgleichsabgabe zahlen. Demgegenüber verlangt das Landesarbeitsamt die Einstellung des B.

a) Zu Recht?
b) Wie wäre die Rechtslage, wenn B Ausländer wäre?

2. A und B schließen einen mündlichen Arbeitsvertrag ab. In dem Tarifvertrag, an den A und B gebunden sind, heißt es: „Dem ArbN ist eine Ausfertigung des Arbeitsvertrags auszuhändigen." Ist zwischen A und B ein Arbeitsvertrag zustande gekommen?

3. A schließt mit dem Auszubildenden B mündlich einen Ausbildungsvertrag ab. Für den Fall erfolgreicher Beendigung der Ausbildung vereinbaren A und B den Übergang des Ausbildungsverhältnisses in ein ordentliches Arbeitsverhältnis. Dieses befristen sie auf die Dauer von fünf Jahren.

Wie ist die Rechtslage?

Besprechung

In dem vorstehenden Fall geht es um die Behandlung grundlegender Fragen des Arbeitsvertragsrechtes. Wie bereits erwähnt (vgl. Fall Nr. 3), ist zur Begründung eines Arbeitsverhältnisses in der Regel ein **Arbeitsvertrag** erforderlich. Die Rechtsfigur des Vertrages stellt ein **mehrseitiges** Rechtsgeschäft dar. Mehrere Parteien, mindestens zwei, geben inhaltlich verschiedene, aber **einander entsprechende Willenserklärungen** ab, die auf einen **einheitlichen Rechtserfolg** gerichtet sind (Horst **Hartwig,** a. a. O., Fälle Nr. 19ff.). Mit dem Rechtsinstitut des Vertrages gibt man dem Einzelnen die Möglichkeit, selbst Recht zwischen sich und einem anderen zu schaffen (Privatautonomie). Dahinter steht die Überzeugung, daß jeder selbst am besten seine privaten Vermögensdinge regelt. Diese **Privatautonomie** ist **Bestandteil** des in Art. 2 Abs. 1 GG garantierten Rechtes der **persönlichen Entfaltungsfreiheit.** Rechtliche Ausgestaltung erfährt die Privatautonomie durch den Grundsatz der **Vertragsfreiheit.** Dieser gilt zwar auch im Arbeitsrecht. So bestimmt z. B. § 105 GewO, daß die Festsetzung der Verhältnisse zwischen den selbständigen Gewerbetreibenden und den gewerblichen Arbeitern, vorbehaltlich gesetzlicher Beschränkungen, Gegenstand **freier Übereinkunft** ist. Die arbeitsrechtliche Privatautonomie unterliegt jedoch erheblichen **Einschränkungen,** die sich aus dem Erfordernis des **Arbeitnehmerschutzes** (vgl. Fall Nr. 1) ergeben. Daher sind die Parteien, ArbG und ArbN, bei der vertraglichen Begründung, inhaltlichen Ausgestaltung und Beendigung des Arbeitsverhältnisses weitgehend durch zwingendes Arbeitnehmerschutzrecht, wie z. B. die AZO, das BUrlG, das SchwbG, das JArbSchG, das MuSchG und das KSchG, gebunden. Eine weitere Einschränkung der Vertragsfreiheit stellt die **Tarifautonomie** der Tarifvertragsparteien gem. Art. 9 Abs. 3 GG (vgl. Fall Nr. 6) dar.
Diese Limitierungen der Privatautonomie sind zugleich Schranken der persönlichen Entfaltungsfreiheit i. S. d. Art. 2 Abs. 1 GG und daher nur insoweit gerechtfertigt, als sie Folge des Arbeitnehmerschutzes sind. Daher dürfen Gesetze und Tarifverträge nur **Mindest-,** aber nicht Höchstbedingungen für Arbeitsverhältnisse setzen. Abweichungen **zugunsten** des ArbN unterliegen dagegen der Vertragsfreiheit, wie z. B. die Gewährung von **übertariflichen** Zulagen. Auf der Ebene der Arbeitsvertragsparteien hat somit die reduzierte Privatautonomie nur noch Raum, i. S. des **Günstigkeitsprinzipes** (vgl. § 4 Abs. 3 TVG) gestaltend zu wirken.
Die Vertragsfreiheit beinhaltet **drei Erscheinungsformen,** die **Abschluß-, Form-** und die **Gestaltungs**freiheit. Der vorstehende Sachverhalt gibt Gelegenheit, sich mit den Erscheinungsformen der Vertragsfreiheit auseinanderzusetzen.

Zu 1. Im Falle des schwerbehinderten ArbN geht es um die Eingliederung erheblich erwerbsgeminderter Personen in das Berufs- und Erwerbsleben. Im Zusammenhang

damit steht das Problem, ob und inwieweit ArbGer zur Beschäftigung derartiger Personen verpflichtet sind. Ausgehend von der **Abschlußfreiheit** wäre eine Einstellungspflicht zu verneinen. Unter **Abschlußfreiheit** versteht man **die Freiheit in der Wahl seines Vertragspartners.** Das Gegenteil wäre der **Kontrahierungs-** oder **Abschlußzwang,** sowie Abschluß**verbote** (z. B. § 25 JASchG, § 19 AFG), die jedoch eine Ausnahme darstellen. Für den **ArbN** ist die **Abschlußfreiheit** auch die Folge des Grundrechtes der **freien Wahl des Arbeitsplatzes,** d. h. des Betriebes (Art. 12 Abs. 1 GG). Das Gegenteil wäre die **Zwangsverpflichtung** an einen bestimmten Betrieb. Dies ist jedoch gem. Art. 12 Abs. 2 GG nur **ausnahmsweise** zulässig im Rahmen einer herkömmlichen allgemeinen, für alle gleichen öffentlichen Dienstleistungspflicht. So sieht § 2 des Arbeitssicherstellungsgesetzes von 1968 Zwangsarbeitsverhältnisse für den Verteidigungsfall vor.
Als Schwerbehinderter fällt B unter das Gesetz zur Sicherung der Eingliederung Schwerbehinderter in Arbeit, Beruf und Gesellschaft (**Schwerbehindertengesetz** – SchwbG) i. d. F. vom 29. 4. 1974 (BGBl. I S. 1006). Gem. § 1 SchwbG sind Personen **schwerbehindert,** wenn sie infolge körperlicher, geistiger oder seelischer Behinderung eine nicht nur vorübergehende MdE von wenigstens 50% aufweisen. Damit stellt das SchwbG im Gegensatz zu dem bisher geltenden **Schwerbeschädigtengesetz** (§§ 1, 2) nicht mehr auf die **Ursache,** sondern nur noch auf die **Tatsache der Behinderung** und das daraus resultierende **Schutzbedürfnis** ab. Demgemäß haben private und öffentliche ArbG, die über mindestens 16 Arbeitsplätze verfügen, auf wenigstens 6 vom Hundert der Arbeitsplätze Schwerbehinderte zu beschäftigen (§ 4 Abs. 1 SchwbG). Bei Nichtbeschäftigung der vorgeschriebenen Zahl haben ArbGer für jeden nicht besetzten Pflichtplatz monatlich eine **Ausgleichsabgabe** in Höhe von DM 100,– zu entrichten (§ 8 Abs. 1 und 2 SchwbG). Die Zahlung der Ausgleichsabgabe entbindet jedoch nicht von der Pflicht zur Beschäftigung Schwerbehinderter (§ 8 Abs. 1 Satz 2 SchwbG). Die **Nichtbeschäftigung** stellt gem. § 57 Abs. 1 Nr. 1 SchwbG eine **Ordnungswidrigkeit** dar, die mit einer Geldbuße bis zu fünftausend Deutsche Mark geahndet werden kann (§ 57 Abs. 2 SchwbG).
Angesichts dieser Rechtslage fragt es sich, ob A den B einstellen muß. Nach **§ 10 SchwBeschG** konnte unter den dort aufgeführten Voraussetzungen durch die Hauptfürsorgestelle bzw. das Landesarbeitsamt die Zuweisung eines bestimmten Schwerbeschädigten erfolgen. Insoweit war also die **Abschlußfreiheit aufgehoben** und durch **Kontrahierungszwang** ersetzt. Der Gesetzgeber hat diese Regelung jedoch nicht in das **SchwbG** übernommen. Danach ist die Beschäftigung Schwerbehinderter zwar eine öffentlich-rechtliche Pflicht, zu deren Erfüllung der ArbG durch Zwangsmittel (Ausgleichsabgabe und Geldbuße) angehalten werden kann. Dabei bleibt aber die Abschlußfreiheit grundsätzlich unangetastet, weil der ArbG in der **Auswahl der Person** des Schwerbehinderten frei ist. Daran ändert auch die Regelung des § 11 Abs. 1 SchwbG nichts, die sich auf die innerbetriebliche Personalplanung und die Beteiligung des Vertrauensmannes der Schwerbehinderten bezieht. Das SchwbG hat also den Kontrahierungszwang des § 10 SchwBeschG wieder beseitigt und durch eine allgemeine öffentlich-rechtliche Beschäftigungspflicht ersetzt.

Zu a) Zusammenfassend ist festzustellen:

A ist zwar nicht verpflichtet, den B einzustellen, kann aber die öffentlich-rechtliche Beschäftigungspflicht nicht durch Zahlung einer Ausgleichsabgabe ablösen. A hat insoweit kein Wahlrecht (§ 8 Abs. 1 Satz 2 SchwbG).
Das Landesarbeitsamt kann nicht die Einstellung des B, jedoch die Erfüllung der Beschäftigungspflicht verlangen (§ 57 Abs. 1 Nr. 1, Abs. 2 und 4 SchwbG).

Zu b) Auch als Ausländer würde B unter das SchwbG fallen. Im Gegensatz zum SchwBeschG, das grundsätzlich nur Deutsche erfaßte (§§ 1, 2 SchwBeschG), stellt das SchwbG **nicht mehr** auf die **Staatsangehörigkeit,** sondern nur noch darauf ab, ob der Schwerbehinderte rechtmäßig im Geltungsbereich des Gesetzes wohnt, sich gewöhnlich aufhält oder eine Beschäftigung als ArbN ausübt (§ 1 SchwbG).

Zu 2. Das Gesetz schreibt – ebensowenig wie für andere Vertragstypen – eine bestimmte Form für das rechtswirksame Zustandekommen eines Arbeitsvertrages vor. Es herrscht grundsätzlich **Formfreiheit.** (Formvorschriften s. Horst **Hartwig,** a. a. O., Fall Nr. 15.) Insofern bestehen keine rechtlichen Bedenken gegen den mündlichen Abschluß eines Arbeitsvertrages, wenngleich die freiwillige Beobachtung der Schriftform zur Beweissicherung sinnvoll sein kann. Im **vorstehenden** Falle sieht jedoch ein Tarifvertrag (vgl. Fall Nr. 6) die Schriftform vor. Daraus ergeben sich **zwei Fragen:** Könnten A und B den Tarifvertrag unberücksichtigt lassen, und welche rechtliche Bedeutung kommt dem Passus „dem ArbN ist eine Ausfertigung des Arbeitsvertrages auszuhändigen" für die Wirksamkeit des Arbeitsvertrages zu?
Aus dem Sachverhalt geht hervor, daß A und B an den Tarifvertrag **gebunden** sind. Diese Bindung kann entweder die Folge **beider**seitiger Tarifbindung durch Mitgliedschaft von A und B bei den tarifschließenden Organisationen sein (§§ 3 Abs. 1; 4 Abs. 1 Satz 1 TVG) oder sich – bei Nichtvorliegen dieser Voraussetzungen – aus einer vertraglichen Übereinkunft über die Anwendung des jeweils zuständigen Tarifvertrages auf das Arbeitsverhältnis ergeben. Daher müssen A und B den Tarifvertrag als gestaltende Rechtsquelle ihrer arbeitsvertraglichen Beziehungen beachten.
Der tarifvertragliche Passus über die Schriftform ist unter Anwendung des **§ 133 BGB** auszulegen, wonach bei einer Willenserklärung der wirkliche Wille zu erforschen ist. Allgemein kann man davon ausgehen, daß nach dem Willen der Tarifvertragsparteien die Schriftform keine Wirksamkeitsvoraussetzung für Arbeitsverträge sein soll. Das dürfte nur **ausnahmsweise** der Fall sein, wenn die Schriftform den ArbN z. B. auf die Bedeutung der vertraglichen Vereinbarung aufmerksam machen und ihn vor einem übereilten Vertragsabschluß schützen soll **(Warnzweck).** Dann ist die Schriftform **rechtsbegründend (konstitutiv).** Dies kommt in Formulierungen, wie z. B. „der Arbeitsvertrag ist nur **wirksam,** wenn er schriftlich abgeschlossen wird" oder „Arbeitsverträge **müssen** schriftlich abgeschlossen werden", zum Ausdruck. Das **konstitutive** Formerfordernis kann auf **Gesetz** (gesetzliche Schriftform, § 126 BGB) oder auf **Rechtsgeschäft** (gewillkürte Schriftform, § 127 BGB) beruhen. Die **Nichtbeachtung** der gesetzlichen oder gewillkürten (rechtsbegründeten) Schriftform führt gem. § 125 BGB zur **Nichtigkeit** des Rechtsgeschäftes, d. h. der Willenserklärung oder des Vertrages.

Das Schriftformerfordernis des für A und B geltenden Tarifvertrages ist für den Fall, daß die §§ 3 Abs. 1; 4 Abs. 1 Satz 1 TVG Anwendung finden, ein gesetzliches und bei bloßer vertraglicher Bezugnahme auf den Tarifvertrag ein gewillkürtes. Ob dagegen die mündliche Absprache zwischen A und B nichtig ist, hängt davon ab, ob das Schriftformerfordernis des Tarifvertrages rechtsbegründend (konstitutiv) wirken soll oder nicht. Schriftform als Wirksamkeitsvoraussetzung stellt die Ausnahme dar.

Von der Interessenlage her sind ArbG und ArbN am Zustandekommen des Arbeitsvertrages interessiert, so daß nach dem Willen der Tarifvertragsparteien die Schriftform für Arbeitsverträge im allgemeinen nur **rechtsbestätigende** (deklaratorische) Bedeutung i. S. von Abschlußklarheit, Inhaltsklarheit und Beweissicherung hat. Daher kann man von der deklaratorischen Wirkung der Schriftform ausgehen, wenn die Schriftlichkeitsklausel aufgrund ihrer Formulierung eine Interpretation i. S. der recht-

bestätigenden Schriftform zuläßt. Das ist der Fall bei Klauseln, wie z. B.: „Einstellungen **sollen** – (nicht müssen!) – in schriftlicher Form erfolgen" oder „dem ArbN ist eine Ausfertigung des Arbeitsvertrages auszuhändigen".
Im vorstehenden Falle handelt es sich also um eine deklaratorische Wirkung der Schriftform, auf die § 125 BGB keine Anwendung findet. Das bedeutet, der Arbeitsvertrag kann auch mündlich ohne Beachtung der Schriftform wirksam begründet werden. Jede Vertragspartei kann jedoch die schriftliche Niederlegung des Vertragsinhaltes verlangen. A und B haben somit – trotz Mündlichkeit – einen rechtswirksamen Arbeitsvertrag geschlossen.

Zu 3. Entgegen verbreiteter Ansicht kann ein **Berufsausbildungsvertrag** (BAV) auch **mündlich rechtswirksam** abgeschlossen werden. Dies folgt aus § 4 Abs. 1 BBiG, wonach erst **nach** Abschluß des BAV, spätestens jedoch vor Beginn der Berufsausbildung, der **wesentliche** Inhalt des Vertrages schriftlich niederzulegen ist. Es handelt sich also um eine **deklaratorische Wirkung der Schriftform,** so daß A und B durch mündliche Absprache einen rechtswirksamen BAV begründet haben.
Demgegenüber ist die Vereinbarung zwischen A und B, daß der BAV gegebenenfalls automatisch in ein ordentliches Arbeitsverhältnis übergehen soll, gem. § 5 Abs. 1 Satz 1 BBiG **nichtig.** Eine wirksame Verpflichtung zur Fortsetzung des Arbeitsverhältnisses könnte B erst in den letzten drei Monaten des Berufsausbildungsverhältnisses eingehen (§ 5 Abs. 1 Satz 2 BBiG). Eine Befristung auf die Dauer von fünf Jahren wäre nur unter den Voraussetzungen des § 5 Abs. 1 Satz 2 Nr. 2 BBiG, die hier nicht vorliegen, zulässig.
Die **freie inhaltliche Ausgestaltung (Gestaltungsfreiheit)** des BAV, der nach § 3 Abs. 2 BBiG eine besondere Art (sui generis) von Arbeitsvertrag darstellt, **schränkt also das BBiG** zum Schutze des Auszubildenden und im Interesse einer ordnungsgemäßen Berufsausbildung **ein.** Die inhaltlichen Schranken der Gestaltungsfreiheit ergeben sich aus den §§ 134, 138, 242 BGB. Grundsätzlich sind die Vertragsparteien in der Bestimmung ihrer Rechtsbeziehungen frei, soweit sie damit nicht gegen ein Gesetz, die guten Sitten, oder den Grundsatz von Treu und Glauben verstoßen. Wie oben unter Nr. 1 bereits erwähnt, sind die **gesetzlichen** Einschränkungen im Arbeitsrecht wegen der Schutzbedürftigkeit des ArbN besonders zahlreich. Die Vorschriften über den BAV (§§ 3 – 19 BBiG) sind hierfür ein Beispiel.

Zusammenfassend ist festzustellen, daß die Rechtsfigur des Vertrages auch im Arbeitsrecht in Gestalt des **Arbeitsvertrages** eine wichtige Rolle für die rechtswirksame Begründung des Arbeitsverhältnisses spielt. Dabei erfährt die **Vertragsfreiheit** in Form der Abschluß-, Form- und Gestaltungsfreiheit erhebliche Einschränkungen durch Arbeitsschutzgesetze und Tarifvertragsnormen.

Literaturhinweise
Günter Schaub, a. a. O., Stichwort „Arbeitsvertrag"; Franz **Gamillscheg,** a. a. O., Fragen Nr. 51 ff.; **Hueck-Nipperdey,** Grundriß, a. a. O., S. 51 ff.; Rolf **Marienhagen,** Das neue Schwerbehindertengesetz, BB 74, 743 ff.; H.-D. **Rewolle,** a. a. O.

Fall Nr. 6: Der Kollektiv-Arbeitsvertrag

1. ArbG A und der BR wollen für die Belegschaft des Betriebes B gleitende Arbeitszeit (GAZ) einführen. Genügt hierfür eine mündliche Übereinkunft zwischen A und dem BR?

2. Sind mündliche Vereinbarungen zwischen einem ArbG-Verband und einer Gewerkschaft (Tarifvertragsparteien) als Tarifvertrag (TV) anzusehen?
3. Steht es im Belieben der Tarifvertragsparteien, ob sie TVe abschließen oder nicht?
4. Können die Tarifvertragsparteien Arbeitszeitdauer und Lohnhöhe festsetzen?
5. Wenn ja, können sich nichtorganisierte ArbGer oder ArbNer ohne weiteres auf den TV berufen?

Besprechung

Die Rechtsfigur des Vertrages ist im Arbeitsrecht nicht auf die Gestaltung der Rechtsbeziehungen zwischen ArbG und ArbN beschränkt. Sie dient vielmehr auch im Rahmen der Sozialautonomie der Regelung kollektivrechtlicher Interessen zwischen den Sozialparteien auf **betrieblicher** Ebene in Form der **BV** (Betriebsautonomie) und **überbetrieblich** als **TV** (Tarifautonomie). Dabei handelt es sich jeweils um Abmachungen für Kollektive von ArbGern und ArbNern. Daher bezeichnet man BVen und TVe als **Kollektiv-Arbeitsverträge,** als kollektive Erscheinungsformen vertraglich geregelter ArbGer- und ArbNer-Interessen. (Vgl. Fall Nr. 21).

Zu 1. Im vorstehenden Falle wollen ArbG A und BR die GAZ einführen. **GAZ** ist die Regelung der AZ dergestalt, daß der einzelne ArbN Beginn und Ende der täglichen AZ innerhalb bestimmter festgelegter Zeitspannen, der sog. **Gleitzeit,** selbst bestimmen kann. Dabei ist er an eine **Kernzeit** gebunden, in der er im Betrieb anwesend sein muß. Gleitzeit wäre z. B. der Arbeitsbeginn von 7 bis 9 Uhr und Arbeitsende von 16 bis 18 Uhr. Die Kernzeit läge dann zwischen 9 und 16 Uhr. Die **Einfache GAZ** sieht nur eine **variable Lage,** die **qualifizierte GAZ auch eine variable Dauer** der AZ mit der Übertragungsmöglichkeit auf andere Wochen- oder Monatsarbeitstage vor.
Die Einführung der GAZ ist eine soziale Angelegenheit i. S. d. § 87 Abs. 1 Nr. 2 BVG. Daraus ergibt sich, daß der BR ein Mitbestimmungsrecht hat. Die vorgesehene Maßnahme setzt also eine Einigung zwischen ArbG und BR voraus. Im Streitfalle bliebe der Weg über die Einigungsstelle (§ 87 Abs. 2 BVG).
Läge nur eine mündliche Einigung zwischen A und BR vor, so würde die Einführung der GAZ durch A der (rechtswidrige) Versuch der Ausübung seines Weisungs- und Direktionsrechtes als ArbG (vgl. Fall Nr. 1) sein. Die faktische Maßnahme hätte aber keine kollektivrechtliche Wirkung. Hierzu wäre der Abschluß einer BV zwischen A und BR erforderlich, weil nur diese die Arbeitsverhältnisse sämtlicher betriebsangehörigen ArbNer (§§ 5 Abs. 1, 6 BVG) unmittelbar und zwingend, also normativ, erfaßt (§ 77 Abs. 4 BVG). Unter einer **BV** ist ein **Kollektiv-Arbeitsvertrag** zu verstehen, **der für den Betrieb zwischen dem ArbG und dem BR im Rahmen des Aufgabenbereiches des BR für die von diesem repräsentierte Belegschaft abgeschlossen wird** (Betriebsautonomie). BVen bedürfen jedoch zu ihrer Wirksamkeit der **Schriftform,** d. h. sie müssen schriftlich niedergelegt und von ArbG und BR unterzeichnet sein (§ 77 Abs. 2 Satz 1 BVG). Für BVen besteht somit **keine Formfreiheit.** Eine mündliche BV wäre daher gem. § 125 BGB nichtig. Sie hätte nur die rechtliche Bedeutung einer **formlosen betrieblichen Einigung** ohne kollektivvertragliche Normenwirkung.

Zu 2. Nach § 1 Abs. 2 TVG bedürfen TVe der Schriftform (§ 126 BGB). **Mündliche Vereinbarungen** zwischen den Tarifvertragsparteien begründen daher **keinen Tarifvertrag** (§ 1 Abs. 2 TVG, § 125 BGB). Allerdings sollen nach Meinung des **BAG** weder der **Vorvertrag** zum Abschluß eines TV (Urt. v. 19. 10. 76 = BB 77, 94) noch der den TV beendende **Aufhebungsvertrag** der Tarifvertragsparteien (Urt. v. 8. 9. 76 = BB 77,

94f.) der Schriftform des § 1 Abs. 2 TVG i. V. m. § 126 BGB bedürfen, also auch formlos gültig sein.
Da sowohl BVen als auch TVe schriftlich abgefaßt werden müssen, besteht damit für **Kollektiv-Arbeitsverträge keine Formfreiheit.** Insoweit ist der Grundsatz der Vertragsfreiheit eingeschränkt.
Das rechtsbegründende (konstitutive) Formerfordernis verfolgt jedoch keinen Warnzweck. Vielmehr kommen der Abschluß- und Inhaltsklarheit aufgrund des normativen Charakters der Kollektiv-Arbeitsverträge eine besondere soziale, wirtschaftliche und rechtliche Bedeutung zu. Die Erfüllung dieser Funktion verlangt in formaler Hinsicht die Beachtung der Schriftform.

Zu 3. Es gehört zu den satzungsmäßigen und grundgesetzlich abgesicherten Aufgaben der Tarifvertragsparteien (§ 2 TVG), die Arbeits- und Wirtschaftsbedingungen ihrer Mitglieder zu wahren und zu fördern (Art. 9 Abs. 3 GG). Das rechtliche Instrument zur Wahrnehmung dieser Aufgaben ist der TV (§ 1 TVG). Würden sich ArbG-Verbände oder Gewerkschaften grundsätzlich weigern, TVe abzuschließen, so würden sie damit die kollektivvertragliche Gestaltung der Arbeits- und Wirtschaftsbedingungen verhindern und damit ihre Existenzberechtigung verwirken. Insoweit haben die Tarifvertragsparteien als Koalitionen von ArbGern und ArbNern Aufgaben von „großer Bedeutung für die Sozial- und Wirtschaftsordnung des Gemeinwesens" wahrzunehmen (**BVerfGE** 28, 295, 306), an deren Erfüllung die Öffentlichkeit (öffentliche Aufgaben) mithin interessiert ist (Klaus **Popp,** a. a. O., S. 42ff.). Die Tarifvertragsparteien sind daher gezwungen, tätig zu werden. Das bedeutet **Abschlußzwang.** Die Erfüllung dieser Funktion wird auch vom Mitgliederwillen und der Bereitschaft getragen, äußerstenfalls kollektiven Druck auf die jeweils andere Seite in Form eines Arbeitskampfmittels (z. B. Streik oder Aussperrung) zum Abschluß eines bestimmten TV auszuüben. Der **Abschluß** von Tarifverträgen steht also nicht im Belieben der Tarifvertragsparteien.
Da die Sozialparteien nicht nur auf betrieblicher, sondern auch auf überbetrieblicher Ebene feststehen, besteht auch keine Freiheit in der Wahl der anderen Vertragspartei. Im **Tarifvertragswesen** gibt es daher **keine Abschlußfreiheit.**

Zu 4. Arbeitszeitdauer und **Lohnhöhe** sind sog. **materielle Arbeitsbedingungen** die gem. § 1 TVG als **Inhaltsnormen** Gegenstand des TV sind. Die kollektivrechtliche Gestaltung der Arbeitsbedingungen unterliegt in erster Linie der Regelungsbefugnis der Tarifvertragsparteien. Insoweit besteht eine **Vorrangigkeit des TV** gegenüber der **BV** (§ 77 Abs. 3 TVG), die vor allem die Festlegung von sog. **formellen** Arbeitsbedingungen (vgl. § 87 Abs. 1 BVG) zum Gegenstand hat (vgl. Fall Nr. 21).
Beim Aushandeln und Festsetzen der materiellen Arbeitsbedingungen sind die Tarifvertragsparteien frei, soweit nicht gesetzliche Beschränkungen durch z. B. Arbeitsschutzgesetze zu beachten sind, die ihrerseits bereits Mindestarbeitsbedingungen vorschreiben, die nur zugunsten der ArbNer erweitert werden können. In diesem Rahmen besteht also für die Tarifvertragsparteien **Gestaltungsfreiheit,** die man als **Tarifautonomie** bezeichnet. Sie ist kollektivrechtliche Vertragsfreiheit.
Während beim Einzel-Arbeitsvertrag die Vertragsfreiheit vor allem noch in der Abschluß- und Formfreiheit existiert; die Gestaltungsfreiheit jedoch weitgehend (bis auf die Gestaltung des Günstigkeitsprinzips) aufgehoben ist, verhält es sich auf der tarifvertraglichen Ebene genau umgekehrt. Hier besteht Abschluß- und Formzwang, hinsichtlich der Gestaltung der materiellen Arbeitsbedingungen aber grundsätzlich Gestaltungsfreiheit. Die einzelvertragliche Privatautonomie ist damit im Arbeitsrecht durch die Tarifautonomie im Interesse kollektiver Mindestarbeitsbedingungen ersetzt

worden. Der Freiheitsspielraum besteht darin, daß die Rechtsetzungsbefugnis insoweit nicht beim Staat, sondern bei den Repräsentanten der Arbeitgeber- und Arbeitnehmerseite liegt.

Zu 5. Ob sich nichtorganisierte ArbGer oder ArbNer auf einen TV berufen können, ist eine Frage der Rechtsanwendung des TV. Der zuständige TV gestaltet automatisch die materiellen Arbeitsbedingungen der beiderseits Tarifgebundenen (§ 4 Abs. 1 Satz 1 TVG). Tarifbindung entsteht durch Mitgliedschaft bei den tarifschließenden Organisationen (§ 3 Abs. 1 TVG). Nichtmitglieder nehmen an diesem tariflichen Automatismus nicht teil. ArbGer und ArbNer ohne Tarifbindung können sich also nicht ohne weiteres auf tarifliche Regelungen berufen. Außerhalb der Tarifbindung finden TVe nur bei einer – ausnahmsweise – erfolgten Allgemeinverbindlichkeitserklärung des TV (§ 5 TVG) oder bei einzelvertraglicher Bezugnahme Anwendung. Die Gestaltung der materiellen Arbeitsbedingungen durch die Tarifautonomie bleibt also grundsätzlich auf den Kreis der tarifgebundenen Mitglieder beschränkt, weil die Nicht- oder Andersorganisierten insoweit ohne sozialautonome Repräsentanz sind (vgl. Fall Nr. 24).

Zusammenfassend kann man feststellen, daß der Vertrag als solcher sowohl im Rahmen der Privat- als auch der Sozialautonomie ein Mittel zur Gestaltung von Arbeitsbedingungen ist. Je nach dem spricht man von Einzel-Arbeitsvertrag (individuelles Vertragsrecht) bzw. von Kollektiv-Arbeitsvertrag in Form der BV oder des TV. Das Besondere von Kollektivabmachungen gegenüber einfachen Arbeitsverträgen besteht darin, daß sich deren unmittelbare rechtliche Wirkung auf an dem Vertragsabschluß nicht unmittelbar Beteiligte, z. B. die ArbNer eines Betriebes oder einer bestimmten Branche, erstrecken. Dies ist eine Folge der kollektiven Interessenvertretung im Rahmen der Sozialautonomie. Demgemäß ist die individuelle Privatautonomie weitgehend durch die **Gestaltungsfreiheit der kollektiven Tarifautonomie** ersetzt worden.

Literaturhinweise

Hueck-Nipperdey, Grundriß, a. a. O., S. 336ff.; **Löwisch-Löwisch,** Arbeitsrecht, a. a. O., S. 14.

II. Abschnitt: Individuelles Vertragsrecht

Teil I: Rechte und Pflichten der Arbeitsvertragsparteien

Fall Nr. 7: Die Arbeitspflicht des Arbeitnehmers

Hauswart H, in ungekündigtem Arbeitsverhältnis bei dem Betrieb A, will sich verändern und bewirbt sich um eine andere Stelle bei dem Betrieb B. Im Zuge der Vorvertragsverhandlungen bittet ihn B, sich vorzustellen. Der Beschäftigungsbetrieb A lehnt das Ersuchen des H um Freistellung von der Arbeit ab. Dennoch stellt sich H während der Arbeitszeit bei B vor.
A behält sich alle Rechte gegen H vor und meint, H habe keinen Freistellungsanspruch. Zumindest habe er zuvor kündigen müssen.
H vertritt die gegenteilige Auffassung. Im übrigen habe ihn während seiner Abwesenheit seine Ehefrau vertreten. Wie ist die Rechtslage?

Besprechung

Im Mittelpunkt des **individuellen** Vertragsrechtes steht der Arbeitsvertrag zwischen dem **einzelnen** ArbG und ArbN. Er begründet die **Rechte** und **Pflichten** der Arbeitsvertragsparteien, deren Erfüllung im Rahmen des Arbeitsverhältnisses erfolgt. Zwischen Rechten und Pflichten besteht eine Wechselwirkung. Die Rechte der einen sind die Pflichten der anderen Seite und umgekehrt. So löst der Lohnzahlungs**anspruch** des ArbN eine Lohnzahlungs**pflicht** des ArbG aus. Diese wechselseitige Bezogenheit bezeichnet man als Gegenseitigkeitsverhältnis **(„Synallagma“).** Es ist dem kybernetischen Regelkreis vergleichbar.
Die im Vordergrund des Arbeitsverhältnisses stehenden Pflichten sind die **Arbeits-** (Fall Nr. 7) und **Entlohnungspflicht** (Fall Nr. 8), an zweiter Stelle die sog. **Treuepflicht** des ArbN (Fall Nr. 9) und die sog. **Fürsorgepflicht** des ArbG (Fall Nr. 10). (S. Schaubild S. 30). Der vorstehende Sachverhalt handelt von der **Arbeitspflicht** des ArbN. Nach § 611 Abs. 1 BGB ist H zur Leistung der versprochenen Dienste als Hauswart verpflichtet. Der **Arbeitsvertrag** als Unterfall des Dienstvertrages (Dienstvertrag i. e. S.) **begründet** also die **Arbeitspflicht.** Art und Umfang der Arbeitspflicht werden in der Regel nur rahmenmäßig durch Erwähnung der Tätigkeitsmerkmale (Hauswart) festgelegt. Die Konkretisierung erfolgt durch Weisungen des ArbG (vgl. z. B. § 121 GewO).
Dem **Weisungsrecht** (Direktionsrecht) des ArbG entspricht die **Weisungsgebundenheit** des ArbN, die seine Abhängigkeit ausmacht (vgl. Fall Nr. 1). Die daraus resultierende Schutzbedürftigkeit des ArbN bedingt die **Begrenzung** des **Weisungsrechtes** durch das Arbeitsschutzrecht (z. B. AZO, MuSchG, JArbSchG), durch TV und BV sowie durch den Arbeitsvertrag selbst. So braucht z. B. ein kaufmännischer Angestellter (§ 59 HGB) aufgrund seines Arbeitsvertrages nicht die Dienste eines Laufboten oder Hofkehrers zu leisten. Da der **Einzelarbeitsvertrag** jedoch der Auslegung und Ergänzung nach **Treu und Glauben** und der Verkehrssitte (§§ 157, 242 BGB) unter-

liegt, kann sich die **Arbeitspflicht** in **Notfällen ausnahmsweise** und vorübergehend **verändern.** Bei einem Betriebsbrand muß auch der kaufmännische Angestellte körperlich tätig werden und z. B. zum Feuerlöscher greifen. Von der **Verkehrssitte** her ist ebenso die Frage zu beurteilen, ob und inwieweit Nebendienste zu verrichten sind, ob z. B. dem Kraftfahrer auch die Pflege und Wartung des KFZ obliegt.
Als ArbN hat H aufgrund seiner Arbeitspflicht grundsätzlich keinen Freistellungsanspruch gegenüber B. Dies ist nur ausnahmsweise der Fall. So hat nach der **Kündigung** der Dienstberechtigte (ArbG) dem Verpflichteten (ArbN) auf Verlangen angemessene Zeit zum Aufsuchen eines anderen Dienstverhältnisses zu gewähren (§ 629 BGB).
Zudem gibt es tarifvertragliche Regelungen, die insoweit über den § 629 BGB zugunsten des ArbN hinausgehen, als sie bei einer **Kündigung durch den ArbG** eine angemessene und **bezahlte** Freizeitgewährung zwecks Bewerbung um einen neuen Arbeitsplatz vorsehen. Auf derartige gesetzliche oder tarifvertragliche Regelungen kann sich aber H im vorliegenden Falle nicht berufen, weil das Arbeitsverhältnis ungekündigt ist.
Im Rahmen eines **ungekündigten** Arbeitsverhältnisses gibt es **tarifvertragliche Freistellungen** für persönliche Angelegenheiten, wie z. B. Eheschließung, Niederkunft bei der Ehefrau und Arbeitsjubiläen, zu denen jedoch nicht die Bewerbung um einen neuen Arbeitsplatz zählt.
Wenn sich daher H trotz der abgelehnten Freistellung während der Arbeitszeit bei B vorstellt, so hat er dadurch seine Arbeitspflicht verletzt, es sei denn, seine Ehefrau könnte als Erfüllungsgehilfe für ihn angesehen werden. Angesichts der Regelung des § 613 Satz 1 BGB erscheint dies jedoch fraglich. Nach dieser Vorschrift hat der zur Dienstleistung Verpflichtete die Dienste im Zweifel, d. h. regelmäßig, in Person zu leisten, so daß der ArbG insoweit einen Ersatzmann ablehnen kann. Abgesehen davon ist es zweifelhaft, ob die Ehefrau den H vollwertig vertreten konnte. **Großmann-Schneider** a. a. O. unterscheiden in diesem Zusammenhang **persönlichkeitsgebundene** und entpersönlichte (z. B. Fließbandarbeit) Arbeitsleistungen. Im Falle der nicht personenbezogenen (entpersönlichten) Arbeit wollen die genannten Autoren eine Ersatzvornahme zulassen, vorausgesetzt, daß damit keine anderen Pflichtverletzungen verbunden sind. Sieht man von etwaigen rechtlichen Bedenken gegen diese extensive Interpretation des § 613 Satz 1 BGB (vgl. **Hueck-Nipperdey** a. a. O.) ab, so würde es sich im Falle des Hauswartes H infolge der herausgehobenen Tätigkeit, die fachliches Können und Zuverlässigkeit verlangt, um eine sog. persönlichkeitsgebundene Arbeitsleistung handeln, die einer entpersönlichten Fließbandarbeit nicht vergleichbar wäre.
Somit konnte sich H während seiner Abwesenheit nicht durch seine Ehefrau vertreten lassen. Richtigerweise hätte H um Urlaub nachsuchen müssen. Das wäre außerdem vorteilhafter gewesen, weil der derzeitige ArbG nichts von der Stellensuche erfahren hätte.
Der persönlichen Arbeitspflicht entspricht die **Unübertragbarkeit des Anspruchs auf Arbeitsleistung** (§ 613 Satz 2 BGB). Diese Einschränkung der Dispositionsbefugnis kann allerdings vertraglich abgeändert werden, wie z. B. bei dem **Leiharbeitsverhältnis,** der **gewerbs**mäßigen **Arbeitnehmerüberlassung** nach dem AÜG und der **rechtsgeschäftlichen** Übertragung eines Betriebes oder Betriebsteiles auf einen anderen Inhaber und des damit verbundenen Eintrittes des Erwerbers in die bestehenden Arbeitsverhältnisse gem. § 613a BGB. (Trotz des nicht eindeutigen Wortlautes ist die Zustimmung der ArbNer zum Übergang ihres Arbeistverhältnisses erforderlich; so **BAG,** Urt. v. 2. 10. 74 = BB 75, 468ff.).

Es fragt sich, welche Rechte dem Betrieb A infolge der Arbeitspflichtverletzung des H zustehen.
Der Anspruch des A auf Arbeitsleistung des H ist zwar einklagbar, aber nicht zu vollstrecken (§ 888 Abs. 2 ZPO). Verurteilung zu einer **nicht erzwingbaren** Arbeitsleistung hätte daher nur als **Beweismittel** für einen künftigen Schadensersatzprozeß Bedeutung.
Versäumt der ArbN, hier der H, schuldhaft (§ 276 BGB) Arbeitszeit, so liegt darin wegen des **Fixschuldcharakters** der Arbeitspflicht (vgl. § 361 BGB) eine von ihm zu vertretende teilweise Unmöglichkeit der Leistung. Der ArbN (H) verliert den Lohnanspruch für die versäumte Zeit (§§ 611 Abs. 1; 320 Abs. 1; 614; 616 Abs. 1 Satz 1 BGB) und ist außerdem schadensersatzpflichtig (§§ 325 Abs. 1, 249 BGB). Ein etwaiger Schaden könnte z. B. in den zusätzlichen Kosten des ArbG für eine vollwertige vorübergehende Ersatzkraft bestehen.
Außerdem könnte das rechtswidrige Fernbleiben des H vom Arbeitsplatz als **beharrliche Arbeitsverweigerung** einen **wichtigen Grund** zur fristlosen Kündigung gem. § 626 BGB darstellen. Eine eingehende Erörterung dieser schwierigen Rechtsfrage ist u. a. Gegenstand der Besprechung des **Falles Nr. 14:** Die außerordentliche Kündigung.

Zusammenfassend ist folgendes festzustellen:
1. H hat keinen Freistellungsanspruch, weder aus Gesetz noch Tarifvertrag. Dazu würde es zumindest einer Kündigung durch H bedurft haben (§ 629 BGB).
2. H ist zu der Tätigkeit als Hauswart persönlich verpflichtet, ohne die rechtliche Möglichkeit einer Vertretung durch seine Ehefrau.

Literaturhinweise
Großmann-Schneider, a. a. O., S. 57 Tz. 96; **Hueck-Nipperdey,** Grundriß, a. a. O., S. 61 ff.; **Löwisch-Löwisch,** Arbeitsrecht, a. a. O., S. 45 ff.; Manfred **Rehbinder,** a. a. O., Schaubild Nr. 4; Alfred **Söllner,** a. a. O., S. 214 f.

Fall Nr. 8: Die Lohnzahlungspflicht des Arbeitgebers

Die Produktionsanlagen des Betriebes A sind durch einen Brand infolge eines Blitzschlages teilweise zerstört worden. In dem für A geltenden TV heißt es u. a.: „Im Bedarfsfalle kann die Betriebsleitung mit Zustimmung des BR vorübergehend Kurzarbeit anordnen."
Kann hiernach die Leitung des Betriebes A aufgrund des teilweisen Ausfalles der Produktionsanlagen Kurzarbeit einführen oder muß sie den Lohn in voller Höhe fortzahlen?

Besprechung

Der Grundsatz „ohne Arbeit kein Lohn" gilt auch in der Umkehrung: Ohne Lohn keine Arbeit! Diese Gegenseitigkeit (Synallagma) von Arbeits- und Lohnzahlungspflicht geht aus § 611 Abs. 1 BGB hervor, wonach der Dienstberechtigte zur Gewährung der vereinbarten Vergütung verpflichtet ist. Die **Rechtsgrundlage** für den Vergütungsanspruch des ArbN bzw. die Lohnzahlungspflicht des ArbG ist also der **Arbeitsvertrag.**
Für die **Höhe** der **Vergütung** sind vielfach **Tarifvertragsbestimmungen** maßgeblich, die auf das Arbeitsverhältnis – entweder kraft beiderseitiger Tarifbindung (§§ 3 Abs. 1;

4 Abs. 1 Satz 1 TVG) oder einzelvertraglicher Bezugnahme (vgl. Fall Nr. 6) – einwirken. Ist die Höhe des Lohnes aus vertraglichen und tariflichen Regelungen ausnahmsweise nicht zu entnehmen, so greift § 612 Abs. 2 BGB Platz.
Die Art der Vergütung ist heutzutage grundsätzlich Geld. Der Geldlohn berechnet sich nach der Dauer der Arbeit (Zeitlohn) oder nach dem Arbeitsergebnis (Akkordlohn) und wird in bestimmten Zeitabschnitten (§ 614 BGB, § 64 HGB) ausgezahlt. Daneben gibt es **besondere Formen** der Geldvergütung, wie z. B. das Prämiensystem, die Provision, die Gratifikation und die Gewinnbeteiligung.
Bereits die **GewO von 1869** erklärte die Gewerbetreibenden für verpflichtet, die Löhne ihrer Arbeiter **in Reichswährung zu berechnen** und bar auszuzahlen (§§ 115 Abs. 1; 117 Abs. 1 GewO).
Hiermit sollte das teilweise geübte **Trucksystem** (engl. „truck" = u. a. Lohnzahlung in Waren) verboten werden, wonach sich der ArbG dadurch von seiner Lohnzahlungspflicht befreien konnte, daß er dem ArbN in Anrechnung auf den Lohn Waren, oft aus der eigenen Erzeugung, aufdrängte, für die der ArbN möglicherweise keine Verwendung hatte und deren Wert zu hoch angesetzt war. Allerdings wird man den Sinn des Truck-Verbotes nicht darin sehen können, den bargeldlosen Zahlungsverkehr im Arbeitsverhältnis zu untersagen. Somit dürften keine Bedenken gegen die Überweisung der Vergütungsbeträge auf Lohn- und Gehaltskonten der ArbNer bestehen.
Die **Geldschuld** (vgl. Horst **Hartwig,** a. a. O., Bd. II, Fall Nr. 9) ist zwar eine **Schickschuld,** die Regelung des **§ 270 BGB** jedoch **nachgiebiges Recht.** Daher können – abgesehen von einzelvertraglichen Abmachungen – auch BVen die Überweisung der Arbeitsvergütung auf einzurichtende Bankkonten mit unmittelbarer Wirkung gegenüber der jeweiligen Belegschaft vorsehen (§§ 87 Abs. 1 Nr. 4; 77 Abs. 4 Satz 1 BVG).
Nach diesen allgemeinen Ausführungen bleibt bezüglich des vorstehenden Sachverhaltes zunächst festzustellen, daß den ArbNern des Betriebes A grundsätzlich ein Lohnanspruch gem. § 611 Abs. 1 BGB zusteht. Zu prüfen bleibt jedoch, ob sich die Rechtslage nicht durch den teilweisen Ausfall der Produktionsanlage verändert hat. Sollte A zur Einführung von Kurzarbeit berechtigt sein, hätte das eine Lohnminderung für die Belegschaft zur Folge.
Es fragt sich, wie die Tatsache arbeitsrechtlich zu würdigen ist, daß die Belegschaft die Arbeitsleistung anbietet, A dieses Angebot aber nur teilweise annehmen kann. Geht man davon aus, daß die ArbNer die volle Arbeitsleistung nicht erbringen **können,** solange ein Teil der Produktionsanlagen, d. h. der Arbeitsplätze, zerstört und nicht wiederhergestellt ist, kann man hierin eine teilweise **Unmöglichkeit** der Leistung sehen, die weder von der Betriebsleitung A noch der Belegschaft zu vertreten ist (§§ 323 Abs. 1; 276 Abs. 1 BGB). Die Anwendung des § 323 Abs. 1 BGB hätte bei teilweise Unmöglichkeit der Arbeitsleistung eine Lohnminderung zur Folge. Dieses Ergebnis würde zwar formal mit dem Grundsatz „ohne Arbeit kein Lohn" übereinstimmen, jedoch zugleich eine existentielle Bedrohung des einzelnen ArbN darstellen können. Damit bliebe aber eine wichtige Funktion des Arbeitsrechts, nämlich den ArbN zu schützen, unberücksichtigt. Insofern steht die rein bürgerliche-rechtliche Lösung des § 323 Abs. 1 BGB im Widerspruch zu einem arbeitsrechtlich vertretbaren Ergebnis.
Ein anderer Blickpunkt zur Bewertung des anstehenden Problems ergibt sich aus der Regelung des § 615 BGB. Hiernach bleibt der Lohnanspruch erhalten, wenn der ArbG mit der Annahme der angebotenen Arbeitsleistung in **Verzug** kommt. Gemäß § 293 BGB gelangt der Gläubiger, hier A, in Verzug, wenn er die ihm angebotene Leistung nicht annimmt.

Gegenüber § 323 Abs. 1 BGB erweitert § 615 BGB die Rechtsstellung des ArbN. § 615 BGB schützt somit den Vergütungsanspruch des zur Arbeitsleistung Verpflichteten gegenüber etwaigem willkürlichem Verhalten des ArbG, wenn dieser z. B. bei Arbeitsbeginn die Dienste ablehnen, die Arbeitszuweisung unterlassen oder unberechtigt fristlos kündigen sollte. Obwohl der **Gläubigerverzug** i. S. d. § 616 BGB **kein Verschulden** voraussetzt, wäre ein derartiges in den aufgeführten Fällen zu bejahen. Der ArbG wäre **tatsächlich** in der Lage gewesen, den **Beschäftigungsanspruch** des ArbN (vgl. **Hueck-Nipperdey,** a. a. O., S. 98f.) zu erfüllen. In diesen Fällen würde § 615 BGB Anwendung finden. Dies erscheint jedoch dann problematisch, wenn Arbeitsplätze z. B. infolge „höherer Gewalt" ganz oder teilweise vernichtet worden sind und ein Einsatz der Arbeitskraft insoweit praktisch unmöglich ist. Auf diesen Fall würde zwar § 615 BGB ebenso wie § 323 Abs. 1 BGB seinem bloßen Wortlaut, aber nicht seinem Sinn und Zweck nach Anwendung finden können.

Nach alledem sollte die Alternative nicht lauten, entweder § 323 Abs. 1 BGB (Wegfall oder Minderung des Lohnanspruches) oder § 615 BGB (mit umgekehrtem Ergebnis) der Beurteilung des vorstehenden Sachverhaltes zugrunde zu legen. Vielmehr sollte insoweit an die Stelle der BGB-Dogmatik eine eigenständige arbeitsrechtliche Lösung treten. Diese könnte in der sog. **Sphärentheorie** gesehen werden, zu deren Durchsetzung eine **Grundsatzentscheidung des RG vom 6. 2. 1923** (RGZ 106, 272) beigetragen hatte. Dabei ging es um Lohnansprüche des arbeitswilligen Fahrpersonals der Kieler Straßenbahn, die ihren Betrieb infolge eines Streiks im Kraftwerk einstellen mußte. Das **RG** lehnte die Lohnansprüche ab, weil die Störung aus dem **Bereich der Arbeitnehmerschaft gekommen** sei. Nach der **Sphärentheorie soll derjenige den Schaden tragen, in dessen Sphäre er seinen Ursprung hat.** So fallen **Betriebsstörungen** z. B. infolge Ausfalles der Energieversorgung oder des Stockens von Zulieferungen in die **Rechtssphäre des ArbG.** Dieses sog. **Betriebsrisiko** wird dem ArbG als Unternehmer zugerechnet, weil er über die Produktionsmittel und den Gewinn verfügt. Ebensowenig entbinden wirtschaftliche Schwierigkeiten (z. B. vorübergehender Absatzmangel) den ArbG von der Lohnzahlungspflicht (sog. **Wirtschaftsrisiko**).

Abgesehen davon gehen nach der Sphärentheorie die ArbNer in jedem Falle ihres Lohnzahlungsanspruches verlustig, wenn die Unmöglichkeit der Beschäftigung auf z. B. einen **Teilstreik** im eigenen oder in einem fremden Betrieb zurückzuführen ist. Derartige Fälle resultieren aus dem **Verhalten der ArbNer** und werden daher ihrer Sphäre zugerechnet.

Das Betriebsrisiko soll jedoch dann nicht vom ArbG allein getragen werden, wenn die Erfüllung des Lohnanspruchs die **Existenz des Betriebes gefährden würde.** Unter dieser Voraussetzung soll die Kürzung und notfalls der völlige Fortfall des Lohnes gerechtfertigt sein, um den Betrieb und damit die Arbeitsplätze zu erhalten. Zur Sicherung des Lebensunterhaltes würde dann Kurzarbeitergeld bzw. Arbeitslosengeld oder Arbeitslosenhilfe zu gewähren sein.

Eine gewisse Absicherung des Lohnanspruchs bei **Konkurs des ArbG** ist nunmehr nach Maßgabe des „Gesetzes über **Konkursausfallgeld** (3. Gesetz zur Änderung des AFG)" vom 17. 7. 1974 (BGBl. I, S. 1481) gewährleistet.

Die arbeitsrechtliche Lehre von der Sphärentheorie stellt den Versuch einer Interessenabwägung zwischen ArbG und ArbN auf kollektivrechtlicher Ebene dar.

Die Anwendung dieser Rechtsfigur auf den vorstehenden Sachverhalt bedeutet, daß der durch Blitzeinschlag und Brand verursachte teilweise Ausfall der Produktionsanlagen als Betriebsrisiko in die Sphäre des A fällt. A wäre somit grundsätzlich zur Lohnfortzahlung verpflichtet. Jedoch könnte die Einführung von Kurzarbeit unter zwei

Gesichtspunkten rechtlich in Betracht kommen: einmal, wie oben angeführt, bei Existenzgefährdung des Betriebes, zum anderen durch vertragliche Absprache. Die Rechtsprechung des **BAG** hat die Grundsätze über das Betriebsrisiko für abdingbar erklärt. Daher könnte durch BV oder TV eine Modifizierung der Risikoverteilung vorgesehen werden.
Im vorliegenden Falle würde die Klausel des TV, wonach im Bedarfsfalle Kurzarbeit mit Zustimmung des BR angeordnet werden kann, hierfür Raum geben. Ohne derartige Vereinbarung müßte A den Lohn fortzahlen oder eine Existenzgefährdung des Betriebes nachweisen, um den Lohnanspruch zu reduzieren. Aber auch in diesem Falle wäre für die Einführung von Kurzarbeit die Zustimmung des BR erforderlich (§ 87 Abs. 1 Nr. 3 BVG).

Zusammenfassend ist festzustellen, daß der ArbN im Falle des vom ArbG als Unternehmer zu tragenden Betriebsrisikos trotz **Nichtleistung** seinen Lohnanspruch behält. Dies ist eine Folge der im Arbeitsrecht praktizierten **Sphärentheorie.** Sie ist ein arbeitsrechtlicher Beitrag zur Dogmatik der schuldrechtlichen **Leistungsstörungen** (s. Horst **Hartwig,** a. a. O., Bd. II, Fälle Nr. 13ff.), von denen **Verzug** und **Unmöglichkeit** gesetzlich geregelt und die **positive Vertrags- oder Forderungsverletzung** gewohnheitsrechtlich anerkannt sind.
Lohnzahlung trotz Nichtleistung findet außer bei Betriebsrisiko auch in anderen Fällen statt, z. B. bei der Teilnahme an Betriebsversammlungen während der Arbeitszeit (§ 44 Abs. 1 BVG), bei gesetzlichen Feiertagen (Ges. z. Regelung der Lohnzahlung an Feiertagen), bei Krankheit (vgl. Fall Nr. 3) sowie bei persönlicher Verhinderung (§ 616 Abs. 1 BGB, § 63 HGB). Der Grundsatz „ohne Arbeit kein Lohn" erfährt dadurch erhebliche Einschränkungen.
Lohn- und Gehaltsansprüche unterliegen der zweijährigen Verjährungsfrist (§ 196 Abs. 1 Nr. 8 und 9 BGB).

Literaturhinweise
Franz **Gamillscheg,** a. a. O., Fragen Nr. 130ff.; **Hueck-Nipperdey,** Grundriß, a. a. O., S. 69ff., 75ff.; Alfred **Söllner,** a. a. O., S. 217ff., 221ff. Bericht über das Gesetz über **Konkursausfallgeld** in BB 74, 1075f.

Fall Nr. 9: Die Treuepflicht des Arbeitnehmers

A ist Assistent der Geschäftsleitung der Firma B. A gründet eine Handelsgesellschaft in der Rechtsform der GmbH. Der Geschäftsgegenstand ist ein anderer als der der B. Als der Geschäftsführer der B von der Firmengründung des A erfährt, kündigt er A fristlos.
Wie ist die Rechtslage?

Besprechung

Der Fürsorgepflicht des ArbG (Fall Nr. 10) entspricht die **Treuepflicht** des ArbN. Beide Pflichten stehen – ebenso wie die Arbeits- (Fall Nr. 7) und die Lohnzahlungspflicht (Fall Nr. 8) in einer Wechselbeziehung zueinander.

Nach **Hueck-Nipperdey** bestimmt der Gesichtspunkt der Treue ergänzend den Inhalt und Umfang der Arbeitspflicht, darüberhinaus das nicht unmittelbar mit der Arbeitsleistung zusammenhängende Verhalten des ArbN:

„Der Arbeitnehmer ist verpflichtet, die Interessen des Arbeitgebers und seines Betriebes nach besten Kräften wahrzunehmen und alles zu unterlassen, was diese Interessen schädigt. Es handelt sich in erster Linie um eine **Unterlassungspflicht.**" (A. a. O., S. 67).
Alfred **Söllner** formuliert kürzer:
„Die Treuepflicht gebietet dem Arbeitnehmer, zum Erfolg der vom Arbeitgeber verfolgten Ziele beizutragen. Aus dieser umfassenden Verpflichtung folgen einzelne Unterlassungspflichten, aber auch Pflichten zu positivem Tun." (A. a. O., S. 212).

Wie aus den vorstehenden Definitionen hervorgeht, handelt es sich bei der Treuepflicht nicht um eine persönliche „Treue" zum ArbG, sondern – ebenso wie bei der Fürsorgepflicht (Fall Nr. 10) – um vertragliche Nebenpflichten, die von dem Grundsatz von Treu und Glauben (§ 242 BGB) abgeleitet sind.
Zum Teil ist der Inhalt der Treuepflicht ausdrücklich gesetzlich geregelt. Dies gilt insbesondere für die **Unterlassungspflichten,** z. B.: Wettbewerbsverbot (§ 60 HGB), Verschwiegenheitspflicht im Hinblick auf Betriebs- und Geschäftsgeheimnisse (§ 17 UWG, § 9 Nr. 6 BBiG) und Schmiergeldverbot (§ 12 UWG).
In den **Handlungspflichten** (positives Tun) im Rahmen der Treuepflicht sind vor allem Mitteilungs- und Anzeigepflichten zu verstehen. So ist der ArbN z. B. verpflichtet, drohende Schäden unaufgefordert zu melden oder persönliche Daten zu offenbaren, soweit der ArbG an deren Kenntnis ein berechtigtes Informationsinteresse hat (vgl. Fall Nr. 29 und Karl **Linnenkohl,** a. a. O., S. 43ff.).
Bei **Verletzung der Treuepflicht** durch den ArbN kann für den ArbG u. a.
- ein Anspruch auf Erfüllung;
- ein Recht zur Verweigerung der Lohnzahlung (§ 320 BGB);
- ein Anspruch auf Schadensersatz aus Vertrag wegen positiver Vertragsverletzung (§ 276 BGB) oder aus unerlaubter Handlung (§§ 823ff. BGB) gegeben sein. Schließlich kann bei schwerer schuldhafter Treuepflichtverletzung für den ArbG ein
- Recht zur fristlosen Kündigung aus wichtigem Grund (§ 626 BGB) bestehen. Gleiches gilt für den umgekehrten Fall der Fürsorgepflichtverletzung (Fall Nr. 10).

Im vorliegenden Falle stützt der Geschäftsführer der B die fristlose Kündigung des A offenbar auf eine Treuepflichtverletzung aufgrund verbotenen Wettbewerbes. Da ein derartiges vertragswidriges Verhalten einen wichtigen Grund i. S. d. § 626 Abs. 1 BGB (Fall Nr. 14) darstellen kann, ist zu prüfen, ob die fristlose Kündigung des A durch die B begründet ist.
Als Assistent der Geschäftsleitung ist A kaufmännischer Angestellter (Handlungsgehilfe). Sein Arbeitsverhältnis mit der Firma B fällt somit unter die §§ 59ff. HGB. Nach § 60 Abs. 1 HGB darf der „Handlungsgehilfe" ohne Einwilligung des „Prinzipals" weder ein Handelsgewerbe betreiben noch in dem Handelszweige des Prinzipals für eigene oder fremde Rechnung Geschäfte machen. Im vorliegenden Falle hat A während des Bestehens des Arbeitsverhältnisses mit der Firma B eine GmbH zum Betrieb eines Handelsgewerbes (§§ 1 Abs. 2; 6 Abs. 1 HGB; 13 Abs. 3 GmbHG) gegründet.
Damit hat A zwar gegen den Wortlaut des § 60 Abs. 1, erste Alternative HGB verstoßen. Das **BAG** hat jedoch zur Auslegung obiger Vorschrift ausgeführt, die Anwendung des bloßen Wortlautes laufe auf eine Bevormundung des Angestellten in seiner Freizeit hinaus; dies entspreche einer früheren, noch durch Vorstellungen aus der Zeit des Zunftwesens beeinflußten patriarchalischen Einstellung. Damit verstoße

§ 60 Abs. 1 HGB insoweit gegen Art. 12 Abs. 1 Satz 1 GG. Verfassungskonform sei nur eine einengende Auslegung. Demgemäß könne der gleichzeitige Betrieb eines Handelsgewerbes nur dann verwehrt sein, wenn dies den ArbG schädigen könne. Das sei der Fall, wenn das Handelsgewerbe wettbewerbsmäßig eine Gefahr bedeute. Das treffe auf ein **Handelsgewerbe im Handelszweig des ArbG** zu. Daher liege eine verbotene Konkurrenz i. S. d. § 60 Abs. 1 HGB nur dann vor, wenn der Angestellte im Handelszweig des ArbG tätig werde (**BAG:** Urt. v. 25. 5. 70 = **BAGE** 22, 344 ff. = AP Nr. 4 zu § 60 HGB = BB 70, 1134 f.; Urt. v. 7. 9. 72 = BB 73, 144 f.).
Im vorliegenden Falle hat die von A gegründete GmbH einen anderen Geschäftsgegenstand als die Firma B. Hierunter kann man den Betrieb eines Handelsgewerbes in einem anderen Handelszweig verstehen. Somit betreibt A gegenüber der Firma B keinen verbotenen Wettbewerb i. S. d. § 60 Abs. 1 HGB. A darf also durch die GmbH unternehmerisch tätig werden, ohne dadurch eine Treuepflichtverletzung zu begehen, die für B einen wichtigen Grund zur fristlosen Kündigung darstellen könnte.
Die fristlose Kündigung des B ist unbegründet. Das **BAG** hat in einem gleichgelagerten Fall ebenso entschieden. (**BAG,** Urt. v. 7. 9. 72, a. a. O.).
Während § 60 HGB ein **gesetzliches** Wettbewerbsverbot für die **Dauer** des Arbeitsverhältnisses aufstellt, sehen die §§ 74 ff. HGB die Möglichkeit vor, ein Wettbewerbsverbot für eine bestimmte (höchstzulässige) **Zeit nach Beendigung** des Arbeitsverhältnisses vertraglich zu vereinbaren. Nach **BAG,** Urt. v. 13. 9. 69 = RdA 70, 25 ff., sind die Vorschriften der §§ 74 ff. HGB auch für Wettbewerbsverbote mit anderen ArbNern als Handlungsgehilfen maßgeblich.

Zusammenfassend ist festzustellen, daß es sich bei der **Treuepflicht** um eine aus dem das gesamte Vertragsrecht beherrschenden Grundsatz von Treu und Glauben (§ 242 BGB) abgeleitete **Nebenpflicht** i. S. d. Vertragserfüllung handelt. Dies kommt in Handlungs- und Unterlassungspflichten zum Ausdruck. Ein gesetzlich geregelter Fall von Unterlassungspflicht ist § 60 Abs. 1 HGB.
Im vorliegenden Falle hat A jedoch nicht gegen die aus dem Wettbewerbsverbot des § 60 Abs. 1 HGB folgende Unterlassungspflicht verstoßen.

Literaturhinweise
Bobrowski-Gaul, a. a. O., S. 300 ff.; **Hueck-Nipperdey,** Grundriß, a. a. O., S. 66 ff.; Alfred Söllner, a. a. O., S. 215 f.

Fall Nr. 10: Die Fürsorgepflicht des Arbeitgebers

ArbG A hat für die ArbNer seines Betriebes sowie für Besucher einen Parkplatz mit mehreren hundert Plätzen eingerichtet. Einhundert Plätze sind hiervon abgetrennt und mit einem Dach versehen. Diese Plätze hat A Arbeitnehmern seines Betriebes gegen eine monatliche Gebühr von DM 10,– überlassen und mit dem jeweiligen Kennzeichen des Kraftfahrzeugs versehen.
Dem parkberechtigten Arbeitnehmer B ist sein dort abgestellter PKW von einem anderen Fahrzeug(-führer) eingebeult worden.
Kann B von A Ersatz des durch die Beschädigung seines PKW entstandenen Schadens verlangen?

Besprechung

Nach **Hueck-Nipperdey** ist unter der Fürsorgepflicht des Arbeitgebers zu verstehen, daß der Arbeitgeber sich im Rahmen des Arbeitsverhältnisses für den Arbeitnehmer einsetzt, ihm Schutz und Fürsorge zuteil werden läßt und alles unterläßt, was die Interessen des Arbeitnehmers zu schädigen geeignet ist (a. a. O., S. 90). Da der Arbeitnehmer beim Vollzug des Arbeitsverhältnisses eine Reihe von Rechtsgütern (Leben, Gesundheit, Eigentum) in einen fremden Lebensbereich, den Betrieb, einbringen muß, trifft den ArbG die Pflicht, diese Rechtsgüter zu schützen. Die Fürsorgepflicht ist somit das rechtliche Korrelat zur persönlichen Eingliederung des ArbN in den Betrieb. Das hat u. a. in § 618 BGB eine gesetzliche Regelung gefunden; von dieser Vorschrift hat die Entwicklung der Fürsorgepflicht ihren Ausgang genommen. In den vergangenen Jahrzehnten diente der Begriff der Fürsorgepflicht der Rechtsprechung als Anknüpfungspunkt für eine soziale Ausgestaltung der Arbeitsverhältnisse. Nach Alfred **Söllner** ist es fraglich, „ob auch heute noch der Begriff der „Fürsorge" diese dem Arbeitgeber auferlegten Rechtspflichten zutreffend kennzeichnet". (A. a. O., S. 200). Alfred **Söllner** zufolge läßt sich die Fürsorgepflicht auf **Nebenpflichten i. S. d. Vertragserfüllung** (§ 242 BGB), z. B. Verpflichtung zur richtigen Lohnberechnung und auch Obhutspflichten zur Erhaltung von Rechtsgütern, die anläßlich der Arbeitsleistung in den Einflußbereich des ArbG geraten sind, sog. **Schutzpflichten,** zurückführen. Bei der Gewährung von Gratifikationen, Prämien und Ruhegeldern soll es sich – m. E. richtigerweise – nicht um Fürsorgemaßnahmen, sondern um Arbeitsentgelt i. w. S. handeln. (A. a. O., S. 220 m. w. Hinw.).
Die unter die Fürsorgepflicht des ArbG fallenden Sachverhalte lassen sich zu folgenden Fallgruppen zusammenfassen:

- Fürsorge für Leben und Gesundheit (§ 618 BGB) sowie Eigentum des ArbN;
- Erfüllung öffentlich-rechtlicher Arbeitnehmerschutzvorschriften (z. B. JASchG, MuSchG, SchwbG, UVVen);
- Beachtung sozialversicherungsrechtlicher Vorschriften, insbesondere richtige und rechtzeitige Anmeldung der ArbNer zur Sozialversicherung, zur Entrichtung der Beiträge sowie zur Erstattung von Unfallanzeigen.

In diesem Zusammenhang verdienen noch zwei Sonderfälle Beachtung. Es handelt sich um die **Haftungserleichterung** bei **gefahren-** oder **schadensgeneigter** Tätigkeit und die Bedeutung und Einordnung des **Gleichbehandlungsgrundsatzes.**
Bei schadensgeneigter Tätigkeit, z. B. der des Kraftfahrers, kann durch ein geringes Versehen ein großer Schaden entstehen. In der technisierten Arbeitswelt sind derartige Tätigkeiten nicht selten. Die Rechtsprechung hat daher unter Berufung auf die Fürsorgepflicht des ArbG Grundsätze für eine Haftungserleichterung (innerbetrieblicher Schadensausgleich) entwickelt (Alfred **Söllner,** a. a. O., S. 216). Gleiches gilt für den arbeitsrechtlichen **Freistellungsanspruch** der ArbN gegenüber dem ArbG. Hierbei handelt es sich um die Schädigung nicht des ArbG, sondern eines **Dritten** in Ausführung schadensgeneigter Tätigkeiten (Alfred **Söllner,** a. a. O., S. 216 f.).
Die **Gleichbehandlungspflicht** (Gleichbehandlungsgrundsatz) wird teilweise ebenfalls als Bestandteil der Fürsorgepflicht betrachtet. Richtigerweise dürfte es sich dabei um die Ausübung von Gestaltungsmacht i. S. d. § 315 Abs. 1 BGB (so Alfred **Söllner,** a. a. O., S. 221) oder i. S. d. Art 3 GG (so Franz **Gamillscheg,** a. a. O., Frage Nr. 22) handeln. Folgerichtig muß die Gleichbehandlungspflicht da entfallen, wo der ArbG nicht „behandelt", sondern mit dem ArbN einzelvertragliche Vereinbarungen „aushandelt" **(Vertragsfreiheit).** (Ebenso Alfred **Söllner,** a. a. O., S. 221).

Bei **Verletzung der Fürsorgepflicht** durch den ArbG kann für den ArbN u. a.

- ein Anspruch auf Erfüllung;
- ein Recht zur Verweigerung der Arbeitsleistung (§ 320 BGB);
- ein Schadensersatzanspruch aus Vertrag wegen positiver Vertragsverletzung (§§ 276, 278 oder § 618 BGB) oder aus unerlaubter Handlung (§§ 823ff. BGB) bestehen (Näheres s. **Hueck-Nipperdey,** a. a. O., S. 92f.).

Im vorliegenden Fall ist zu prüfen, ob ArbN B gegen ArbG A ein Schadensersatzanspruch wegen der Beschädigung seines PKW zusteht. Das **BAG** hatte einen gleichgelagerten Sachverhalt zu entscheiden. Es hat ausgeführt, der Kläger (ArbN) könne keinen Schadensersatz beanspruchen, weil der Beklagte (ArbG) weder seine Verkehrssicherungspflicht noch die ihm dem Kläger gegenüber obliegende Fürsorgepflicht verletzt habe. Auch aus dem der Überlassung des Parkplatzes zugrundeliegenden besondern Rechtsverhältnis könne der Kläger keinen Schadensersatzanspruch herleiten.
Der ArbG sei zwar verpflichtet, die den ArbNern zur Verfügung gestellten Unterstellplätze in einem verkehrssicheren und gefahrlosen Zustand zu halten. „Es hieße aber die Fürsorgepflicht überspannen, wollte man den ArbG verpflichten, die auf seinem Parkplatz abgestellten Fahrzeuge der Arbeitnehmer schlechthin auch vor solchen Schäden zu bewahren, vor denen der Eigentümer eines Wagens sich auch sonst im Straßenverkehr kaum wirksam schützen kann."
Das **BAG** sieht es als entscheidend an, daß die Ursache für den Schaden nicht durch den Parkplatz, sondern durch Einwirkung eines Dritten entstanden ist. Es handelt sich insoweit um eine nicht vom ArbG beherrschbare Gefahrenquelle.
Wegen der weiteren Einzelheiten wird auf das Urteil des **BAG** v. 25. 6. 75 = BB 75, 1343f. verwiesen.
Unter Berücksichtigung vorstehender **BAG**-Entscheidung steht dem ArbN B gegen den ArbG A kein Schadensersatzanspruch zu.

Zusammenfassend läßt sich feststellen, daß es sich bei der „Fürsorgepflicht" des ArbG um Nebenpflichten i. S. d. Vertragserfüllung (§ 242 BGB) sowie um Schutzpflichten handelt. Abgesehen von seiner historischen Bedingtheit könnte man daher auf den Begriff der Fürsorgepflicht verzichten, zumal die gesetzliche Regelung von Arbeitnehmerschutzvorschriften ständig zugenommen hat.

Literaturhinweise

Franz **Gamillscheg,** a. a. O., Frage Nr. 22; **Hueck-Nipperdey,** Grundriß, a. a. O., S. 90ff.; Alfred **Söllner,** a. a. O., S. 219f.

Rechte und Pflichten der Arbeitsvertragsparteien

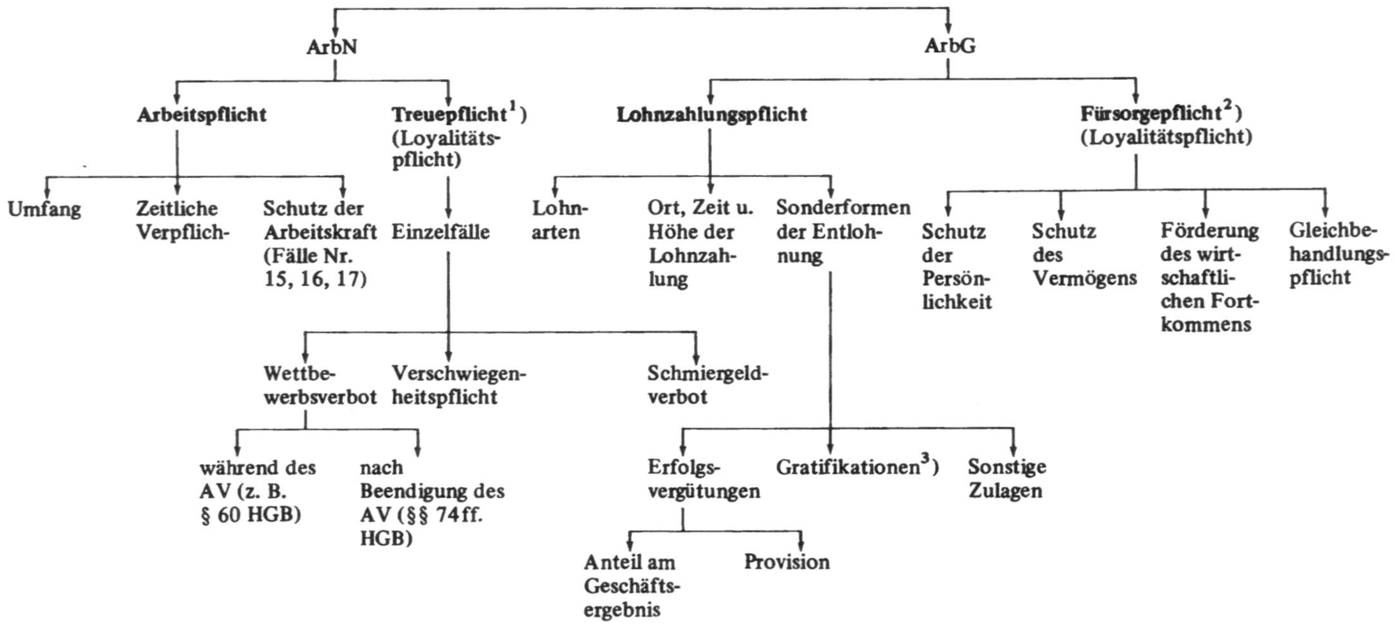

Anmerkungen:

[1] Nebenpflichten i. S. d. Vertragserfüllung, insb. Unterlassungs- und Handlungspflichten.

[2] Nebenpflichten i. S. d. Vertragserfüllung (1) sowie **Schutzpflichten.**

[3] Vgl. Karl **Linnenkohl,** a. a. O., S. 78ff.

Teil II: Die Beendigung des Arbeitsverhältnisses

Fall Nr. 11: Die Endigungsgründe

ArbN B ist als Kraftfahrer bei der Firma X beschäftigt, die allein von dem Einzelkaufmann A betrieben wird. Auf einer Geschäftsreise wird der von B gefahrene PKW, in dem sich auch A befindet, in einen schweren Verkehrsunfall verwickelt. Dabei wird A getötet. B, der schuldlos an dem Unfall ist, erleidet eine Querschnittslähmung. Besteht angesichts des Todes des A und des körperlichen Zustandes des B das Arbeitsverhältnis des B mit der Firma X fort?

Besprechung

Der vorstehende Sachverhalt wirft die Frage auf, ob der Tod des Firmeninhabers A und die Berufsunfähigkeit (vgl. § 1246 RVO) des B Auflösungstatbestände für das Arbeitsverhältnis darstellen. Damit ist die grundsätzliche Frage nach den **Endigungsgründen** gestellt, die zur Beendigung von Arbeitsverhältnissen führen.

Als praktisch wichtigste Endigungsgründe werden angeführt:

- **Zeitablauf** bei zulässiger Befristung (§ 620 Abs. 1 BGB);
- **Zweckerreichung** (vgl. § 620 Abs. 2 BGB);
- **Kündigung** (§§ 622, 626 BGB);
- **Aufhebungsvertrag,** d. h. Absprache über die Beendigung (§ 305 BGB);
- **Tod** des **ArbN** (§ 613 BGB).

Beim Tod einer Arbeitsvertragspartei handelt es sich um „höhere Gewalt". Während der **Tod des ArbN** stets zur **Auflösung** des Arbeitsverhältnisses führt (§ 613 Satz 1 BGB), ist das beim Tod des ArbG nur ausnahmsweise der Fall, wenn die Erfüllung des Arbeitsvertrages, wie z. B. bei einer Pflegerin, von der Person des ArbG abhängt.
Bei **Kündigung** durch ArbG oder ArbN wird das Arbeitsverhältnis durch **einseitige** Ausübung eines **Gestaltungsrechtes** beendet. Hierzu gehört auch die **Anfechtung** des Arbeitsverhältnisses gem. §§ 119ff.; 123ff., (142) BGB. (Vgl. hierzu Günter **Schaub,** Arbeitsrecht, a. a. O., „Anfechtung").
Unter **vertraglicher Beendigung** des Arbeitsverhältnisses wird man in erster Linie den **Aufhebungsvertrag** zu verstehen haben. Hierzu wird man aber auch die **Befristung** und die **Zweckerreichung** zählen können, wenngleich diese Endigungsgründe – im Gegensatz zur vertraglichen Aufhebung – schon von vornherein vereinbart werden. Zu dem bei der vertraglichen Beendigung des Arbeitsverhältnisses möglicherweise auftretenden Problem der sog. **Ausgleichsquittung** s. Günter **Schaub,** Arbeitsrecht Stichwort „Ausgleichsquittung" und Karl **Linnenkohl,** a. a. O., S. 106ff.

Hiernach lassen sich die Endigungsgründe in **drei** Gruppen zusammenfassen. Diese sind:

- **höhere Gewalt** (Tod des ArbN, ausnahmsweise auch der des ArbG);
- **einseitiger** Gestaltungsakt (Kündigung, Anfechtung);
- **beiderseitige** Vereinbarung (Aufhebungsvertrag, Befristung, Zweckerreichung).

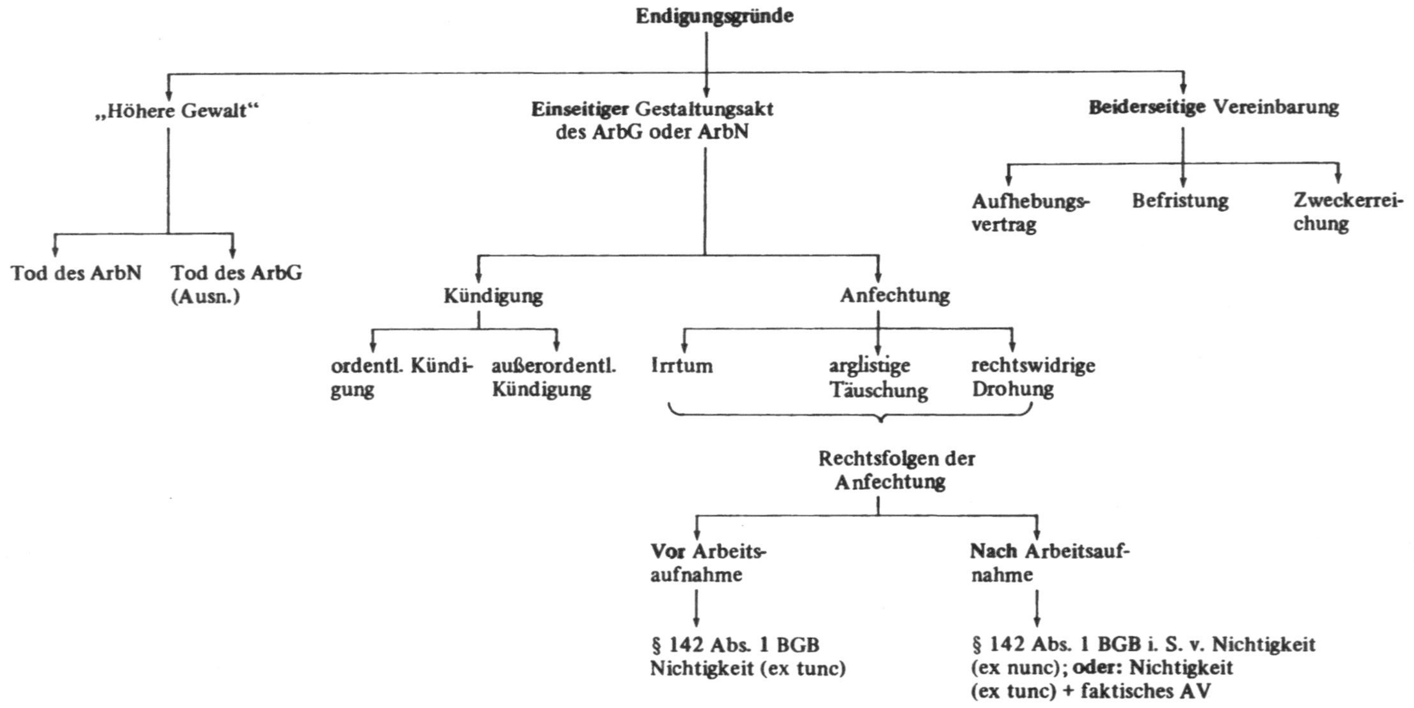
Endigungsgründe
„Höhere Gewalt“
Einseitiger Gestaltungsakt des ArbG oder ArbN
Beiderseitige Vereinbarung
Aufhebungs-vertrag
Befristung
Zweckerrei-chung
Tod des ArbN
Tod des ArbG (Ausn.)
Kündigung
Anfechtung
ordentl. Kündi-gung
außerordentl. Kündigung
Irrtum
arglistige Täuschung
rechtswidrige Drohung
Rechtsfolgen der Anfechtung
Vor Arbeits-aufnahme
Nach Arbeitsauf-nahme
§ 142 Abs. 1 BGB Nichtigkeit (ex tunc)
§ 142 Abs. 1 BGB i. S. v. Nichtigkeit (ex nunc); oder: Nichtigkeit (ex tunc) + faktisches AV

Im vorliegenden Falle ist zu prüfen, ob der Tod des Firmeninhabers und ArbG A ein Auflösungstatbestand für das Arbeitsverhältnis mit dem Kraftfahrer B darstellt. Nach den vorangegangenen Ausführungen ist zu vermuten, daß dies nicht der Fall ist.
Nach § 1922 Abs. 1 BGB geht kraft **Gesetzes** mit dem Tode einer Person, hier des A, (Erbfall) deren Vermögen, das „private" und das „Firmenvermögen", als Ganzes auf die gesetzlichen oder testamentarischen Erben über (Gesamtrechtsnachfolge). Wird die Firma X des A (§§ 17, 18 HGB) nach dem Erbgange fortgeführt, so tritt der Erbe nach handelsrechtlichen Grundsätzen in die Rechte und die Pflichten des Erblassers ein (§§ 22, 27 HGB). Das läßt den Schluß zu, daß der Tod des ArbG A das Arbeitsverhältnis mit dem B nicht aufgelöst hat. Es besteht fort mit dem an die Stelle des verstorbenen A getretenen erbrechtlichen Firmennachfolger (ein Erbe oder mehrere Erben). Dies Ergebnis entspricht der im Arbeitsrecht herrschenden Auffassung, wonach ein gewöhnliches Arbeitsverhältnis – wie hier mit dem Kraftfahrer B – nicht durch den Tod des Firmeninhabers beendet wird. Es stimmt auch mit dem Rechtsgedanken des § 613a BGB überein, obgleich diese Vorschrift nicht den gesetzlichen sondern den **rechtsgeschäftlichen** Betriebsübergang regelt.
Nach der Feststellung, daß der Tod des A kein Endigungsgrund ist, bleibt zu untersuchen, ob der körperliche Zustand des B ein Auflösungstatbestand ist. Infolge der bei dem unverschuldeten Verkehrsunfall erlittenen Querschnittslähmung kann B seinen Beruf als Kraftfahrer nicht mehr ausüben. Es handelt sich bei B um eine sog. **Berufsunfähigkeit** (vgl. Werner **Schimanski,** a. a. O.). Diese führt jedoch nicht automatisch zum Verlust des Arbeitsplatzes. Vielmehr besteht das Arbeitsverhältnis solange fort, wie es nicht durch Kündigung oder einvernehmlich aufgelöst wird. Der ArbG könnte sich zur sozialen Rechtfertigung einer Kündigung des B auf einen in dessen Person liegenden Grund, nämlich die Unmöglichkeit der Erfüllung der Arbeitspflicht als Kraftfahrer, berufen, soweit nicht eine anderweitige Beschäftigungsmöglichkeit gegeben sein sollte, § 1 Abs. 2 KSchG (Fall Nr. 13).
Bei fehlender anderweitiger Beschäftigungsmöglichkeit dürfte es in Anbetracht der besonderen Umstände empfehlenswert sein, anstelle einer Kündigung den Abschluß eines Aufhebungsvertrages mit dem B anzustreben.

Literaturhinweise

Hans **Brox,** a. a. O., S. 82ff.; **Hueck-Nipperdey,** Grundriß, a. a.O., S. 117f.; Karl **Linnenkohl,** a. a. O., S. 97f.; Günter **Schaub,** Arbeitsrecht, a. a. O., Stichwort „Beendigung des Arbeitsverhältnisses"; Werner **Schimanski,** a. a. O., S. 134ff.; Alfred **Söllner,** a. a. O., S. 227.

Fall Nr. 12: Die Befristung des Arbeitsverhältnisses

Das Unternehmen A stellt wegen eines vorübergehend starken Arbeitsanfalls zusätzlich eine Schreibkraft S ein. A und S befristen den Arbeitsvertrag für die Zeit vom 1. 10. 1976 bis 31. 3. 1977.
Am 10. 1. 1977 teilt S dem A mit, sie befinde sich in anderen Umständen.

1. Ist die Befristung des Arbeitsverhältnisses zulässig?
2. Hat S aufgrund der Schwangerschaft einen Anspruch auf Weiterbeschäftigung über den 31. 3. 1977 hinaus?

Besprechung

Zu 1. Wie bereits oben erwähnt (Fall Nr. 11), stellt die **Befristung** (§ 620 Abs. 1 BGB) einen Endigungsgrund dar. Sie schließt eine ordentliche (fristgerechte) Kündigung aus.

Die Befristung wird von vornherein vereinbart und ist insoweit eine Folge der Vertragsfreiheit (§ 305 BGB). Dieser Grundsatz erfährt jedoch im Arbeitsvertragsrecht, insbesondere unter Berücksichtigung des Arbeitnehmerschutzgedankens, erhebliche Einschränkungen (vgl. Fall Nr. 5). Dies gilt auch für die rechtliche Zulässigkeit der Befristung von Arbeitsverhältnissen. der **Große Senat** des **BAG** hat mit Beschl. v. 12. 10. 60 (AP Nr. 16 zu § 620 BGB – Befristeter Arbeitsvertrag) entschieden, daß die Befristung eines Arbeitsverhältnisses nur dann gerechtfertigt sei, wenn hierfür **sachliche Gründe** aufgrund der wirtschaftlichen oder sozialen Verhältnisse der Parteien oder einer Partei gegeben seien. Eine zulässige Befristung i. S. d. **BAG** liegt z. B. vor, bei Arbeitsverträgen auf Probe (m. E. eine Ausn.), Aushilfsarbeitsverträgen, Saisonarbeitsverträgen (z. B. im Fremdenverkehrsgewerbe), Verträgen mit Künstlern sowie bei befristeten Arbeitsverträgen auf Wunsch des ArbN (z. B. „Semesterferienjob"). Ergänzend ist auf die gesetzlich geregelte Befristung des Ausbildungsverhältnisses (§ 14 Abs. 1 BBiG) hinzuweisen.
Im vorliegenden Falle handelt es sich bei der Vereinbarung von A und S um ein **Aushilfsarbeitsverhältnis,** weil der starke Arbeitsanfall vorübergehender Natur ist. Wenn es sich dagegen um einen z. B. infolge der Erweiterung des Geschäftsvolumens andauernden Arbeitsanfall gehandelt hätte, wäre die Befristung sachlich nicht gerechtfertigt gewesen. Einen derartigen Sachverhalt hatte das **BAG** als Revision zu entscheiden:

Ein junger Amerikaner war als Lektor am Englischen Seminar der Universität Köln in den Diensten des Landes Nordrhein-Westfalen angestellt. Sein Arbeitsvertrag war zunächst befristet für die Zeit vom Herbst 1968 bis 30. 9. 1969; er wurde dann jeweils um ein weiteres Jahr verlängert, zuletzt bis zum 30. 9. 1971. Nachdem der amerikanische Lektor über den 30. 9. 1971 hinaus nicht weiterbeschäftigt werden sollte, erhob er Kündigungsschutzklage. Diese hatte beim **BAG** insoweit Erfolg, als die Bundesrichter den Prozeß zur erneuten Verhandlung an die Vorinstanz zurückverwiesen und u. a. ausführten, es bleibe zu prüfen, ob sachliche Gründe für die Befristung vorgelegen hätten. Die Feststellung, daß Lektorenverträge üblicherweise befristet seien, reiche hierfür nicht aus. (Unveröffentlichte Entsch. d. **BAG,** mitgeteilt von Hans **Schueler,** mm 10/73, S. 75). Nach dem mitgeteilten Sachverhalt kann man davon ausgehen, daß für die Lektorentätigkeit nicht nur ein vorübergehender, sondern ein andauernder „Arbeitsanfall" gegeben war. Insoweit stellte die Befristung eine unzulässige Umgehung des gesetzlichen Kündigungsschutzes (KSchG) dar. In derartigen Fällen tritt nach der oben angeführten Entscheidung des **Großen Senates** des **BAG** an die Stelle des befristeten Arbeitsverhältnisses ein Arbeitsverhältnis auf unbestimmte Zeit, auf das das KSchG und die anderen den Arbeitsplatz schützenden Gesetze (z. B. MuSchG, SchwbG) Anwendung finden. Damit dient die zur Befristung des Arbeitsverhältnisses ergangene Rechtsprechung des **BAG** dem Arbeitsplatzschutz und der Existenzsicherung der ArbNer.

Zu 2. Die S hätte gegen A ohne weiteres einen Anspruch auf **Weiterbeschäftigung,** wenn die Befristung sachlich nicht gerechtfertigt gewesen wäre. Ein Aushilfsarbeitsverhältnis darf jedoch – wie oben dargestellt – befristet werden.
Ob die während der Vertragsdauer von S angezeigte Schwangerschaft (§ 5 MuschG) eine andere Beurteilung der Befristung verlangt, bleibt zu prüfen.
Es handelt sich dabei um das Problem der Verlängerung von befristeten Arbeitsverhältnissen unter Berücksichtigung des Mutterschutzgedankens, wie er insbesondere im Kündigungsverbot (§ 9 MuSchG) zum Ausdruck kommt.

Gesetzlich geregelte Fälle der Verlängerung eines befristeten Arbeitsverhältnisses sind in § 625 BGB, § 17 BBiG und § 78a BVG enthalten. Diese Tatbestände treffen auf die S nicht zu.
Der **Große Senat** des **BAG** (Beschl. vom 12. 10. 60 = AP Nr. 16 zu § 620 BGB „Befristeter Arbeitsvertrag" = **BAGE** 10, 65ff.) hatte sich mit dem Problem der Weiterbeschäftigung aus Anlaß einer während eines befristeten Probearbeitsverhältnisses eingetretenen Schwangerschaft zu befassen. Das **BAG** hat u. a. ausgeführt, eine Weiterbeschäftigungsverpflichtung verstoße gegen den gesetzlich anerkannten Grundsatz der Vertragsfreiheit (Art. 2 Abs. 1 GG, § 105 GewO). Nur in besonderen Fällen, wie bei Vorliegen des **§ 226 BGB** (Schikane) oder bei einem Verstoß gegen die guten Sitten i. S. d. **§ 826 BGB** könne eine Berufung auf die Befristung des Arbeitsverhältnisses unzulässig sein. Hiernach findet das Kündigungsverbot bei § 9 MuSchG und der daraus resultierende Arbeitsplatzschutz im vorliegenden Falle keine Anwendung, obwohl für die ArbNin die tatsächlichen und sozialen Folgen der Befristung die gleichen wie bei einer Kündigung sein können.
Diese Entscheidung des **BAG** ist vom Grundsatz her nicht unproblematisch. Sie läßt die besondere Schutzbedürftigkeit der schwangeren ArbNin und des werdenden Lebens unberücksichtigt (Art. 20 Abs. 1; 28 Abs. 1 GG; §§ 1 Nr. 1; 9 MuSchG); desgleichen die Möglichkeit, daß der zunächst vorübergehend vermutete Arbeitsanfall wider Erwarten über den Zeitpunkt der Befristung hinaus andauern sollte.
Bei Anwendung der **BAG**-Rechtsprechung hätte die S gegen den A also keinen Anspruch auf Weiterbeschäftigung.

Zusammenfassend läßt sich feststellen, daß eine rechtlich zulässige Befristung des Arbeitsverhältnisses sachlich begründet sein muß; andernfalls tritt an die Stelle der Befristung ein Arbeitsverhältnis auf unbestimmte Zeit. Bei rechtlich zulässiger Befristung des Arbeitsverhältnisses ist ein Anspruch auf Weiterbeschäftigung grundsätzlich ausgeschlossen.

Literaturhinweise
Karl **Linnenkohl,** a. a. O., S. 35f., 115ff.; Alfred **Söllner,** a. a. O., S. 228.

Fall Nr. 13: Die ordentliche Kündigung

Der Personalleiter der X-AG beabsichtigt, das Arbeitsverhältnis mit dem bisher als Handlungsgehilfen tätigen ArbN B wegen langanhaltender Krankheit fristgerecht zu kündigen. B ist an langwieriger Lungen-Tuberkulose erkrankt. Nach ärztlicher Auskunft ist B mindestens für die Dauer von 6 Monaten arbeitsunfähig.

1. Unter welchen rechtlichen Voraussetzungen wäre die ordentliche Kündigung des B durch die X-AG rechtswirksam?
2. Was hätte B rechtlich zu beachten, wenn er den Arbeitsvertrag von sich aus fristgerecht kündigen wollte?

Besprechung

Zu 1. Im vorliegenden Falle geht es um die **Kündigung** als Endigungsgrund. Die Hauptformen der Kündigung sind die **ordentliche (fristgerechte)** und die **außerordentliche (fristlose)** Kündigung (Fall Nr. 14).

Die Kündigung ist eine **einseitige empfangsbedürftige** Willenserklärung; ihre Rechtsnatur ein **Gestaltungsrecht,** das unmittelbar auf den Bestand des Arbeitsverhältnisses einwirkt (Endigungsgrund). Daher ist eine **Teilkündigung,** die nur einzelne Teile des Arbeitsvertrages aufkündigen würde, grundsätzlich unzulässig (H.-C. **Matthes,** a. a. O., S. 93f.). Die Kündigung ist von gesetzeswegen **formfrei** und grundsätzlich **bedingungsfeindlich,** soweit nicht der Bedingungseintritt – wie bei der **Änderungskündigung,** § 2 KSchG, (vgl. Günter **Schaub,** Arbeitsrecht, a. a. O., Stichwort „Kündigung") – vom Willen des Kündigungsempfängers abhängt.
Im Hinblick auf die Erörterung der Frage zu 1. ist zu prüfen, welche rechtlichen Voraussetzungen für eine rechtswirksame ordentliche Kündigung des Arbeitsverhältnisses durch den ArbG vorliegen müssen.
Zunächst ist darauf zu achten, daß Auslaufzeit (Kündigungsfrist von z. B. sechs Wochen) und Endigungszeitpunkt (z. B. Schluß eines Kalendermonats oder Kalendervierteljahres) stimmen, d. h., die Kündigung muß **fristgerecht** erfolgen. Die Kündigungsfrist kann sich aus Gesetz, Arbeits- oder Tarifvertrag ergeben. Die gesetzlichen Kündigungsfristen sind für alle Arbeitsverhältnisse und damit auch für solche mit Handlungsgehilfen (B) grundsätzlich einheitlich in § 622 BGB geregelt. Einzel- und Kollektivverträge können die Länge der Kündigungsfristen nur insoweit abändern, als es das Gesetz gestattet (z. B. § 622 Abs. 1 Satz 2, Abs. 3 BGB).
Als Handlungsgehilfe (§ 59 HGB) ist B kaufmännischer Angestellter und fällt unter § 622 Abs. 1 BGB. Bei entsprechender Dauer der **Betriebszugehörigkeit** verlängert sich die Kündigungsfrist kraft Gesetzes. Für Angestellte (nach vollendetem fünfundzwanzigsten Lebensjahr) ergibt sich diese Rechtsfolge aus dem „Gesetz über die Fristen für die Kündigung von Angestellten" v. 9. 7. 26 (RGBl. I S. 399). Aufgrund des „Ersten Arbeitsrechtsbereinigungsgesetzes" v. 14. 8. 69 (BGBl. I S. 1106) wirken sich nunmehr auch bei **Arbeitern** ab 1. 9. 69 gewisse Zeiten der Betriebszugehörigkeit ab vollendetem fünfundreißigsten Lebensjahr auf die Länge der Kündigungsfrist aus. Insoweit hat sich der Rechtsstatus des Arbeiters dem des Angestellten angenähert, wie dies auch bereits durch das LohnfortzG geschehen ist.
Die erwähnten Kündigungsfristen sind gesetzlich zwingende Mindestfristen. Die verlängerten Kündigungsfristen gelten nur für die Kündigung des Arbeitsverhältnisses durch den ArbG. Im umgekehrten Falle verbleibt es bei den Normalfristen (§ 622 Abs. 1 u. Abs. 2 Satz 1 BGB) mit der Möglichkeit vertraglicher Verlängerung (§ 622 Abs. 5 BGB, § 2 Abs. 2 d. Ges. üb. d. Fristen f. d. Kündigung v. Angestellten (vgl. Schaubild S. 39). Im übrigen zeichnet sich eine Tarifvertragspraxis i. S. e. Verlängerung der Kündigungsfristen, insbesondere für ältere ArbNer, ab.
Im vorliegenden Falle ist mangels anderweitiger Angaben von der normalen Kündigungsfrist nach § 622 Abs. 1 Satz 1 BGB auszugehen.
Die ordentliche Kündigung des Arbeitsverhältnisses durch den ArbG muß nicht nur fristgerecht sein. Sie darf im allgemeinen außerdem **nicht sozial ungerechtfertigt** (sozialwidrig) sein. Für die Beurteilung der Frage der sozialen Rechtfertigung einer Kündigung ist das **KSchG** maßgebend. Für seine Anwendung müssen die Voraussetzungen der §§ 1 Abs. 1; 14; 23 Abs. 1 Satz 2 KSchG erfüllt sein. Das KSchG schränkt die Kündigungsfreiheit für vom ArbG ausgehende Kündigungen ein, um den besonderen **Bestandsschutz des Arbeitsverhältnisses** zu gewährleisten. Der Formulierung des § 1 Abs. 2 KSchG, die auf weitgehend unbestimmten und daher ausfüllungsbedürftigen Rechtsbegriffen beruht (vgl. Fall Nr. 14) ist zu entnehmen, daß das Gesetz die Kündigung des Arbeitsverhältnisses durch den ArbG grundsätzlich als unerwünscht ansieht und auf Ausnahmefälle beschränkt wissen will. („Recht am Arbeitsplatz.") Das **BAG** verlangt zur Prüfung der Frage, ob die Kündigung billigens-

wert erscheint, in jedem Einzelfalle eine verständige Berücksichtigung der Umstände, die die Interessen der Parteien berühren (**BAG,** Urt. v. 12. 3. 68 = NJW 68, 1693f.).
Die soziale Rechtfertigung setzt voraus, daß die Kündigung auf Gründen beruht, die **betrieblich** oder **persönlich** bedingt sind. (§ 1 Abs. 2 Satz 1 KSchG.)
Betriebliche Gründe rechtfertigen die Kündigung nur, wenn sie durch **dringende betriebliche Erfordernisse** wie z. B. dauernden Auftragsrückgang und Rationalisierungsmaßnahmen bedingt ist, die einer Weiterbeschäftigung des ArbN in diesem Betrieb entgegenstehen (sog. betriebsbedingte Kündigung). Die Kündigung muß im Interesse des Betriebes notwendig und durch andere zumutbare Mittel nicht zu vermeiden sein. (Alfred **Hueck,** a. a. O., Anm. 36a zu § 1 KSchG).
Da die Durchführung von Rationalisierungsmaßnahmen (z. B. Automation) meist zur Freisetzung einer Mehrzahl von ArbNern führt, müssen die Vorschriften über anzeigepflichtige **Massenentlassungen** gem. §§ 17ff. KSchG beachtet werden. Soweit es sich außerdem zugleich um eine **Betriebsänderung** i. S. d. § 111 BVG handeln sollte, wäre ein Interessenausgleich anzustreben und ein Sozialplan (§ 111, 112 BVG) zu vereinbaren (vgl. Fall Nr. 29).
Im Falle der betriebsbedingten Kündigung muß zur sozialen Rechtfertigung gem. § 1 Abs. 3 KSchG hinzukommen, daß der ArbG bei der Auswahl der ArbN **soziale Gesichtspunkte** wie z. B. Lebensalter, Familienstand, Zahl der Kinder und Dauer der Betriebszugehörigkeit ausreichend berücksichtigt hat.
Persönlich (ArbN) bedingte Gründe müssen im **Verhalten** oder in der **Person** des ArbN liegen. Als Gründe, die sich aus dem **Verhalten** des ArbN ergeben, kommen **Vertragsverletzungen** der verschiedensten Art in Betracht, sofern sie schuldhaft (§ 276 BGB) sind und eine gewisse Schwere aufweisen (sog. **verhaltensbedingte** Kündigung). Beispiele dafür sind: häufiges und abgemahntes Zuspätkommen, mangelhafte und mehrfach beanstandete Arbeitsleistung, ständiger Streit mit Betriebskollegen (Alfred **Hueck,** a. a. O., Anm. 35 zu § 1 KSchG).
Als Gründe in der Person (sog. **personenbedingte** Kündigung) kommen z. B. mangelnde körperliche oder geistige Eignung sowie **lang andauernde Krankheit** in Betracht. Dieser Kündigungsgrund kommt in der betrieblichen Praxis häufig vor. Mit ihm hatte sich auch das **BAG** in seiner Entscheidung v. 12. 3. 68 (= NJW 68, 1693f.) zu befassen. Es empfiehlt sich hierauf näher einzugehen, weil im vorliegenden Falle bei der Kündigung des Arbeitsverhältnisses mit dem ArbN B ebenfalls eine personenbedingte Kündigung wegen Krankheit infrage kommt.
Das **BAG,** a. a. O., hat ausgeführt, eine Kündigung sei nicht schon allein deswegen sozialwidrig, weil sie wegen der Krankheit des ArbN erfolge. Vielmehr könne die Krankheit des ArbN einen Grund zur Kündigung darstellen. Allerdings seien wegen des besonderen Bestandsschutzes des Arbeitsverhältnisses scharfe Anforderungen an die soziale Rechtfertigung zu stellen. Gerade im Krankheitsfalle sei der ArbN auf die Erhaltung des Arbeitsplatzes angewiesen. Deshalb könne zwar wegen **langanhaltender Krankheit** gekündigt werden. Diese Voraussetzung sei jedoch nur erfüllt, wenn im Zeitpunkt der Kündigung objektiv (nach ärztlicher Auskunft) noch **nicht abzusehen** sei, ob der ArbN seine Arbeit **alsbald** wieder aufnehmen könne.
Im vorliegenden Falle ist B nach ärztlicher Mitteilung mindestens für die Dauer von sechs Monaten arbeitsunfähig erkrankt. Hierbei dürfte es sich um eine i. S. d. **BAG**-Rspr. langanhaltende Krankheit handeln ohne Aussicht auf alsbaldige Genesung. Hierfür spricht auch die Erwägung, daß die Krankheit die Lohnfortzahlungsfrist von sechs Wochen (§ 63 Abs. 1 HGB; § 1 Abs. 1 LohnfortzG) voraussichtlich erheblich überschreiten wird. Daher könnte der Personalleiter der X-AG das Kündigungs-

vorhaben mit der Krankheit des B rechtfertigen, wenn es aus betrieblichen Gründen nicht zumutbar sein sollte, den Arbeitsplatz des B unbesetzt zu lassen, eine Aushilfskraft einzustellen oder den B auf einem neuen Arbeitsplatz zu beschäftigen (**BAG,** a. a. O., S. 1694).

Zu ihrer Wirksamkeit bedarf die beabsichtigte Kündigung ferner der **Anhörung** des **Betriebsrates** bzw. des Betriebsobmannes. Diesem hat der ArbG die Gründe (**Person** des ArbN, Art der Kündigung, Kündigungs**termin,** Kündigungs**grund**) – hier die langanhaltende Krankheit des B – mitzuteilen (§ 102 Abs. 1 Satz 1 u. 2 BVG). Die Kündigung ist gem. § 102 Abs. 1 Satz 3 BVG **unwirksam,** wenn sie ohne Anhörung des Betriebsrates ausgesprochen wird (**BAG,** Urt. v. 28. 2. 74 = BB 74, 836 ff.). Eine nachträglich eingeholte Stellungnahme des Betriebsrates kann die Unwirksamkeit der ohne vorherige Anhörung erklärten Kündigung nicht verhindern (**BAG,** a. a. O., S. 836, 837).

Für die Kündigung leitender Angestellter besteht **keine** Anhörungspflicht. In diesem Falle genügt eine Unterrichtung über das Kündigungsvorhaben gem. § 105 BVG, wobei die Verletzung dieser Pflicht die Wirksamkeit der Kündigung nicht berührt (**BAG,** Urt. v. 25. 3. 76 = BB 76, 743).

Während sich die Entscheidung des **BAG** v. 28. 2. (Februar) 74 vor allem mit den Rechten (z. B. Unterrichtung und Anhörung) des Betriebsrates bei Kündigungsvorhaben befaßt, betreffen die Urteile des **BAG** v. 28. 3. (März) 74 (BB 74, 979 f.) und v. 4. 8. 75 (BB 75, 1435 ff.) vorwiegend die Grundsätze des Anhörungs**verfahrens.**

Danach vollzieht sich das Anhörungsverfahren in **zwei** aufeinanderfolgenden Verfahrensabschnitten, die in ihrem Zuständigkeits- und Verantwortungsbereich voneinander abzugrenzen sind. Zunächst hat der ArbG gem. § 102 Abs. 1 BVG das **Anhörungsverfahren einzuleiten.** Sodann ist es **Aufgabe des Betriebsrates,** sich mit der beabsichtigten **Kündigung** zu **befassen** und darüber zu entscheiden, ob und in welchem Sinne er Stellung nehmen will (§ 102 Abs. 2 BVG). (S. Schaubild S. 40).

Hiernach müßte Personalleiter X dem Betriebsrat das Kündigungsvorhaben im Falle des ArbN B unter Angabe der erforderlichen Personaldaten und des Kündigungsgrundes zur Stellungnahme zuleiten.

Hinsichtlich der Entscheidungsmöglichkeiten des Betriebsrates gibt es grundsätzlich zwei Fälle: die **Zustimmung** (gleichgelagert ist der Fall des § 102 Abs. 2 Satz 2 BVG) und die Erhebung des **Widerspruches** (§ 102 Abs. 3 Nr. 1 bis 5 BVG).

Im vorliegenden Falle könnte der Betriebsrat, wenn er nicht zustimmen sollte, die Ausübung seines **Vetorechtes** (Widerspruchsrecht) gegebenenfalls auf die Weiterbeschäftigungsmöglichkeit i. S. d. § 102 Abs. 3 Nr. 3 bis 5 BVG stützen. Insoweit wird hier ein Widerspruchsrecht des Betriebsrates nicht nur bei betriebsbedingter, sondern auch bei personenbedingter Kündigung bejaht (ebenso H.-C. **Matthes,** a. a. O., S. 108).

Wird trotz Widerspruchs des Betriebsrates gekündigt, so hat der ArbG der Kündigung eine Abschrift der Stellungnahme des Betriebsrates beizufügen (§ 102 Abs. 4 BVG). Erhebt der ArbN Kündigungsschutzklage (§ 4 KSchG), so hat er einen **Anspruch auf Weiterbeschäftigung** bei unveränderten Arbeitsbedingungen bis zum **rechtskräftigen** Abschluß des Rechtsstreites (§ 102 Abs. 5 BVG).

Im Kündigungsschutzprozeß hat der vorausgegangene Widerspruch des Betriebsrates wegen einer anderweitigen Weiterbeschäftigungsmöglichkeit eine Erweiterung des Kündigungsschutzes zur Folge (§ 1 Abs. 2 Satz 2 KSchG). Der ArbG hat die Tatsachen zu beweisen, die die Kündigung bedingen – Beweislast – (§ 1 Abs. 2 Satz 4 KSchG).

Betriebszugehörigkeit und Kündigungsfrist

a) für **Angestellte**
nach dem Ges. über d. Fristen f. d. Kündigung v. Angestellten v. 9. 7. 26 (RGBl. I S. 399)

6 Wo. z. Vierteljahresschluß (§ 622 Abs. 1 BGB)

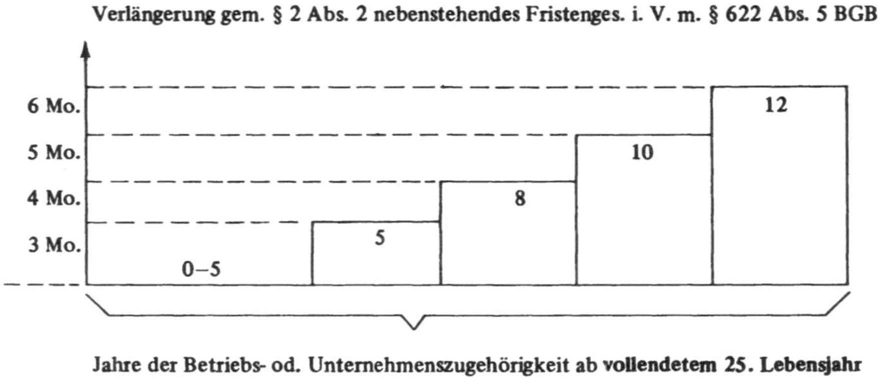

b) für **Arbeiter**
nach § 622 Abs. 2 Satz 2 BGB

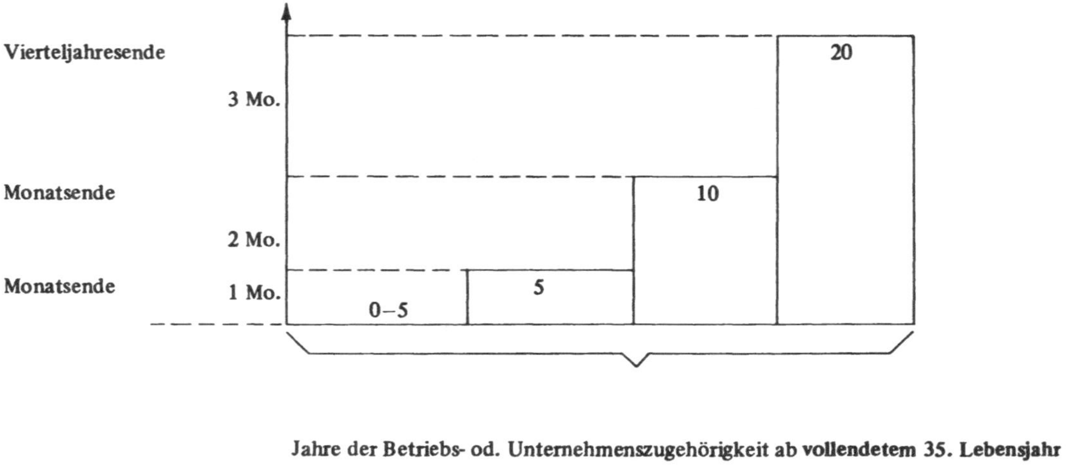

2 Wo. z. beliebigem Endigungszeitpunkt (§ 622 Abs. 2 Satz 1 BGB)

Ordentliche (fristgerechte) Kündigung des Arbeitsverhältnisses durch den ArbG

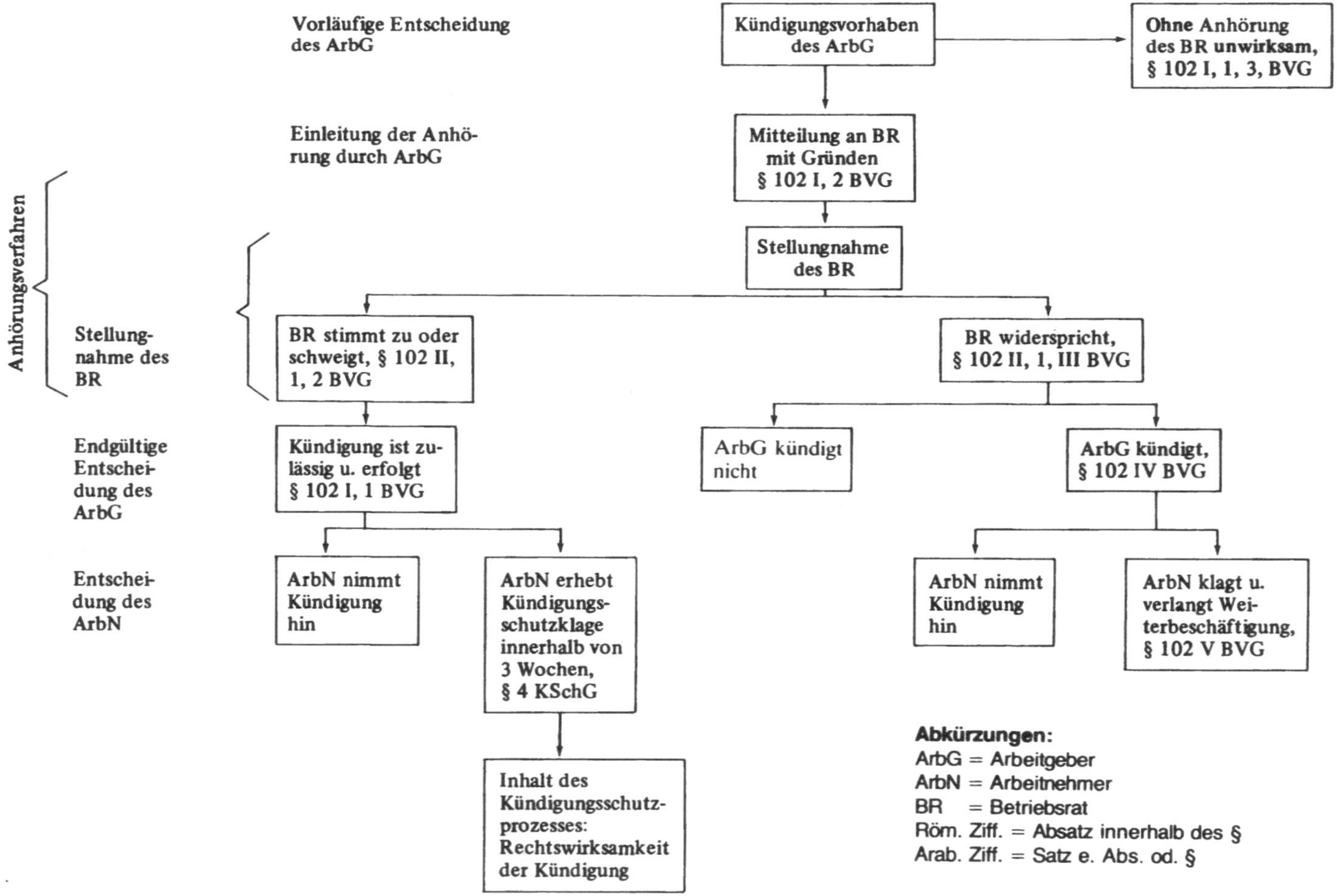

Abkürzungen:
ArbG = Arbeitgeber
ArbN = Arbeitnehmer
BR = Betriebsrat
Röm. Ziff. = Absatz innerhalb des §
Arab. Ziff. = Satz e. Abs. od. §

Zu 2. B hätte seinerzeit bei Kündigung des Arbeitsverhältnisses lediglich die gesetzliche, tarif- oder einzelvertraglich vereinbarte Kündigungsfrist einzuhalten. Die erwähnten verlängerten gesetzlichen **Mindestkündigungsfristen** unter Berücksichtigung des Alters des ArbN und der Dauer der Betriebszugehörigkeit (Ges. üb. d. Fristen f. d. Kündigung von Angestellten; § 622 Abs. 2 Satz 2 BGB) **gelten nur für** die Kündigung durch den **ArbG** (H.-C. **Matthes,** a. a. O., S. 97f.).

Zusammenfassend ist festzuhalten, daß für eine rechtswirksame ordentliche (fristgerechte) Kündigung folgende Voraussetzungen zu beachten sind:

1. Die Kündigung muß **fristgerecht** sein.
2. Die Kündigung darf grundsätzlich **nicht sozialwidrig** sein. Die Anforderungen an die soziale Rechtfertigung der Kündigung beurteilen sich nach dem **KSchG.** Unberührt davon bleiben **besondere** zusätzliche Kündigungsschutzvorschriften wie z. B. nach dem MuSchG (Fall Nr. 16) und dem SchwbG (Fall Nr. 5 und 15).
3. Vor Ausspruch der Kündigung muß ein ordnungsgemäßes Anhörungsverfahren aufgrund des BVG durchgeführt worden sein.

Literaturhinweise

Ralf **Holland,** Arbeitsrecht, a. a. O., S. 80ff.; A. **Hueck** u. G. **Hueck,** a. a. O.; Hans-Cristoph **Matthes,** Einstellung und Kündigung, a. a. O.; Günter **Schaub,** Arbeitsrecht, a. a. O., Stichwort „Anhörung des Betriebsrats“; Eugen **Stahlhacke,** Kündigung und Kündigungsschutz im Arbeitsverhältnis, a. a. O.

Rechtsprechungshinweise

BAG, Urt. v. 12. 3. 68 = NJW 68, 1693f.; **BAG,** Urt. v. 28. 2. 74 = BB 74, 836f.; **BAG,** Urt. v. 28. 3. 74 = BB 74, 989f.; **BAG,** Urt. v. 4. 8. 75 = BB 75, 1435ff.; **BAG,** Urt. v. 13. 11. 75 = BB 76, 694f.; **BAG,** Urt. v. 25. 3. 76 = BB 76, 743.

Fall Nr. 14: Die außerordentliche Kündigung

A ist als Buchhalter bei der Firma B beschäftigt. Außer A sind bei B noch drei weitere ArbNer tätig. In Zusammenhang mit einem Fehlbestand an Firmengeldern gerät A in den Verdacht, das fehlende Geld veruntreut zu haben.
Die Firma B kündigt das Arbeitsverhältnis mit A fristlos.
Zu Recht?

Besprechung

Im Unterschied zu Fall Nr. 13 geht es hier nicht um die ordentliche (fristgerechte), sondern die **außerordentliche (fristlose) Kündigung.** Sie wird in der Regel **fristlos** ausgesprochen, kann aber auch mit verkürzter Frist (Auslaufzeit) erklärt werden. Im Gegensatz zur fristgerechten ist die fristlose Kündigung auch bei Arbeitsverhältnissen auf bestimmte (befristete) Zeit zulässig. § 626 BGB gilt sowohl für die Kündigung des Arbeitsverhältnisses durch den ArbG als auch den ArbN.

Ob die fristlose Kündigung des Arbeitsverhältnisses mit dem A rechtswirksam ist, richtet sich – einheitlich für alle Arten von Arbeitsverhältnissen – nach **§ 626 BGB.** Diese Vorschrift verlangt das Vorliegen eines sog. **wichtigen Grundes.** Was hierunter zu verstehen ist, hat der Gesetzgeber weder definiert noch beispielhaft umschrieben. Der „wichtigste Grund" i. S. d. § 626 Abs. 1 BGB stellt somit – ebenso wie dies bei den Voraussetzungen des § 1 Abs. 2 KSchG der Fall ist (Fall Nr. 13) – einen **unbestimmten Rechtsbegriff,** eine **Wertungslücke** dar, die zu ihrer Anwendung konkretisiert werden muß. Dabei geht es um die Ausübung von Ermessen, ob im Einzelfall unter Berücksichtigung aller Umstände und Abwägung der Interessen beider Vertragsteile eine sofortige Beendigung des Arbeitsverhältnisses gerechtfertigt erscheint. Es läßt sich daher nicht von vornherein „abstrakt" feststellen, ob der jeweilige Vorfall einen „wichtigen Grund" darstellt. Aufgrund der früher geltenden Sondervorschriften für kaufmännische (§§ 70, 71, 72 HGB) und für gewerbliche (§§ 123, 124, 133b GewO) ArbNer, die das „Erste Arbeitsrechtsbereinigungsgesetz" v. 14. 8. 69 (BGBl. I S. 1106) zugunsten einer einheitlichen Regelung in § 626 BGB außer Kraft gesetzt hat, konnte bei bestimmten Tatbeständen von dem Vorliegen eines wichtigen Grundes ausgegangen werden. Das war bei grober Beleidigung, Diebstahl, vorsätzlicher und rechtswidriger Sachbeschädigung sowie bei beharrlicher Arbeitsverweigerung der Fall. Es bestehen keine Bedenken, diese Tatbestände auch jetzt noch als wichtigen Grund für eine fristlose Kündigung zu betrachten. Indessen hat sich zur Auslegung und Anwendung des § 626 Abs. 1 BGB eine ausgedehnte Fallrechtssprechung (Kasuistik) entwickelt, um deren Systematisierung sich neben der Rechtswissenschaft vor allem das **BAG** bemüht hat. Es unterscheidet Störungen in verschiedenen **Bereichen** des Arbeitsverhältnisses, so u. a.

- im Leistungsbereich (z. B. beharrliche Arbeitsverweigerung);
- im **persönlichen Vertrauensbereich** der Vertragsparteien (z. B. Verstoß gegen Wettbewerbsverbot i. S. d. § 60 HGB);
- im Bereich der **„betrieblichen Verbundenheit"** (z. B. Verstoß gegen Betriebsordnung);
- **im Unternehmensbereich** (z. B. Druckkündigung, s. Günter **Schaub,** Arbeitsrecht, a. a. O., Stichwort „Druckkündigung").

Im einzelnen ist nach § 626 Abs. 1 BGB zur Prüfung, ob ein wichtiger Grund vorliegt, wie folgt zu verfahren:

a) Es müssen **Tatsachen** gegeben sein. Unterstellungen (Fiktionen), Mutmaßungen und Wahrscheinlichkeitserwägungen reichen nicht aus.
b) Die **Interessen der Beteiligten** sind **abzuwägen,** ob dem Kündigenden die Fortsetzung des Dienstverhältnisses (Arbeitsverhältnisses) bis zum Ablauf der Kündigungsfrist (z. B. § 622 Abs. 1 BGB) **nicht mehr zugemutet** werden kann.
c) Umstände, die in die **Risikosphäre des Kündigenden** fallen, sind kein wichtiger Grund (z. B. Fall der „Verbrannten Tonbänder", **BAG,** Urt. v. 17. 12. 68 = NJW 69, 766).

Die Veruntreuung von Firmengeldern kann sicherlich einen wichtigen Grund zur fristlosen Kündigung darstellen, zumal dies eine **strafbare** (§ 266 StGB) und zum Schadenersatz verpflichtende **unerlaubte** Handlung (§§ 823, 826 BGB) darstellen kann. Im vorliegenden Fall fehlt es jedoch an Tatsachen. Die fristlose Kündigung des Arbeitsverhältnisses durch die Firma B stützt sich allein darauf, daß Buchhalter A aufgrund seiner Tätigkeit in den **Verdacht** der Untreue geraten ist. Dies reicht jedoch grundsätzlich nicht aus. Für das Vorliegen des Sonderfalles der sog. **Verdachtskündigung**

fordert das **BAG** strenge Voraussetzungen: es muß ein **dringender** Verdacht bestehen, der nicht auszuräumen ist und der das zur Fortsetzung des Arbeitsverhältnisses notwendige Vertrauen in die Rechtschaffenheit des ArbN zerstört hat. (**BAG,** Urt. v. 4. 6. 64 = **BAGE** 16, 72ff.; Urt. v. 27. 1. 72 = BB 72, 798f.)
Ein dringender Tatverdacht würde im vorliegenden Falle nur dann bestehen können, wenn A z. B. neben dem Firmeninhaber **als einziger** ArbN berechtigt gewesen sein sollte, über Firmengelder zu verfügen. Das geht jedoch aus dem Sachverhalt nicht hervor, so daß die fristlose Kündigung der B unbegründet ist.
Die **Umdeutung** (§ 140 BGB) einer außerordentlichen in eine ordentliche Kündigung wird für zulässig gehalten (**Hueck-Nipperdey,** Grundriß, a. a. O., S. 124).
Die an sich auch für eine außerordentliche Kündigung erforderliche Anhörung des Betriebsrates (§ 102 Abs. 1, 2 BVG) entfällt, weil aufgrund der geringen Zahl der Beschäftigten das BVG auf die Firma B keine Anwendung findet (§ 1 BVG). Im übrigen gelten für das Anhörungsverfahren im Falle der außerordentlichen Kündigung die Abs. 3 und 5 des § 102 BVG nicht.
Das Anhörungsverfahren muß so frühzeitig erfolgen, daß die zweiwöchige Ausschlußfrist für die Geltendmachung des Kündigungsgrundes nicht überschritten wird (§ 626 Abs. 2 Satz 1 BGB). Auf Verlangen besteht eine schriftliche Begründungspflicht (§ 626 Abs. 2 Satz 2 BGB). Dies ist bei der ordentlichen Kündigung nur der Fall, wenn es einzel- oder tarifvertraglich vorgesehen ist.
Sollte dem ArbG die Weiterbeschäftigung des ArbN bis zum Abschluß des Anhörungsverfahrens unzumutbar sein (z. B. wegen der Gefährdung anderer ArbNer), so bliebe die Möglichkeit der Suspendierung (vorläufige Freistellung) des ArbN von seiner Arbeitspflicht bei Aufrechterhaltung des Lohnanspruchs (**Hueck-Nipperdey,** Grundriß, a. a. O., S. 99; **BAG,** Urt. v. 4. 6. 64 = **BAGE** 16, 72).
Bei einer rechtswirksamen außerordentlichen Kündigung wegen vertragswidrigen Verhaltens findet § 628 Abs. 2 BGB Anwendung.
Ebenso wie im Falle der Kündigungsschutzklage (§ 4 KSchG) müßte A die Rechtsunwirksamkeit der außerordentlichen (fristlosen) Kündigung durch Klage beim Arbeitsgericht innerhalb der Frist des § 4 KSchG geltend machen (§ 13 Abs. 1 Satz 2 KSchG).

Zusammenfassend ist festzustellen, daß für eine rechtswirksame außerordentliche (fristlose) Kündigung folgende Voraussetzungen zu beachten sind:

1. Es muß ein **wichtiger Grund** i. S. d. § 626 BGB vorliegen. Es darf kein besonderer Kündigungsschutz, wie z. B. § 9 MuSchG, eingreifen (vgl. Fälle Nr. 16 und 17).
2. Vor der Kündigung muß ein ordnungsgemäßes **Anhörungsverfahren** nach dem BVG durchgeführt worden sein.
3. Die fristlose Kündigung muß **innerhalb der zweiwöchigen Ausschlußfrist** erfolgen.

Im übrigen ist die außerordentliche Kündigung ebenso wie die ordentliche Kündigung eine einseitige, grundsätzlich formfreie und empfangsbedürftige Willenserklärung.

Literaturhinweise

Großmann-Schneider, a. a. O., S. 149ff.; Ralf **Holland,** Arbeitsrecht, a. a. O., S. 88ff.; H.-C. **Matthes,** a. a. O., S. 88ff.; Günter **Schaub,** Arbeitsrecht, a. a. O., Stichwort „Kündigung"; Eugen **Stahlhacke,** a. a. O., S. 36ff.; Alfred **Söllner,** a. a. O., S. 233f.

Teil III: Das Arbeitnehmerschutzrecht i. e. S. (Arbeitsschutzrecht)

Fall Nr. 15: Der Schutz des erwachsenen Arbeitnehmers

Laut Arbeitsvertrag beträgt die regelmäßige werktägliche Arbeitszeit des ArbN A teilweise sieben Stunden. An einem dieser Tage arbeiten A und die übrigen ArbNer der Betriebsabteilung, in der A tätig ist, auf Weisung des ArbG B und mit Zustimmung des Betriebsrates zwei Stunden länger.

1. Wie ist die Rechtslage?
2. Hat A Anspruch auf „Überstundenvergütung"?
3. Könnte B von A verlangen, bei entsprechendem Arbeitsanfall bis „Mitternacht" zu arbeiten?

Besprechung

Der vorliegende Fall enthält Fragestellungen, die die **AZO** betreffen. Die AZO enthält u. a. **zwingende** Regelungen über höchstzulässige Arbeitszeiten, Pausen und Ruhezeiten. Sie sollen gegen Überanstrengung und vorzeitigen Verschleiß der Arbeitskraft schützen und eine angemessene Freizeit zur Gestaltung des Privatlebens sichern (Alfred **Söllner,** a. a. O., S. 176). Damit gehört die AZO in den Bereich des **Arbeitnehmerschutzrechtes i. e. S.,** auch kurz Arbeitsschutzrecht genannt. Zwar ist der Arbeitnehmerschutzgedanke ein das gesamte Arbeitsrecht beherrschendes Prinzip. Darüber hinaus kann das Arbeitsleben besondere Gefahren für Leben und Gesundheit in sich bergen, die, wie die Erfahrung gelehrt hat, auch eine besondere zusätzliche Gesetzesregelung im Rahmen des Arbeitsrechtes zum Schutze des einzelnen ArbN bzw. des betroffenen Personenkreises erfordern (Alfred **Söllner,** a. a. O., S. 178). Dies ist durch einzelne gesetzliche Bestimmungen, wie z. B. § 618 BGB oder § 120a GewO, und durch spezielle Gesetze, wie z. B. die AZO, das ArbSichG, HAG, JASchG, KSchG (Fall Nr. 13), LadschlG, MuSchG und das SchwbG (Fall Nr. 5) geschehen. Zur Übersicht s. **Schaubild** zu Fall Nr. 15, S. 79. Der Sonderschutz der **Frauen,** insbesondere der Mutterschutz, und der **Jugendlichen** ist Gegenstand der Fälle Nr. 16 und Nr. 17.
Die Anwendung und Beachtung des Arbeitsschutzrechtes ist nicht nur eine **arbeitsvertragliche,** sondern auch eine **öffentlich-rechtliche Verpflichtung** gegenüber dem Staat. Während dieser durch die Gewerbeaufsicht (§ 139b GewO), polizeilichen Zwang, Geldbuße und Geldstrafe die Einhaltung der Arbeitsschutzvorschriften überwacht und gegebenenfalls erzwingt, müßte der einzelne ArbN im Streitfalle die Erfüllung von Arbeitsschutzrecht beim Arbeitsgericht einklagen (§ 2 Abs. 1 Nr. 2 ArbGG).

Zu 1. Nach § 3 AZO darf die regelmäßige werktägliche Arbeitszeit die Dauer von **acht** Stunden nicht überschreiten. Eine tägliche Arbeitszeit von sieben Stunden hält sich an diesen Rahmen. Eine Abrede über acht Stunden täglich hinaus zu arbeiten, ist jedoch grundsätzlich rechtswidrig und daher wegen Verstoßes gegen zwingendes Arbeitsschutzrecht gem. § 134 BGB nichtig (Alfred **Söllner,** a. a. O., S. 187; wegen des Problems der „gleitenden AZ" s. Günter **Schaub,** Arbeitsrecht, a. a. O., Stichwörter

„Arbeitszeit" und „gleitende Arbeitszeit"). Etwas anderes gilt nur bei Vorliegen von anerkannten Ausnahmetatbeständen i. S. d. AZO. Ob ein derartiger im vorliegenden Falle gegeben sein kann, bleibt zu prüfen.
Sobald die Arbeitszeitgrenze des § 3 AZO überschritten ist, handelt es sich, soweit nicht die §§ 4 und 5 AZO vorliegen, um sog. **Mehrarbeit.** Diese ist – abgesehen von „außergewöhnlichen" Umständen (§ 14 AZO) – in drei Ausnahmefällen, den §§ 6, 7 und 8 AZO zulässig. Die Möglichkeit der Mehrarbeit gibt dem Unternehmer eine gewisse Bewegungsfreiheit „seine Erzeugung wechselnden und plötzlich auftretenden technischen oder wirtschaftlichen Bedürfnissen anzupassen, ohne erst das Einverständnis einer dritten Stelle herbeiführen zu müssen ..." (**Denecke-Monjau-Neumann,** a. a. O., Anm. 1 zu § 6 AZO). Die Tatbestände der §§ 7 und 8 AZO treffen auf den vorliegenden Sachverhalt nicht zu. § 6 AZO könnte gegeben sein. Hiernach muß sich die Arbeitszeitverlängerung zumindest auf eine **Betriebsabteilung** erstrecken. Mehrarbeit im Einzelfall ist unzulässig. Ferner darf die Arbeitszeitverlängerung nicht mehr als **zwei Stunden** über den Rahmen des § 3 AZO hinaus betragen und somit insgesamt **zehn Stunden** täglich nicht überschreiten. Außerdem ist diese Ausnahmeregelung auf **jährlich (Kalenderjahr) dreißig Tage** beschränkt.
Im vorliegenden Falle bezieht sich die Mehrarbeit auf ein betriebliches Kollektiv (Betriebsabteilung). Auch der zeitliche Umfang entspricht (7 Stunden AZ plus 2 Stunden Mehrarbeit gleich 9 Stunden Gesamt-AZ) dem § 6 AZO. Ob auch die Dreißig-Tage-Schranke eingehalten worden ist, läßt sich aufgrund des mitgeteilten Sachverhaltes nicht feststellen. Jedenfalls wäre die Arbeitszeitverlängerung im Rahmen des § 6 AZO rechtlich zulässig. Die Frage, ob eine **arbeitsvertragliche Verpflichtung** zur Leistung von Mehrarbeit besteht, **läßt § 6 AZO** notwendigerweise **offen,** weil die AZO als Arbeitsschutzrecht nur den Rahmen für höchstzulässige Arbeitszeitverlängerungen absteckt. Insoweit grenzt sie nur die Gestaltungsfreiheit ein, ohne eine Verpflichtung zur Leistung von Mehrarbeit zu begründen. Auf keinen Fall ist die „Anordnung" von Mehrarbeit in das Ermessen des ArbG und dessen Weisungs- und Direktionsrecht gestellt. Vielmehr bedarf es hierzu einer **vertraglichen** Rechtsgrundlage und der **Zustimmung** des **Betriebsrates** (§ 87 Abs. 1 Nr. 3 BVG).
Daher bedurfte die „Weisung" des ArbG B im vorliegenden Falle einer Anspruchsgrundlage. Diese kann in der Zustimmung des Betriebsrates (§ 87 Abs. 1 Nr. 3 BVG) gesehen werden, wenn diese Gegenstand einer Betriebsvereinbarung war (§ 77 Abs. 3, 4 BVG). Im übrigen hätten sich A und die übrigen Belegschaftsmitglieder durch Leistung der Mehrarbeit „schlüssig" (konkludent) i. S. e. vertraglichen Einverständnisses verhalten.

Zu 2. Ob A Anspruch auf „Überstundenvergütung" hat, richtet sich nach § 15 Abs. 1 AZO. Diese Vorschrift gewährt den ArbNern, wenn sie aufgrund des § 6 AZO Mehrarbeit geleistet haben, für über die Grenzen des § 3 AZO hinausgehende Arbeitszeit einen Anspruch auf eine angemessene Vergütung über den Lohn für die regelmäßige Arbeitszeit hinaus. Hiernach ist zulässige Mehrarbeit (§ 6 AZO) zu vergüten. Nach h. M. in Rechtsprechung und Lehre ist für **verbotene Mehrarbeit ebenfalls** ein **Zuschlag** zu zahlen (**Denecke-Monjau-Neumann,** a. a. O., Anm. 16 zu § 15 AZO). Die Vergütungspflicht soll den ArbG anhalten, nur die notwendige Mehrarbeit ausführen zu lassen. Für den ArbN bedeutet der Vergütungsanspruch einen Ausgleich für die zusätzliche Belastung (**Denecke-Monjau-Neumann,** a. a. O., Anm. 1 zu § 15 AZO).
Die Vergütungspflicht erstreckt sich jedoch nur auf Mehrarbeit, die die Grenze der täglich höchstzulässigen Arbeitszeit von acht Stunden (§ 3 AZO) überschreitet. Nur

Überarbeit und Mehrarbeit i. S. d. AZO

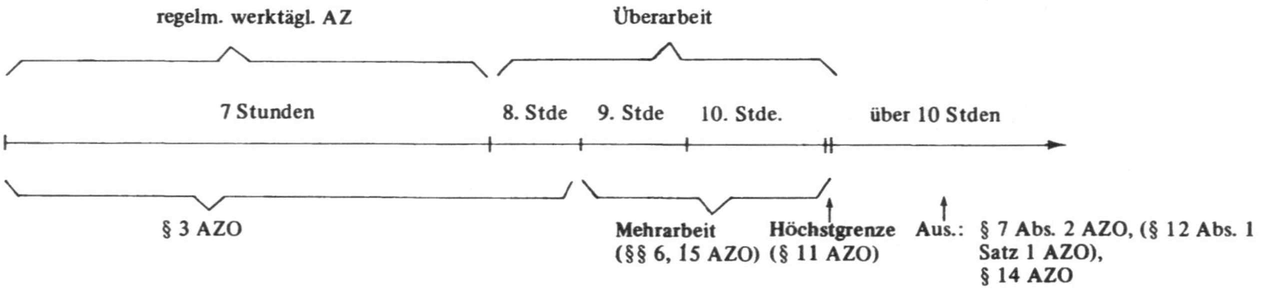

insoweit handelt es sich um „entschädigungspflichtige" Mehrarbeit. Daher ist die achte Arbeitsstunde im vorligenden Falle noch keine Mehrheit i. S. d. § 15 Abs. 1 Saz 1 AZO. Sie ist nur eine gewöhnliche Überstunde, deren Bezahlung sich nach dem vereinbarten Stundenlohn richtet. Erst für die Arbeitszeit **ab der neunten Stunde** besteht ein **gesetzlicher** (unabdingbarer) **Anspruch auf Mehrarbeitsvergütung.** Man kann also sagen: **Nicht jede Überarbeit ist Mehrarbeit** (gem. § 15 Abs. 1 AZO), **jede Mehrarbeit aber Überarbeit.** (S. **Schaubild** S. 46).
A hat also für die Arbeitszeit ab der **neunten** Stunde einen gesetzlichen Anspruch auf Mehrarbeitsvergütung gem. § 15 Abs. 1 Satz 1 AZO. Nach § 15 Abs. 2 AZO muß der Mehrarbeitszuschlag – mangels anderweitiger z. B. tarifvertraglicher Regelung – mindestens 25 v. H. des Stundenlohns betragen, um als angemessene Vergütung zu gelten. Die Vergütung muß nicht in Geld, sie kann auch in Freizeitgewährung (sog. „Abfeiern") mit entsprechendem Zuschlag (eine Stunde Mehrarbeit gleich 75 Minuten) Freizeit) bestehen (**Denecke-Monjau-Neumann,** a. a. O., Anm. 15 zu § 15 AZO).
Für die Arbeitszeit ab der achten und bis zur neunten Stunde hat A keinen gesetzlichen Anspruch auf „Überstundenvergütung". Das schließt nicht aus, daß auch für Überstunden, die keine Mehrarbeit darstellen, ein Zuschlag vereinbart wird, was teilweise tarifvertraglich geschehen ist.

Zu 3. Arbeitsanfall als solcher reicht für eine so erhebliche Arbeitszeitverlängerung wie bis „Mitternacht" nicht aus. Hierfür müßte schon ein Not- oder sonstiger ungewöhnlicher Fall (§ 14 AZO) vorliegen. Derartige Vorkommnisse können z. B. sein: Brände, Explosionen, Wasserbrüche, Überschwemmungen und unaufschiebbare Entladearbeiten (**Denecke-Monjau-Neumann,** a. a. O., Anm. 2 zu § 14 AZO). Demgegenüber muß starker Arbeitsanfall anderweitig organisatorisch aufgefangen werden. Daher könnte B von A **nicht** verlangen, bis „Mitternacht" zu arbeiten. Die **Höchstgrenze** läge bei **zehn Stunden** täglich (§ 11 AZO).

Zusammenfassung

1. Ein wesentlicher Bestandteil des Arbeitnehmerschutzrechtes ist der **Arbeitszeitschutz** aufgrund der **AZO.**
2. Im vorliegenden Falle geht es um die Bedeutung der **höchstzulässigen täglichen Arbeitszeit,** sowie um die Abgrenzung der Begriffe Überarbeit und **Mehrarbeit.**
3. Nur bei Mehrarbeit i. S. d. AZO besteht ein gesetzlicher und unabdingbarer **Anspruch auf Mehrarbeitsvergütung,** die auch in Freizeit gewährt werden kann.
4. Als Arbeitsschutzgesetz begründet die AZO für den ArbG auch **öffentlich-rechtliche Pflichten** zur Einhaltung der höchstzulässigen Arbeitszeitgrenzen.

Literaturhinweise
Arbeitsschutzrecht (allgemein): Das **Personal-Büro,** a. a. O., Gruppe 2/35; **Hueck-Nipperdey,** Grundriß a. a. O., S. 146ff.; Günter **Schaub,** Arbeitsrecht, Stichwort „Arbeitsschutz"; Alfred **Söllner,** a. a. O., S. 177ff.
Speziell: Denecke-Monjau-Neumann, a. a. O.

Fall Nr. 16: Der Sonderschutz der Frauen

Die ArbNin S ist als Fließbandarbeiterin bei der X-AG tätig. Im Rahmen einer 40-stündigen Arbeitswoche fallen jeweils zwei Arbeitstage mit je neun Arbeitsstunden an.
S zeigt der X-AG ihre Schwangerschaft an und erklärt, sie wolle bis kurz vor der Entbindung an ihrem bisherigen Arbeitsplatz weiterbeschäftigt werden, um keinen Lohn einzubüßen.
Die X-AG weist der S mit Zustimmung des Betriebsrates und unter Zusicherung ihres bisherigen Verdienstes leichte Aufräumungsarbeiten in einer Werkhalle zu. Trotz Rechtsbelehrung und mehrfacher Abmahnung ist S nicht bereit, die zugewiesene Arbeit zu verrichten.

1. Wie ist die Rechtslage?
2. Könnte die X-AG das Arbeitsverhältnis mit der S z. B. wegen beharrlicher Arbeitsverweigerung fristlos kündigen?

Besprechung

Der vorliegende Sachverhalt enthält Fragen aus dem Bereich des **Frauenschutzes,** der Bestandteil des Arbeitsschutzes ist. Der Frauenschutz bezieht sich auf weibliche ArbNer, die zunächst den gleichen Schutz wie männliche ArbNer genießen. Darüber hinaus bestehen aber weitere Sondervorschriften zu ihren Gunsten, die vor allem in der **AZO** und dem **MuSchG** enthalten sind. Die hierdurch bedingte teilweise Sonderstellung der ArbNin gegenüber dem männlichen ArbN stellt keinen Verstoß gegen Art. 3 GG, insbesondere Abs. 2 (Gleichberechtigungsgrundsatz) oder Abs. 3 (Benachteiligungsverbot), dar (**BVerfG,** Beschl. v. 25. 5. 56 = **BVerfGE** 5, 9ff. (12)). Art. 3 GG verbietet nicht, differente Sachverhalte unterschiedlich gesetzlich zu regeln. Soweit es sich um Schwangerschaft (werdende Mutter) und Mutterschaft (Wöchnerin) handelt, ist die besondere Schutzbedürftigkeit der ArbNin offensichtlich. Beim besonderen Arbeitszeitschutz und den Beschäftigungsverboten aufgrund der AZO geht man von einer anderen Körperkonstitution der Frau gegenüber dem Mann aus. Das **BVerfG** hat zur Begründung der Verfassungsmäßigkeit der §§ 17 Abs. 2 Satz 2; 19 AZO u. a. ausgeführt:

„Insbesondere ist im Hinblick auf die objektiven biologischen oder funktionalen Unterschiede von Mann und Frau nach der Natur des jeweiligen Lebensverhältnisses auch eine besondere rechtliche Regelung erlaubt oder sogar notwendig." (BVerfG a. a. O.).

Diese Auffassung überwiegt zwar noch, ist aber keineswegs mehr unbestritten. In keinem Falle darf aber aus der (möglichen) Andersartigkeit der Frau die Berechtigung zu einer lohnmäßigen Benachteiligung hergeleitet werden (Problem der sog. „Leichtlohngruppen"). Dies wäre ein Verstoß gegen den Grundsatz der Gleichberechtigung von Mann und Frau (Art. 3 Abs. 2 GG). Vielmehr gilt das Prinzip: Gleicher Lohn für gleiche Arbeit oder Lohngleichheit von Mann und Frau bei gleicher Arbeit (**BAG,** Urt. v. 15. 1. 55 = NJW 55, 684ff. m. Anm. v. Hildegard **Krüger**).
Der **erhöhte Schutz** für Frauen nach der **AZO** (§§ 16ff. AZO) besteht in **Beschäftigungsverboten** (§ 16 AZO), in dem Verbot der Nachtarbeit (§ 19 AZO), bestimmten **Höchstarbeitszeiten** (§§ 17, 19 AZO) und Ruhepausen (§ 18 AZO).
Der **Mutterschutz** nach dem **MuSchG** beruht auf der Gestaltung des Arbeitsplatzes (§ 2 MuSchG), dem **Gefahrenschutz** durch allgemeine (§§ 3, 4, 6, 8 MuSchG) und

besondere (§§ 3 Abs. 1; 6 Abs. 2 MuSchG) Beschäftigungsverbote, dem **Entgeltschutz** (§§ 11, 13 MuSchG) sowie dem **Kündigungsschutz** (§§ 9, 10 MuSchG).

Zu 1. Im vorliegenden Falle hat die S durch Anzeige der Schwangerschaft ihrer Mitteilungspflicht aus § 5 Abs. 1 Satz 1 MuSchG genügt. § 5 MuSchG enthält zwar nur eine **Soll-Vorschrift,** („nachdrückliche Empfehlung") also **keinen gesetzlichen Zwang.** Die Anwendung des MuSchG durch den ArbG setzt jedoch die Kenntnis der Schwangerschaft voraus. Insoweit liegt die Erfüllung der Mitteilungspflicht im eigenen wohlverstandenen Interesse der ArbNin. Die unterlassene Mitteilung kann jedoch eine Verletzung des Arbeitsvertrages darstellen (**Bulla-Hackbeil,** a. a. O., Anm. 8 ff. zu § 5 MuSchG). Zur Frage der Offenbarungspflicht der Schwangerschaft, insbesondere bei Eingehung des Arbeitsverhältnisses s. **Bulla-Hackbeil,** a. a. O., Anm. 14 ff. zu § 5 MuSchG.

Nachdem die S ihre Schwangerschaft gem. § 5 Abs. 1 Satz 1 MuSchG offenbart hat, ist zu prüfen, ob Beschäftigungsverbote zu beachten sind. S ist als Fließbandarbeiterin tätig. Nach § 4 Abs. 3 Nr. 2 MuSchG ist **Fließarbeit mit vorgeschriebenem Arbeitstempo verboten. Entscheidend für das Verbot ist, ob die werdende Mutter ihr Arbeitstempo selbst bestimmen kann oder nicht.** Kein vorgeschriebenes Arbeitstempo liegt z. B. vor, wenn es sich um Arbeiten an einem Transportband handelt, das die ArbNin anhalten kann oder bei Gruppenarbeit ohne Akkord. Dagegen kommt das Verbot des § 4 Abs. 3 Nr. 2 MuSchG zum Tragen, wennn das Arbeitstempo durch Arbeitsanweisungen oder technische Arbeitsverfahren außerhalb des Einflußbereiches der ArbNin „zwangsläufig fortlaufend in gleichen Zeiten gleiche Arbeitsleistungen erfordert". (**Bulla-Hackbeil,** a. a. O., Anm. 32 a zu § 4 MuSchG).

Sofern es sich bei der von S zu verrichtenden Fließbandarbeit um eine solche mit vorgeschriebenem Arbeitstempo handelt, darf die X-AG sie nicht weiter damit beschäftigen, sondern muß ihr, wie geschehen eine andere Tätigkeit zuweisen (§ 21 MuSchG), die nicht unter ein Beschäftigungsverbot i. S. d. MuSchG fällt. Aufgrund eines derartigen Beschäftigungsverbotes kann sich also der Inhalt der Arbeitspflicht zeitweise ändern. Grundsätzlich bedürfen Vertragsänderungen zwar einer gegenseitigen Absprache. Im Falle von Beschäftigungsverboten ändert sich der Vertragsinhalt jedoch kraft zwingender gesetzlicher Vorschrift. Man wird aber verlangen können, daß die zugewiesene Ersatztätigkeit der bisher ausgeübten vergleichbar und somit zumutbar sein muß. Sollte eine derartige Beschäftigungsmöglichkeit nicht vorhanden sein, wäre die ArbNin von der Erfüllung der Arbeitspflicht ganz freizustellen (**Bulla-Hackbeil,** a. a. O., Anm. 52–53 zu § 4 MuSchG). Dagegen wäre die Einwilligung der ArbNin in eine unter ein Beschäftigungsverbot fallende Arbeit gesetzeswidrig und daher nichtig (§ 134 BGB). Mithin ist das Verlangen der S auf Weiterbeschäftigung an ihrem bisherigen Arbeitsplatz unbeachtlich. Zwar dürfen werdende Mütter in den letzten **sechs** Wochen vor der Entbindung (Schutzfrist) dann beschäftigt werden, wenn sie sich zur Arbeitsleistung **ausdrücklich** bereit erklären (§ 3 Abs. 2 MuSchG). Das setzt jedoch voraus, daß die Tätigkeit als solche nach dem MuSchG zulässig ist. Hier läge jedoch ein Verstoß gegen § 4 Abs. 3 Nr. 2 MuSchG vor.

Im vorliegenden Falle dürften die der S zugewiesenen leichten Aufräumungsarbeiten zumutbar sein. Da die Umsetzung der S zugleich eine Versetzung darstellt, ist hierfür die Zustimmung des Betriebsrates erforderlich §§ 95 Abs. 3; 99 Abs. 1 BVG). Diese liegt vor. Im übrigen hat der Betriebsrat allgemein die Aufgabe, darüber zu wachen, daß die zugunsten der ArbNer geltenden Gesetze (hier das MuSchG) durchgeführt werden (§ 80 Abs. 1 Nr. 1 BVG).

Insoweit als es sich bei der Anwendung des MuSchG um die Erfüllung von Arbeitsschutz handelt, ist auch eine Zuständigkeit der **Betriebsärzte** begründet. § 3 Abs. 1 ArbSichG schreibt vor, daß Betriebsärzte den ArbG beim Arbeitsschutz, also z. B. bei der Arbeitsplatzgestaltung für unter das MuSchG fallende ArbNinnen, zu unterstützen haben.
Die Versetzung der S an einen anderen Arbeitsplatz ist also ordnungsgemäß. Damit ist die X-AG zugleich dem **Erfüllungsanspruch** der S gegen den ArbG auf Beachtung und Durchführung des MuSchG (**Bulla-Hackbeil,** a. a. O., Anm. 52–53 zu § 4 MuSchG) gerecht geworden. Ob S unter diesen Umständen zur Arbeitsverweigerung berechtigt war oder für die X-AG ein Recht zur fristlosen Kündigung besteht, wird unter 2.) geprüft.
Weiter könnte die S auch in zeitlicher Hinsicht unter ein Beschäftigungsverbot (Arbeitszeitschutz) fallen. An sich widerspricht schon eine regelmäßig wiederkehrende neunstündige Arbeitsschicht der Grundregel des § 3 AZO. Im vorliegenden Falle könnte sich eine zulässige Ausnahme von der Regel aus § 4 Abs. 1 oder § 7 Abs. 1 AZO herleiten lassen (§ 17 Abs. 2 Satz 1 AZO).
Für **werdende** und **stillende Mütter** stellt jedoch § 8 Abs. 1 Satz 1 MuSchG ein **Mehrarbeitsverbot** auf. Nach § 8 Abs. 2 Nr. 3 MuSchG ist Mehrarbeit gegeben, wenn Frauen über 8½ Stunden täglich oder 90 Stunden in der Doppelwoche Arbeit leisten. (Die Höchstgrenze von 90 Stunden in der Doppelwoche hat nach Einführung der 40-Stundenwoche an praktischer Bedeutung verloren). Diese Vorschrift ist so zu verstehen, daß auch bei Einhalten der Gesamtarbeitszeit von 90 Stunden, die arbeitstägliche Grenze von 8½ Stunden nicht überschritten werden darf. (**Bulla-Hackbeil,** a. a. O., Anm. 13 zu § 8 MuSchG).
Das bedeutet, die X-AG muß für die S an den betreffenden Tagen, die tägliche Arbeitszeit von 9 Stunden auf mindestens 8½ Stunden reduzieren. Die S fällt also auch unter ein zeitliches Beschäftigungsverbot i. S. d. MuSchG, das insoweit speziellere Rechtsnormen gegenüber der AZO aufweist.
Durch die Versetzung auf einen anderen Arbeitsplatz erleidet die S keine materielle Einbuße etwa in Form einer Lohnminderung. Vielmehr ist der ArbG, die X-AG, gem. § 11 MuSchG verpflichtet, der S ihr bisheriges Arbeitsentgelt weiterzuzahlen (**Mutterschutzlohn).** Die Änderung der Beschäftigung und der Entlohnungsart (z. B. statt Akkordlohn an sich Zeitlohn) bewirken für die S also keinen Verdienstausfall, so daß die Befürchtung der S, infolge der Versetzung Lohn einzubüßen, unbegründet ist. Der Anspruch aus § 11 MuSchG ist zugleich ein mutterschutzrechtliches Gebot an den ArbG, dessen Befolgung behördlicher Aufsicht (§ 20 MuSchG) unterliegt (**Bulla-Hackbeil,** a. a. O., Anm. 4 zu § 11 MuSchG). Der Anspruch auf **Mutterschaftsgeld** während der Schutzfristen vor und nach der Entbindung ergibt sich aus § 13 MuSchG. Im vorliegenden Fall hat die S jedoch so lange keinen Anspruch auf Mutterschutzlohn aus § 11 MuSchG, als sie nicht bereit ist, die ihr zugewiesene zumutbare Arbeit aufzunehmen. **Die S kann nicht den vollen Lohn trotz Nichtarbeit beanspruchen.** Vielmehr hat sie aufgrund der arbeitsvertraglichen Treuepflicht dabei mitzuwirken, daß sich die Lohnausfallerstattungspflicht des ArbG durch produktive Weiterarbeit in angemessenem Rahmen hält. (**Bulla-Hackbeil,** a. a. O., Anm. 24e zu § 11 MuSchG m. w. Hinw.).

Zusammenfassung

a) Die Mitteilung der S nach § 5 MuSchG löst für die X-AG die Anwendunspflicht des MuSchG aus.

b) Für die S sind daher aufgrund der Beschäftigungsverbote der §§ 4 Abs. 3 Nr. 2; 8 Abs. 1, Satz 1 i. V. m. Abs. 2 Nr. 3 MuSchG Beschäftigungsart und -zeit i. S. d. MuSchG zu ändern.
c) Aufgrund des gesetzlichen Anspruches auf Mutterschutzlohn erleidet die S keinen Verdienstausfall (§ 11 MuSchG).

Zu 2. Eine „beharrliche Arbeitsverweigerung" kann einen wichtigen Grund zur fristlosen Kündigung (§ 626 BGB) darstellen.
„Beharrlich" ist die Arbeitsverweigerung dann, wenn eine **Arbeitspflicht** besteht und der ArbN die Erfüllung dieser Verpflichtung **intensiv** und **nachhaltig** verweigert. Bei mehrmaliger erfolgloser Ermahnung, der berechtigten Arbeitsanordnung nachzukommen, liegt eine intensive bzw. nachhaltige und somit **beharrliche** Arbeitsverweigerung vor (Eugen **Stahlhacke,** a. a. O., S. 42f., 44; H.-C. **Matthes,** a. a. O., S. 90).
Im vorliegenden Falle kann man aufgrund des Sachverhaltes davon ausgehen, daß S eine beharrliche Arbeitsverweigerung begangen hat, indem sie nicht bereit war, trotz Rechtsbelehrung (hins. d. Beschäftigungsverbote u. des Entgeltschutzes) und mehrfacher Abmahnung die zugewiesene Arbeit zu verrichten.
Trotz Vorliegens eines wichtigen Grundes würde die fristlose Kündigung des Arbeitsverhältnisses mit der S jedoch an § 9 MuSchG scheitern. Hiernach ist die Kündigung gegenüber einer Frau während der Schwangerschaft und bis zum Ablauf von vier Monaten nach der Entbindung unzulässig, wenn dem ArbG z. Zt. der Kündigung die Schwangerschaft oder Entbindung bekannt war oder innerhalb zweier Wochen nach Zugang der Kündigung mitgeteilt wird, § 9 Abs. 1 Satz 1 MuSchG. Das **absolute Kündigungsverbot** (Kündigungssperre) gilt auch für die außerordentliche (fristlose) Kündigung (**Bulla-Hackbeil,** a. a. O., Anm. 20, 25ff. zu § 9 MuSchG). Im Falle der Unzumutbarkeit der Weiterbeschäftigung bliebe nur die Möglichkeit der **Suspendierung** (Fall Nr. 15) oder der Einholung einer **behördlichen Ausnahmegenehmigung** gem. § 9 Abs. 2 MuSchG (Kündigungsverbot mit Erlaubnisvorbehalt) zu prüfen. Im allgemeinen dürfte „beharrliche Arbeitsverweigerung" aber keinen Fall für die Erteilung einer Ausnahmegenehmigung nach § 9 Abs. 2 MuSchG darstellen (**Bulla-Hackbeil,** a. a. O., Anm. 87ff. zu § 9 MuSchG).
Im übrigen hat der **Gr. S.** des **BAG** mit Beschl. v. 26. 4. 56 den Wegfall des Vergütungsanspruches **trotz bestehender Arbeitswilligkeit** (hier liegt Arbeitsverweigerung vor!) **ausnahmsweise** für den Fall nachhaltiger Gefährdung von Leib, Leben, Eigentum u. a. durch die ArbNin bejaht (**BAGE** 3, 66ff., 75).
Im vorliegenden Falle könnte also die X-AG die beharrliche Arbeitsverweigerung der S **nicht** mit einer fristlosen Kündigung beantworten. Allerdings geht die S für die Dauer der Nichterfüllung der Arbeitspflicht ihres Anspruchs auf Mutterschutzlohn (§ 11 MuSchG) verlustig.

Zusammenfassung der aus der Behandlung der Fragen zu 1. und 2. gewonnenen allgemeinen Erkenntnisse:

1. Dem Schutz vor körperlicher Überanstrengung und gesundheitlichem Schaden durch Erwerbstätigkeit dienen Vorschriften über **Arbeitsplatzgestaltung** und **Beschäftigungsverbote.**

2. Der Entgeltschutz durch **Mutterschutzlohn** und **Mutterschaftsgeld** bezweckt die wirtschaftliche Existenzabsicherung der ArbNin.

3. Dies bezweckt auch das absolute Kündigungsverbot, das der ArbNin die Gewißheit geben soll, nicht aus Anlaß der Erfüllung ihrer Mutterschaft ihren Arbeitsplatz und damit ihre Existenzgrundlage zu verlieren (**Bulla-Hackbeil,** a. a. O., Anm. 1 zu § 9 MuSchG).

Literaturhinweise
Bulla-Hackbeil, a. a. O.; Franz **Gamillscheg,** a. a. O., Fragen Nr. 184 – 196; Alfred **Söllner,** a. a. O., S. 192ff.

Fall Nr. 17: Der Sonderschutz der Jugendlichen

Die 17-jährige A ist als Schreibkraft bei der X-AG tätig. Ihre wöchentliche Arbeitszeit hat bisher 42 Wochenstunden, auf sechs Wochentage verteilt, und ihr Jahresurlaubsanspruch 24 Werktage betragen.
Bislang hat die X-AG, die A an Berufsschultagen mit fünfstündigem Unterricht (einschließlich der Pausen) noch beschäftigt.
Die X-AG möchte wissen, ob sich durch das neue am 1. 5. 1976 in Kraft getretene JASchG die Arbeitsbedingungen der A geändert haben.

Besprechung

Der **Jugendschutz** im Rahmen des Arbeitsschutzes ist im wesentlichen im **JASchG** enthalten. Das neue JASchG v. 12. 4. 76 (BGBl. I S. 965) hat mit Wirkung vom 1. 5. 76 das alte JASchG v. 9. 8. 60 (BGBl. I S. 665) abgelöst.
Jugendschutz i. w. S. ist auch Gegenstand anderer Gesetze, so z. B. der Vorschriften der §§ 60 ff. BVG über die Jugendvertretung (Fall Nr. 27). Dagegen ist die Regelung des § 8 Abs. 2 Nr. 2 MuSchG durch § 8 Abs. 1 JASchG 1976 hinfällig geworden. Das JASchG unterscheidet nach wie vor zwischen Kindern und Jugendlichen. **Kinder** sind Personen unter 14 Jahren sowie solche, die zwar das 14. Lebensjahr vollendet haben, aber noch der Vollzeitschulpflicht unterliegen (§ 2 Abs. 1 Nr. 1 u. 3 JASchG). Unter **Jugendlichen** versteht das Gesetz alle übrigen Personen, die das 14., aber noch nicht das 18. Lebensjahr vollendet haben (§ 2 Abs. 2 JASchG).
Das allgemeine **Verbot der Kinderarbeit** (§ 5 Abs. 1 JASchG) ist geblieben; es wird jedoch durch **zwei Ausnahmetatbestände** (§ 5 Abs. 2 u. 3 JASchG) durchbrochen. Das Mindestalter für die Beschäftigung von **Jugendlichen** ist auf **15 Jahre** heraufgesetzt worden (§ 7 Abs. 1 JASchG). Eine Ausnahme für die Unterschreitung dieser Gesetze enthält § 7 Abs. 2 JASchG.
Darüber hinaus unterliegt die Beschäftigung Jugendlicher einem bestimmten **Arbeitszeit-** und **Gefahrenschutz** sowie der **Gesundheitsfürsorge.**
Die höchstzulässige Arbeitszeit für alle Jugendlichen beträgt nunmehr einheitlich **acht Stunden täglich** und **40 Stunden wöchentlich** (§ 8 Abs. 1 JASchG). Die unterschiedliche Wochenarbeitszeit für Jugendliche über und unter 16 Jahren (§ 10 Abs. 1 JASchG 1960) ist weggefallen, ebenso die Möglichkeit von Mehrarbeit nach § 11 JASchG (1960). **Nacht-** und **Samstagsarbeit** ist grundsätzlich untersagt (§§ 15, 16

JASchG). Dem Samstagsarbeitsverbot stehen allerdings zahlreiche Ausnahmen gegenüber (§ 16 Abs. 2 JASchG). Arbeitszeitfragen, die Jugendliche betreffen, sind also im JASchG und nicht in der AZO geregelt.

Der **Gefahrenschutz** bezieht sich auf die Beschaffenheit des Arbeitsplatzes und enthält Beschäftigungsverbote für gefährliche Arbeiten (§ 22 JASchG), Akkordarbeit und tempoabhängige Arbeit (§ 23 JASchG).

Die **gesundheitliche Betreuung** der Jugendlichen (Gesundheitsfürsorge) verlangt eine **ärztliche Untersuchung** bei der Einstellung und vor Ablauf des ersten Beschäftigungsjahres (§§ 32 ff. JASchG).

Neben der nach wie vor bestehenden Aushangpflicht des Gesetzestextes des JASchG muß der ArbG nunmehr auch die Anschrift der zuständigen Aufsichtsbehörde (Gewerbeaufsichtsamt) im Betrieb öffentlich bekanntgeben (§ 47 JASchG).

Wie Kontrollen der Gewerbeaufsicht zeigen (FAZ v. 24. 4. 76), sind Verstöße gegen Vorschriften des JASchG in der Praxis nicht selten. Dies soll nach einem Bericht der rheinlandpfälzischen Gewerbeaufsicht vor allem für die Nichteinhaltung der Vorschriften über die Gesundheitsfürsorge gelten (FAZ a. a. O.). Für derartige Fälle muß das Gesetz Sanktionsmöglichkeiten vorsehen. Dies ist durch neue Bußgeld- und Strafvorschriften geschehen (§§ 58 ff. JASchG).

Im vorliegenden Falle ist die A als 17-jährige **Jugendliche** i. S. d. § 2 Abs. 2 JASchG. Somit ist das JASchG auf das Arbeitsverhältnis mit der A anzuwenden. Die A darf, da sie über 15 Jahre alt ist, beschäftigt werden (§ 7 Abs. 1 JASchG). Die von ihr zu verrichtende Tätigkeit als Schreibkraft fällt unter kein Beschäftigungsverbot (§§ 22, 23 JASchG). Allerdings ist die wöchentliche Arbeitszeit von 42 auf **40** Stunden in der Woche bei einer täglich höchstzulässigen Arbeitszeit von 8 Stunden zu reduzieren (§ 8 Abs. 1 JASchG). Diese gesetzliche Arbeitszeitregelung stellt eine grundlegende Änderung gegenüber der bisherigen Rechtslage dar, wonach für Jugendliche über 16 Jahre eine Wochenarbeitszeit von 44 Stunden zulässig war (§ 10 Abs. 1 JASchG 1960). Mit der neuen Regelung ist die Unterscheidung nach Altersstufen weggefallen und eine Angleichung an die allgemeine durch Tarifvertrag eingeleitete Arbeitszeitentwicklung erfolgt. Dies gilt in gewissem Umfange auch für das Beschäftigungsverbot an Samstagen und die Fünftagewoche für Jugendliche (§ 16 Abs. 1 JASchG).

Die X-AG darf daher die A nicht mehr wie bisher an sechs, sondern nur noch an **fünf** Werktagen, und zwar von **Montag** bis einschließlich **Freitag,** beschäftigen.

Die Verlängerung des gesetzlichen Urlaubsanspruchs von 24 auf 30 Werktage, nach Altersstufen gestaffelt, erweitert den gesetzlichen Jahresurlaubsanspruch der A entweder um **drei** auf **27** (§ 19 Abs. 2 Nr. 2 JASchG) oder um einen auf 25 Werktage (§ 19 Abs. 2 Nr. 3 JASchG).

Die Verlängerung des Urlaubes nach dem JASchG bedeutet eine Berücksichtigung der Entwicklung zur Ausdehnung des Jahresurlaubes. Außerdem soll – so die amtliche Begründung zum Reg. Entwurf (BT-Drucksache 7/2305, S. 31) – den jungen Menschen der Übergang von der Schulzeit mit ihren 85 Ferientagen pro Jahr in das Berufsleben erleichtert werden.

Im übrigen muß die X-AG die A, die berufsschulpflichtig ist (die Berufsschulpflicht ist durch Ländergesetze unterschiedlich geregelt, besteht jedoch mindestens bis zum vollendeten 18. Lebensjahr; vgl. **Freytag** u. a., a. a. O., B III), an Berufsschultagen mit fünfstündigem Unterricht (einschließlich der Pausen) ganz von der Arbeit freistellen (§ 9 Abs. 1 Nr. 2 JASchG). Bisher ergab sich diese Verpflichtung erst nach einer Unterrichtszeit von mindestens sechs Stunden einschließlich der Pausen (§ 13 Abs. 1 JASchG 1960).

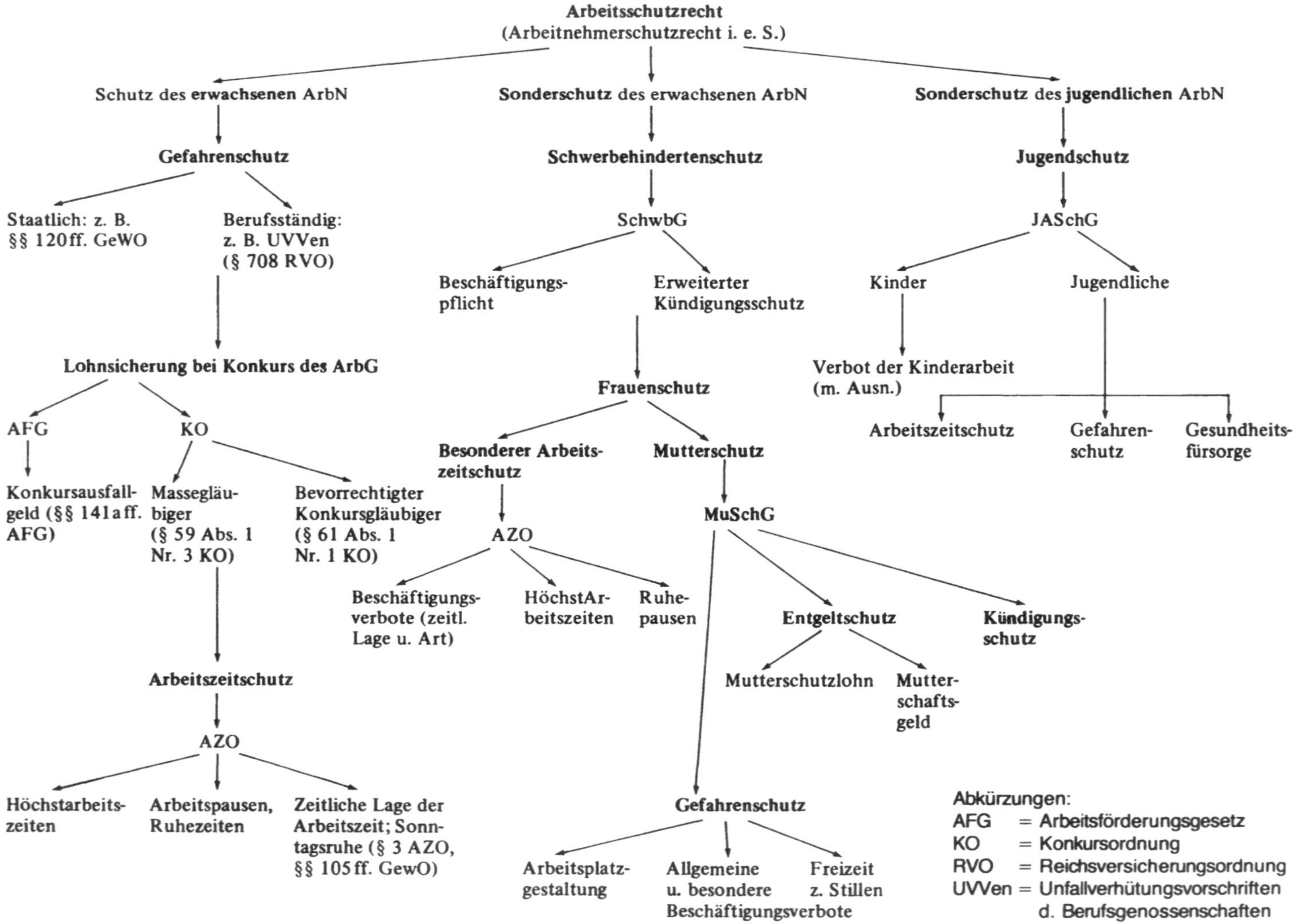
Arbeitsschutzrecht
(Arbeitnehmerschutzrecht i. e. S.)
Schutz des erwachsenen ArbN
Sonderschutz des erwachsenen ArbN
Sonderschutz des jugendlichen ArbN
Gefahrenschutz
Schwerbehindertenschutz
Jugendschutz
Staatlich: z. B. §§ 120 ff. GeWO
Berufsständig: z. B. UVVen (§ 708 RVO)
SchwbG
JASchG
Beschäftigungspflicht
Erweiterter Kündigungsschutz
Kinder
Jugendliche
Lohnsicherung bei Konkurs des ArbG
Verbot der Kinderarbeit (m. Ausn.)
Frauenschutz
AFG
KO
Arbeitszeitschutz
Gefahrenschutz
Gesundheitsfürsorge
Besonderer Arbeitszeitschutz
Mutterschutz
Konkursausfallgeld (§§ 141 a ff. AFG)
Massegläubiger (§ 59 Abs. 1 Nr. 3 KO)
Bevorrechtigter Konkursgläubiger (§ 61 Abs. 1 Nr. 1 KO)
MuSchG
AZO
Beschäftigungsverbote (zeitl. Lage u. Art)
HöchstArbeitszeiten
Ruhepausen
Entgeltschutz
Kündigungsschutz
Arbeitszeitschutz
Mutterschutzlohn
Mutterschaftsgeld
AZO
Höchstarbeitszeiten
Arbeitspausen, Ruhezeiten
Zeitliche Lage der Arbeitszeit; Sonntagsruhe (§ 3 AZO, §§ 105 ff. GewO)
Gefahrenschutz
Arbeitsplatzgestaltung
Allgemeine u. besondere Beschäftigungsverbote
Freizeit z. Stillen
Abkürzungen:
AFG = Arbeitsförderungsgesetz
KO = Konkursordnung
RVO = Reichsversicherungsordnung
UVVen = Unfallverhütungsvorschriften d. Berufsgenossenschaften

Zusammenfassend ist festzustellen, daß sich die **zulässigen** Arbeitsbedingungen der A seit 1. 5. 76 teilweise geändert haben. Dies gilt – aufgrund des mitgeteilten Sachverhaltes – insbesondere für die **Dauer** der **Arbeitszeit** und die **Verteilung** auf die Wochentage, die **erweiterte Anrechnung des Berufsschulunterrichtes** auf die Arbeitszeit sowie den Umfang des **Jahresurlaubsanspruches.**

Literaturhinweise
Werner **Brill,** „der minderjährige Arbeitnehmer in der Rechtsprechung", BB 75, 284 ff.; Rolf **Marienhagen,** „Das neue Jugendarbeitsschutzgesetz", BB 76, 555 ff.; Johannes **Zmarzlik,** Jugendarbeitsschutzgesetz, a. a. O.

Teil IV: Das Berufsausbildungsverhältnis

Fall Nr. 18: Die Pflichten des Auszubildenden

Das minderjährige Mädchen M hatte bei der Textil-Firma X im Raum Duisburg einen Ausbildungsvertrag mit dem Ausbildungsziel „Industriekaufmann" abgeschlossen. Die Laufzeit des Vertrages betrug drei Jahre.
Die Firma X beschäftigte M überwiegend bzw. ausschließlich mit einfachen Schreibarbeiten und an der Bügelpresse. M erfuhr nichts über Werbung, Absatzmarkt, Konkurrenz, Verkauf und Einkauf, Lohn- und Akkordsystem.
Auf Anraten der Industrie- und Handelskammer kündigten die Eltern der M nach zwei Jahren Dauer das Berufsausbildungsverhältnis. M setzte ihre Ausbildung zum Industriekaufmann in einem anderen Unternehmen fort. M mußte jedoch das zweite Berufsausbildungsjahr wiederholen, weil M nicht über die in diesem Ausbildungsabschnitt erforderlichen Fachkenntnisse und entsprechenden Fertigkeiten verfügte. Wegen des verlorenen Jahres und des Schadens, der daraus in Zukunft entstehen wird, erhoben die Eltern im Namen ihrer Tochter M Klage auf Schadensersatz.
1. Wie ist die Rechtslage?
2. Wie sind die Erfolgsaussichten der Schadensersatzklage zu beurteilen?

Besprechung

I.

Bei dem vorliegenden Sachverhalt handelt es sich um einen Fall, der im wesentlichen unter den Geltungsbereich des BBiG fällt. Das BBiG v. 14. 8. 69 hat das bis dahin in verschiedenen Gesetzen unterschiedlich geregelte „Lehrlingsrecht" vereinheitlicht. Nach Auffassung der Bundesregierung war es ein erster Schritt zur Verwirklichung bildungspolitischer Ziele im Bereich der beruflichen Bildung. Es hat u. a. zur Erarbeitung von Ausbildungsordnungen und Rahmenlehrplänen (§ 25 BBiG), der Förderung des Ausbaues überbetrieblicher Ausbildungsstätten (§§ 22 Abs. 2, 27 BBiG) und der

Verbesserung der pädagogischen Qualifizierung der Ausbilder (§§ 20, 21 BBiG i. V. m. d. AEVO) geführt (Hans Georg **Hess,** unten a. a. O., S. 971).
Berufsbildung i. S. d. § 1 Abs. 1 BBiG sind die **Berufsausbildung,** d. h. die berufliche Endausbildung (§ 1 Abs. 2 BBiG), die **berufliche Fortbildung,** d. h. die Erhaltung und Erweiterung der beruflichen Kenntnisse und Fertigkeiten sowie deren Anpassung an die technische Entwicklung und der berufliche Aufstieg (§ 1 Abs. 3 BBiG), sodann die **berufliche Umschulung,** d. h. die Befähigung zur Ausübung einer anderen beruflichen Tätigkeit (§ 1 Abs. 4 BBiG).
Das BBiG regelt die **betriebliche** Berufsausbildung. Soweit die Berufsbildung in berufsbildenden Schulen durchgeführt wird, sind die Schulgesetze der Länder maßgebend (§§ 1 Abs. 5; 2 Abs. 1 BBiG).
Der Reg.Entwurf eines neuen BBiG ist z. Zt. Gegenstand parlamentarischer Auseinandersetzung. Über die in der Diskussion befindlichen Änderungen des Berufsbildungsrechtes, insbesondere der Vorschriften zum Berufsausbildungsverhältnis, informiert u. a. eine Abhandlung von Hans Georg **Hess,** unten a. a. O.

II.

Zu 1. Im vorliegenden Falle geht es um eine **berufliche Erstausbildung** (Berufsausbildung) im Rahmen eines **Berufsausbildungsverhältnisses.** Zu dessen Begründung ist der Abschluß eines **Berufsausbildungsvertrages** (BAV) zwischen Ausbildenden (früher Lehrherr) und Auszubildenden (früher Lehrling) erforderlich (§ 3 Abs. 1 BBiG). Der BAV ist **formlos wirksam,** d. h. er kann z. B. auch mündlich abgeschlossen werden (Grundsatz der Formfreiheit, Fall Nr. 5), bedarf aber dann einer nachträglichen Niederschrift (§§ 3 Abs. 1; 4 Abs. 1 Satz 1 erste Satzhälfte BBiG). Diese hat **spätestens** vor Beginn der Berufsausbildung stattzufinden (§ 4 Abs. 1 Satz 1 zweite Satzhälfte BBiG) und muß die im § 4 Abs. 1 Satz 2 BBiG geforderten Angaben enthalten. Die Nichtbeachtung dieser Vorschrift kann zu Schwierigkeiten bei der Eintragung in das Verzeichnis der Berufsausbildungsverhältnisse (§§ 31 ff. BBiG) und bei der Zulassung zur Abschlußprüfung (§ 39 BBiG) führen (Günter **Schaub,** Arbeitsrecht, a. a. O., Stichwort „Auszubildender"). Im übrigen handelt es sich um eine Ordnungswidrigkeit (§ 99 Abs. 1 Nr. 1 BBiG), die mit einer Geldbuße bis zu 2000,– Deutsche Mark geahndet werden kann (§ 99 Abs. 2 BBiG). § 4 Abs. 1 BBiG enthält also kein konstitutives, sondern lediglich ein **deklaratorisches** Schriftformerfordernis (Fall Nr. 5), dessen Nichtbeachtung die Wirksamkeit des BAV unberührt läßt.
Allerdings hängt die Wirksamkeit des BAV im vorliegenden Falle von der **Einwilligung,** d. h. der vorherigen Zustimmung, des gesetzlichen Vertreters in den Vertragsabschluß ab, weil M minderjährig ist (§ 107 BGB). Eine Ermächtigung i. S. d. § 113 BGB kommt nach h. M. in Bezug auf das Berufsausbildungsverhältnis deshalb nicht in Betracht, weil bei diesem u. a. der Erziehungscharakter überwiegt (Werner **Brill,** a. a. O., S. 286). Im vorliegenden Falle kann davon ausgegangen werden, daß die Eltern als gesetzlicher Vertreter der M (§ 1626 BGB) in den Abschluß des BAV eingewilligt bzw. ihn genehmigt (§ 108 Abs. 1 BGB) hatten.
Auf den BAV sind in erster Linie die Vorschriften des BBiG und erst dann, d. h. **ergänzend,** die für den Arbeitsvertrag geltenden Rechtsvorschriften und Rechtsgrundsätze anzuwenden (§ 3 Abs. 2 BBiG). Die entscheidende **Prägung** erhält der BAV zwar durch das **Ausbildungs- und Erziehungsrecht.** Im übrigen untersteht er aber

den Rechtsregeln des Arbeitsrechtes. Dies gilt vor allem für das Tarifvertragsrecht sowie die Arbeitsschutzvorschriften, z. B. das JASchG und das MuSchG, aber auch die Fürsorgepflicht (Fall Nr. 10) gegenüber dem Auszubildenden. Damit ist der **BAV** letztlich auch ein **Arbeitsvertrag, aber eigener Art** (sui generis). Mithin ist der BAV dem Arbeitsvertrag und das Berufsausbildungsverhältnis dem Arbeitsverhältnis vergleichbar. Jedoch tritt beim BAV an die Stelle der Arbeitspflicht des ArbN (Fall Nr. 7) die **Lernpflicht** des Auszubildenden – Fall Nr. 19 – (§ 9 BBiG), der auf der Seite des Ausbildenden die **Ausbildungspflicht** (§ 6 BBiG) entspricht.
Die gesetzliche Ausgestaltung des Berufsausbildungsverhältnisses durch die §§ 3 bis 19 BBiG ist insoweit **zwingender** Natur, als eine Vereinbarung, die zuungunsten des Auszubildenden von diesen Vorschriften abweicht, nichtig ist (§ 18 BBiG). Es handelt sich also um eine **Einschränkung** der **Vertragsfreiheit** (Gestaltungsfreiheit) i. S. d. Gewährung gesetzlicher „Mindestarbeitsbedingungen" zum Schutze des Auszubildenden, vergleichbar dem im Tarifvertragsrecht geltenden **Günstigkeitsprinzip** (§ 4 Abs. 3 TVG, Fall Nr. 23).
Nach § 1 der VO über d. Berufsausbildung z. Industriekaufmann v. 10. 5. 73 (BGBl. I S. 421) ist der **„Industriekaufmann" staatlich anerkannt** (§ 25 Abs. 2 Nr. 1 BBiG). Nach § 2 dieser VO beträgt die **Ausbildungsdauer** 36 Monate (§ 25 Abs. 2 Nr. 2 BBiG). Eine individuelle **Verkürzung** der Ausbildungszeit kann sich aus § 29 BBiG ergeben.
Im vorliegenden Falle war die Firma X zur ordnungsgemäßen Ausbildung der M zum „Industriekaufmann" verpflichtet (§ 6 Abs. 1 Nr. 1, Abs. 2 BBiG). Die **Ausbildungspflicht** ist die **wichtigste Pflicht** des Auszubildenden und bedeutet **inhaltlich,** dem Auszubildenden die Kenntnisse und Fertigkeiten zu vermitteln, die zum Erreichen des **Ausbildungszieles** erforderlich sind (§ 6 Abs. 1 Nr. 1 BBiG). Das Ausbildungsziel ergibt sich für einen staatlich anerkannten Beruf, wie den des „Industriekaufmannes", aus der **Ausbildungsordnung** (§ 25 BBiG) und dem darin enthaltenen **Ausbildungsberufsbild** (§ 25 Abs. 2 Nr. 3 BBiG), das die Fertigkeiten und Kenntnisse, die Gegenstand der Berufsausbildung sind, im einzelnen festlegt und inhaltlich umreißt. Eine Anleitung zur sachlichen und zeitlichen Gliederung der Fertigkeiten und Kenntnisse folgt aus dem **Ausbildungsrahmenplan** (§ 25 Abs. 2 Nr. 4 BBiG).
Bei der Feststellung des Ausbildungszieles **(Ausbildungsplanung)** muß also die gesamte Ausbildungsordnung des jeweiligen Berufes herangezogen werden.
Das Ausbildungsberufsbild des Industriekaufmannes sieht in § 3 Nr. 1 Buchst. c der erwähnten VO üb. d. Berufsausbildung zum Industriekaufmann (Ausbildungsordnung i. S. d. § 25 BBiG) allgemeine Kenntnisse und Fertigkeiten in Bezug auf **allgemeine Büroarbeiten** vor. § 5 a. a. O., der den Ausbildungsrahmenplan enthält, ordnet den allgemeinen Büroarbeiten u. a. **„Mitwirken beim Umgang** mit sonstigen Organisationsmitteln und **Büromaschinen"** zu (Buchstaben ee). Hierunter wird man die vorübergehende Beschäftigung mit Schreibarbeiten zum Mitwirken beim Umgang mit der Schreibmaschine verstehen können; keinesfalls ist damit die Zuweisung einer Tätigkeit als Schreibkraft gemeint, wie dies im vorliegenden Falle geschehen ist. Völlig unvereinbar mit dem Ausbildungsziel „Industriekaufmann" war die Beschäftigung der M an der Bügelpresse. Statt der M, wie es das Ausbildungsberufsbild des Industriekaufmannes vorsieht (§ 3 a. a. O.), allgemeine Kenntnisse und Fertigkeiten in Material-, Produktions-, Personal- und Absatzwirtschaft sowie Rechnungswesen, Organisation und automatisierter Datenverarbeitung zu vermitteln, nützte die Firma X die M offensichtlich als „billige Arbeitskraft" aus. Mit der Übertragung **ausbildungsfremder Tätigkeiten** verstieß X gegen **§ 6 Abs. 2 BBiG,** wonach dem Auszubildenden nur dem **Ausbildungszweck** dienende Verrichtungen zugewiesen werden dürfen.

Durch diesen Verstoß hat die Firma X eine **schwerwiegende Ordnungswidrigkeit** begangen, die mit einer Geldbuße bis zu zehntausend Deutsche Mark geahndet werden kann (§ 99 Abs. 1 Nr. 3, Abs. 2 zweite Satzhälfte BBiG).
Zugleich stellt dieses Verhalten eine **Verletzung** der durch den Abschluß des BAV übernommenen **Ausbildungspflicht** dar. Bei schwererer Verletzung der Ausbildungsplicht hat der Auszubildende nicht nur ein Recht zu **Kündigung** nach § 15 Abs. 2 Nr. 2 BBiG, sondern auch aus **wichtigem Grund** ohne Einhaltung einer Kündigungsfrist, also ein Recht zur **fristlosen** Kündigung gem. § 15 Abs. 2 Nr. 1 BBiG (Fall Nr. 20).
Für die Bestimmung des wichtigen Grundes ist die arbeitsgerichtliche Rechtsprechung zu § 626 BGB (Fall Nr. 14) maßgeblich (§ 3 Abs. 2 BBiG). Statt § 628 Abs. 2 BGB findet allerdings § 16 BBiG mit 3-monatiger Ausschlußfrist Anwendung. Der nach § 16 Abs. 1 BBiG zu ersetzende Schaden dürfte sich vergleichbar § 628 Abs. 2 BGB (**Palandt-Putzo,** a. a. O., Anm. 3 zu § 628 BGB) nur auf die **Beendigung** des Berufsausbildungsverhältnisses als Schadensursache beziehen (z. B. erneute Vorstellungs- oder Anzeigekosten). Für einen weitergehenden aus dem Berufsausbildungsverhältnis herrührenden Schaden gelten dagegen die allgemeinen Schadenersatzregelungen (§ 3 Abs. 2 BBiG). (Vgl. Josef **Herkert,** a. a. O., Anm. 1 zu § 16 BBiG).

Zu 2. Bei schuldhafter (§ 276 BGB) **Nichterfüllung** (§ 3 Abs. 2 BBiG, § 325 BGB) oder **Schlechtleistung** (positiver Vertrags- oder Forderungsverletzung, Fälle Nr. 8, 9, 10) besteht – unabhängig vom Kündigungsrecht – ein Anspruch auf Ersatz des durch die Nicht- oder Schlechterfüllung entstandenen Schadens (§§ 249, 251 BGB).
Daneben könnte sich ein Schadensersatzanspruch auch aus unerlaubter Handlung gem. §§ 823 Abs. 2 BGB i. V. m. §§ 6 Abs. 2; 99 Abs. 1 Nr. 2, Abs. 2 BBiG und § 826 BGB ergeben. (Vgl. Josef **Herkert,** a. a. O., Erl. III zu § 6 BBiG).
Im vorliegenden Falle besteht der **Schaden** in der Wiederholung des zweiten Berufsausbildungsjahres und dem dadurch bedingten späteren Eintritt in das eigentliche Berufsleben durch Eingehung eines ordentlichen Arbeitsverhältnisses (§§ 249, 251 BGB). Die Eltern haben also zu Recht namens ihrer Tochter das Berufsausbildungsverhältnis mit der Firma X gekündigt und diese auf Leistung von Schadenersatz verklagt. Das **Arbeitsgericht Duisburg** hat in einem gleichgelagerten Falle eine Textilfirma als Ausbildende zur Zahlung von mindestens 8000,– DM Schadenersatz an die Auszubildende verurteilt (Az: 1 CA 85/72).
Ebenso hat das **BAG** entschieden, ein Ausbildender sei für die ordnungsgemäße Ausbildung verantwortlich und verletzte schuldhaft seine Ausbildungspflicht, wenn er die Ausbildung in den für den betreffenden Beruf erforderlichen Elementarfächern versäume. Allerdings verringere sich der Schadensersatzanspruch, wenn die Auszubildenden selbst uninteressiert seien (Urt. v. 10. 6. 76, Az: 3 AZR 412/75).
Die **BAG**-Entscheidung stellt eine Bestätigung der Rechtsauffassung des Arbeitsgerichtes Duisburg dar. Darüber hinaus enthält das Urteil einen weiterführenden Gedanken, nämlich den Hinweis auf das Erfordernis des eigenen Interesses des Auszubildenden an seiner Ausbildung: die **Lernpflicht** – Fall Nr. 19 – (§ 9 Satz 1 BBiG). Die Nicht- und Schlechterfüllung dieser Lernpflicht wird als mitwirkendes Verschulden bei der Entstehung des Schadens gewertet (§ 254 BGB), das sich der Auszubildende anrechnen lassen muß.
Im vorliegenden Falle kann man nicht von einem mangelnden Interesse der M an ihrer Ausbildung ausgehen, zumal der mitgeteilte Sachverhalt keinen Aufschluß darüber gibt, warum das Berufsausbildungsverhältnis erst nach zwei Jahren gekündigt worden ist.

III.

Mit dem gegebenen Sachverhalt ist der wichtigste Fall der Ausbildungspflicht behandelt worden. § 6 Abs. 1 BBiG enthält aber noch vier weitere Tatbestände, die ebenfalls Inhalt der Ausbildungspflicht sind (§ 6 Abs. 1 Nr. 2 bis 5 BBiG). Zur Information darüber wird auf die **Literaturhinweise** (unten) Bezug genommen.
Abschließend sei auf die Funktion des **Ausbilders** (vgl. Fall Nr. 28) hingewiesen. Dieser ist unter den Voraussetzungen des § 20 Abs. 2 BBiG von dem Ausbildenden zu bestellen. Soweit der Ausbilder die Ausbildung durchführt, nimmt er die Pflichten des Ausbildenden aufgrund des BAV als Erfüllungsgehilfe (§ 278 BGB) wahr. Das bedeutet, der Ausbildende haftet für eine ordnungsgemäße Ausbildung durch den Ausbilder. Nach § 20 Abs. 1 Satz 2 BBiG darf nur ausbilden, wer **persönlich** (§ 20 Abs. 2 BBiG) und **fachlich** (§ 20 Abs. 3 BBiG) geeignet ist. Nach § 21 Abs. 1 BBiG kann außerdem der Nachweis über den Erwerb **berufs- und arbeitspädagogischer Kenntnisse** verlangt werden. Dies geschieht aufgrund der **AEVO,** nach der sich jeder zukünftige Ausbilder einer entsprechenden Prüfung unterziehen muß.
(Zur Haftungsfrage s. Werner **Barfuss,** Verantwortlichkeit und Haftung des Ausbilders im Berufsausbildungsverhältnis = BB 76, 935ff.).

Zusammenfassung

1. Der BAV ist ein **Arbeitsvertrag besonderer Art** (sui generis). Die Besonderheit ergibt sich aus dem Ausbildungs- und Erziehungscharakter des Berufsausbildungsverhältnisses (§§ 3 Abs. 2 BBiG).
2. Die **Ausbildungspflicht** ist die **Hauptpflicht** des Ausbildenden. Sie besteht in der Vermittlung der erforderlichen Kenntnisse und Fertigkeiten zur Erreichung des **Ausbildungszieles,** für dessen Feststellung die jeweilige **Ausbildungsordnung** maßgeblich ist.
3. Die Ausbildungspflicht muß der Ausbildende entweder selbst erfüllen (§ 20 Abs. 1 BBiG) oder einen **Ausbilder** bestellen (§ 20 Abs. 4 BBiG), für den der Ausbildende gem. § 278 BGB haftet.
4. Die Erfüllung der Ausbildungspflicht liegt sowohl im **Interesse** des **Auszubildenden** als auch im Interesse der **Öffentlichkeit.** Daher sind bei Verletzung der Ausbildungspflicht privatrechtliche (arbeitsvertragliche) und öffentlich-rechtliche Rechtsfolgen zu unterscheiden.
   a) **Privatrechtliche** Rechtsfolgen können sein:
      - ein **Recht zur außerordentlichen** (fristlosen) **Kündigung** (§ 15 Abs. 2 Nr. 1 BBiG i. V. m. §§ 626; 628 Abs. 2 BGB üb. § 3 Abs. 2 BBiG).
      - ein Anspruch auf **Schadensersatz aus Vertrag** (positive Forderungsverletzung i. Rahmen des BAV) bzw. aus **Gesetz** (§§ 823ff. BGB).
   b) Die **öffentlich-rechtliche** Rechtsfolge besteht darin, daß die Verletzung der Ausbildungspflicht als **Ordnungswidrigkeit** mit einer hohen **Geldbuße** geahndet werden kann (§ 99 Abs. 1 Nr. 3, Abs. 2 BBiG).

Literaturhinweise

Begleitmaterial zu **„Ausbildung der Ausbilder“,** Fernsehkurs im Medienverbund, Recht u. Soziales, Heft 7, 8, 9, TR-Verlagsunion für die Verlagskooperation AdA, München; Werner **Brill,** „Der minderjährige Arbeitnehmer in der Rechtsprechung“, BB 75, 284ff.; **Freytag** u. a., a. a. O.; Georg **Hess,** „Zum Entwurf eines neuen Berufsbildungsgesetzes“, BB 75, 971ff.; Günter **Schaub,** Arbeitsrecht, a. a. O., Stichwort „Auszubildender“; H. **Schieckel,** a. a. O.

Fall Nr. 19: Die Pflichten des Auszubildenden

Der minderjährige Auszubildende A steht in einem Berufsausbildungsverhältnis bei der X-AG. In dem BAV heißt es u. a.: „Der Auszubildende hat sich zu bemühen, die Fertigkeiten und Kenntnisse zu erwerben, die erforderlich sind, um das Ausbildungsziel zu erreichen. Er verpflichtet sich insbesondere, ... am Berufsschulunterricht teilzunehmen."
A ist dem Berufsschulunterricht mehrfach unentschuldigt ferngeblieben. Von seinem Ausbilder B zur Rede gestellt, erklärt A: „Ich hatte keine Lust, die Schule langweilt mich; im übrigen geht das die Firma gar nichts an."
Ausbilder B ist anderer Auffassung.

1. Wie ist die Rechtslage?
2. Könnte die X-AG das Berufsausbildungsverhältnis kündigen, wenn der A den Berufsschulunterricht – trotz eindringlicher Ermahnung – weiterhin „schwänzen" sollte?

Besprechung

Was für den Ausbildenden die Ausbildungspflicht, ist für den Auszubildenden die **Lernpflicht,** sie ergibt sich aus § 9 BBiG und bedeutet eine Mitwirkungspflicht i. S. d. Erreichung des Ausbildungszieles (Fall Nr. 18). Ohne aktive Mitarbeit des Auszubildenden wären die Ausbildungsbemühungen des Ausbilders zum Scheitern verurteilt.

Zu 1. Satz eins des auszugsweise wiedergegebenen Vertragstextes entspricht dem Satz 1 des § 9 BBiG, der **allgemeinen** Umschreibung der Lernpflicht. Demgegenüber enthält § 9 Satz 2 in den Nummern 1 bis 4 BBiG **Einzelfälle** der Lernpflicht und in den Nummern 5 und 6 zwei ausdrücklich erwähnte Tatbestände der **Treuepflicht** (Fall Nr. 9), die ebenso wie die Fürsorgepflicht des Auszubildenden Inhalt der BAV sind. Nach § 9 Satz 2 Nr. 2 BBiG ist der Auszubildende verpflichtet, an Ausbildungsmaßnahmen teilzunehmen, für die er nach § 7 BBiG freigestellt wird. § 7 BBiG schreibt u. a. dem Ausbildenden vor, den Auszubildenden für die Teilnahme am Berufsschulunterricht freizustellen.
Dieser Verpflichtung ist die X-AG offensichtlich im Rahmen der Ausbildungspflicht nachgekommen. Auch Ausbilder B hat den A richtigerweise zur Rede gestellt, weil der Ausbildende verpflichtet ist, den Auszubildenden zum Besuch der Berufsschule anzuhalten (§ 9 Abs. 1 Nr. 4 BBiG). Deshalb ist die Ansicht des A. die X-AG gehe der Berufsschulbesuch nichts an, irrig.

Für den Auszubildenden besteht zunächst aufgrund des jeweiligen Landesgesetzes eine **öffentlich-rechtliche Schulpflicht** zum Besuch der Berufsschule (vgl. **Freytag,** u. a., a. a. O., B. III.). Daneben besteht die **vertragliche,** sich aus dem Berufsausbildungsverhältnis ergebende Verpflichtung zum Berufsschulbesuch (§ 9 Satz Nr. 2 i. V. m. § 7 BBiG). Der Berufsschulbesuch ist also auch Inhalt der Lernpflicht und somit Gegenstand aktiver Mitwirkung des Auszubildenden. Hierin kommt zum Ausdruck, daß die Wahrnehmung des Bildungsangebotes der Berufsschule zum Erreichen des Ausbildungszieles für wichtig angesehen wird.
Insoweit gibt Satz zwei des Vertragsauszuges hinsichtlich der Verpflichtung zum Berufsschulbesuch nur das wieder, was bereits kraft Gesetzes und unabdingbar (§ 18 BBiG) Bestandteil der Lernpflicht ist.

Aus der Mitteilung des Auszubildenden A, er habe keine Lust zum Besuch der ihn langweilenden Berufsschule gehabt, geht hervor, daß er dem Unterricht unbegründet ferngeblieben ist. Denn der Grad des Bemühens i. S. d. § 9 BBiG ist nicht in das Belieben, die Lust und die Laune, des Auszubildenden gestellt. Durch sein Verhalten hat A gegen die öffentlich-rechtliche Schulpflicht verstoßen und die Lernpflicht aufgrund des BAV verletzt.

Zu 2. Eine Kündigung des Berufsausbildungsverhältnisses könnte die X-AG nur aufgrund des § 15 Abs. 2 Nr. 1 BBiG, also aus wichtigem Grund, und unter Berücksichtigung des § 102 BVG (Fälle Nr. 13, 14) aussprechen. Wiederholte und abgemahnte Verletzung der Verpflichtung zum Berufsschulbesuch kann einen wichtigen Grund i. S. d. Rechtes der außerordentlichen (fristlosen) Kündigung darstellen. Dies entspricht der Bedeutung des Berufsschulbesuches für die betriebliche Ausbildung und der Mitverantwortung des Auszubildenden für das Erreichen des als Einheit aus schulischem und betrieblichem Bildungsangebot zu verstehenden Ausbildungszieles (**Dualismus** der Berufsausbildung).
Unter den geschilderten Voraussetzungen kann daher für die X-AG ein Recht zur fristlosen Kündigung des Berufsausbildungsverhältnisses entstehen.

Zusammenfassend kann man feststellen, daß die Hauptpflicht des Auszubildenden die **Lernpflicht** ist (§ 9 BBiG). Zu deren Inhalt gehört die Verpflichtung zum Besuch der Berufsschule (§§ 9 Satz 2 Nr. 2; 7 BBiG). Wiederholte und abgemahnte Verletzung dieser Verpflichtung kann für den Ausbildenden ein Recht zur fristlosen Kündigung (§ 15 Abs. 2 Nr. 1 BBiG) begründen.

Literaturhinweise
Begleitmaterial zu „Ausbildung der Ausbilder"; a. a. O., (Fall Nr. 18), Heft 8; Günter **Schaub**, Arbeitsrecht, a. a. O., Stichwort „Auszubildender".

Fall Nr. 20: Die Beendigung des Berufsausbildungsverhältnisses

Zwischen dem Auszubildenden A und der Firma B, die ein Einzelhandelsgeschäft betreibt, besteht ein Berufsausbildungsvertrag (BAV). Hiernach hat sich die B verpflichtet, den A zum „Einzelhandelskaufmann" auszubilden. Nach Ablauf der Probezeit gewinnt A den Eindruck, das Betriebsklima lasse zu wünschen übrig.
Als A von einer anderen Firma einen Ausbildungsplatz als Einzelhandelskaufmann angeboten wird, der verkehrsgünstiger zur Wohnung liegt, möchte A das Berufsausbildungsverhältnis mit der Firma B lösen.
Ist dies rechtlich möglich?

Besprechung

Die Beendigung des Berufsausbildungsverhältnisses weist gegenüber der Beendigung des Arbeitsverhältnisses (Fall Nr. 11) **Besonderheiten** auf. Würde zwischen A und der Firma B ein normales Arbeitsverhältnis auf unbestimmte Zeit bestehen, könnte A fristgerecht kündigen (§ 626 Abs. 1 BGB, Fall Nr. 13). Aufgrund des BAV sind Ausbildungsdauer und Berufsausbildungsverhältnis jedoch **befristet** (§ 25 Abs. 2 Nr. 2 BBiG). Letzteres endet (automatisch) mit Ablauf der Zeit, für die es eingegangen ist (§ 14 Abs. 1 BBiG) bzw. mit Bestehen der Abschlußprüfung vor Ablauf des BAV (§ 14 Abs. 2 BBiG). Damit ist die ordentliche (fristgerechte) Kündigung, wie auch bei anderen befristeten Arbeitsverhältnissen (§ 620 Abs. 1 BGB, Fall Nr. 12), ausgeschlossen.

Mit Ausnahme der Probezeit, die für beide Seiten eine „Prüfzeit" ist (§ 15 Abs. 1 BBiG), gilt dies auch für die fristlose Kündigung. Bei **normalem Verlauf** des Berufsausbildungsverhältnisses besteht daher kein Kündigungsrecht, also keine Möglichkeit einseitiger Aufkündigung der Vertragsbeziehungen.

Etwas anderes gilt nur dann, wenn Umstände eintreten, unter denen es den Vertragsparteien nicht mehr zugemutet werden kann, an dem BAV weiter festzuhalten. Derartige Umstände können einen **wichtigen Grund** darstellen, der gem. § 15 Abs. 2 Nr. 1 BBiG zur außerordentlichen (fristlosen) Kündigung und damit zur vorzeitigen Beendigung des Berufsausbildungsverhältnisses berechtigt. Zur Definition des unbestimmten Rechtsbegriffes „wichtiger Grund" wird auf die Ausführungen zu den Fällen Nr. 14, 18, 19 verwiesen.

Hier sei noch einmal hervorgehoben, daß es sich um schwerwiegende Vertragsverletzungen, wie z. B. beharrliche und abgemahnte Leistungsverweigerung sowie kriminelle Handlungen mit erheblichem Unrechtsgehalt, handeln muß. Gegenüber einem jugendlichen (minderjährigen) Auszubildenden wird man verlangen können, daß die außerordentliche (fristlose) Kündigung erst als letztes Mittel (ultima ratio) in Betracht kommt, nachdem die im Rahmen der Ausbildungspflicht (§ 6 Abs. 1 Nr. 5 BBiG) zu ergreifenden pädagogischen Mittel (vgl. Fall Nr. 28) versagt haben.

Im vorliegenden Falle ist kein wichtiger Grund ersichtlich, von dem der Auszubildende A betroffen sein könnte. Ein vermeintlich unbefriedigendes Betriebsklima oder ein unbequemer Arbeitsweg berechtigen nicht zur einseitigen, vorzeitigen Auflösung des Berufsausbildungsverhältnisses.

Gegenüber dem Recht zur außerordentlichen Kündigung aus § 626 BGB sind in § 15 Abs. 3 und Abs. 4 Satz 2 BBiG zusätzliche **formelle** Voraussetzungen enthalten, die sich aus der Besonderheit des Berufsausbildungsverhältnisses ergeben. § 13 KSchG findet i. V. m. § 3 Abs. 2 BBiG Anwendung.

Dies gilt auch für den in § 15 Abs. 2 Nr. 2 BBiG aufgeführten Kündigungsgrund des **Berufswechsels.** Hierbei handelt es sich um den Sonderfall einer außerordentlichen **befristeten,** also nicht fristlosen, Kündigung. Voraussetzung dafür ist jedoch, daß der Auszubildende seine Berufsausbildung aufgeben oder sich für einen anderen Beruf ausbilden lassen will.

Wenn A im vorliegenden Falle seine Ausbildung zum Einzelhandelskaufmann bei einer anderen Firma fortsetzen will, stellt dieses Vorhaben weder eine Berufsaufgabe noch eine andere Berufswahl dar. Eine Kündigung, um die Berufsausbildung in demselben Lehrberuf nur in einem anderen Ausbildungsbetrieb fortsetzen zu können, ist unzulässig (H.-C. **Matthes,** a. a. O., S. 132). A hat also auch kein Kündigungsrecht aus § 15 Abs. 2 Nr. 2 BBiG.

Zusammenfassend läßt sich feststellen, daß A das Berufsausbildungsverhältnis **nicht einseitig** auflösen kann. Es verbleibt die schon bei einem normalen Arbeitsverhältnis bestehende Möglichkeit **beiderseitiger** Einigung über die Aufhebung des Berufsausbildungsverhältnisses, also der Abschluß eines **Aufhebungsvertrages** (vgl. Fall Nr. 11). Für die Wirksamkeit des Aufhebungsvertrages mit einem minderjährigen Auszubildenden ist die Zustimmung des gesetzlichen Vertreters (§§ 107; 108 Abs. 1 BGB) erforderlich. Wegen der Problematik der „Ausgleichsquittung", die in diesem

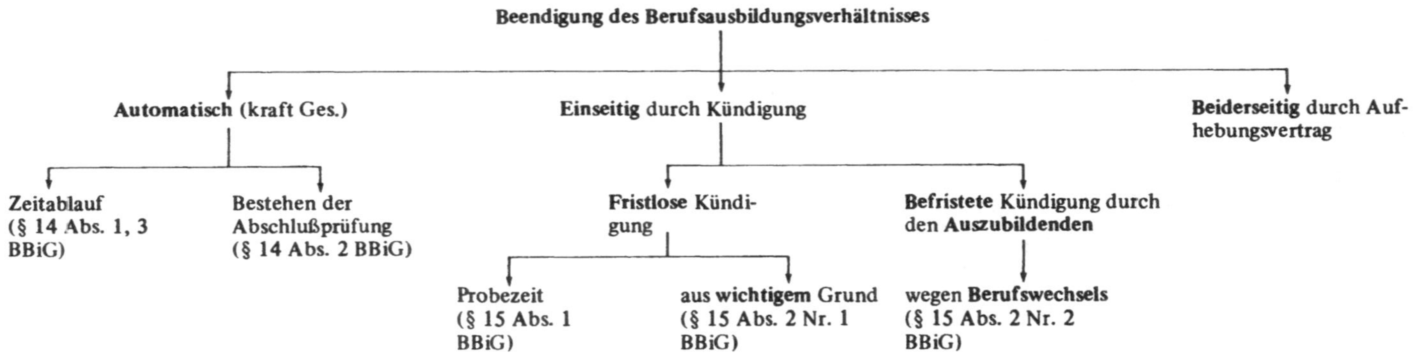
Beendigung des Berufsausbildungsverhältnisses
Automatisch (kraft Ges.)
Einseitig durch Kündigung
Beiderseitig durch Aufhebungsvertrag
Zeitablauf (§ 14 Abs. 1, 3 BBiG)
Bestehen der Abschlußprüfung (§ 14 Abs. 2 BBiG)
Fristlose Kündigung
Befristete Kündigung durch den Auszubildenden
Probezeit (§ 15 Abs. 1 BBiG)
aus wichtigem Grund (§ 15 Abs. 2 Nr. 1 BBiG)
wegen Berufswechsels (§ 15 Abs. 2 Nr. 2 BBiG)

Zusammenhang auftreten kann, siehe Günter **Schaub,** Arbeitsrecht, a. a. O., Stichwort „Ausgleichsquittung".
Dem Auszubildenden A bleibt somit nur die Möglichkeit, die Auflösung des Berufsausbildungsverhältnisses im gegenseitigen Einvernehmen anzustreben.

Zusammenfassung

1. Als **befristetes** Vertragsverhältnis endet das Berufsausbildungsverhältnis mit dem **Ablauf der Ausbildungszeit** (§ 14 Abs. 1 BBiG) bzw. dem **Bestehen der Abschlußprüfung** (§ 14 Abs. 2 BBiG).
2. Die ordentliche (fristgerechte) Kündigung ist ausgeschlossen.
3. Stattdessen kann für **beide Vertragsparteien** ein Recht zur **außerordentlichen** (fristlosen) **Kündigung** aus wichtigem Grund gegeben sein (§ 15 Abs. 2 Nr. 1 BBiG).
4. Für den **Auszubildenden** kommt außerdem ein Kündigungsrecht wegen **Berufswechsels** in Betracht (§ 15 Abs. 2 Nr. 2 BBiG).
5. Es besteht die Möglichkeit, das Berufsausbildungsverhältnis **vertraglich** zu beenden.

Literaturhinweise

Begleitmaterial zu „Ausbildung der Ausbilder", a. a. O., Heft 8; H.-C. **Matthes,** a. a. O., S. 132f.; Günter **Schaub,** Arbeitsrecht, a. a. O., Stichwort „Auszubildender".

III. Abschnitt: Kollektives Vertragsrecht

Fall Nr. 21: Betriebsvereinbarung und Tarifvertrag

Der organisierte ArbG A beschließt mit dem Betriebsrat B im Rahmen einer Betriebsvereinbarung:

„Die für A jeweils geltenden Tarifverträge finden auch auf die Arbeitsverhältnisse der nicht oder anders organisierten betriebsangehörigen ArbNer entsprechende Anwendung."

Ferner verpflichtet sich A aufgrund einer Betriebsvereinbarung zur Zahlung von übertariflichen Zulagen.
Wie ist die Rechtslage?

Besprechung

Das „kollektive Vertragsrecht", in das der vorliegende Fall einführen soll, ist Bestandteil des sog. **kollektiven Arbeitsrechtes.** Daher gilt es, zunächst diesen Begriff zu klären.
Gegenstand des kollektiven Arbeitsrechtes (auch Recht der sozialen Selbstverwaltung genannt) sind Rechtsnormen des Betriebsverfassungs- und Tarifvertragsrechtes sowie des kollektiven Arbeitskampfes. Auf **betrieblicher** Ebene bestehen kollektive Rechtsbeziehungen zwischen ArbG und Betriebsrat als Repräsentanten der Belegschaft (Fall Nr. 27–29). Auf **überbetrieblicher** Ebene treten die Tarifvertragsparteien, Arbeitgeberverbände und Gewerkschaften, in Rechtsbeziehungen zueinander, indem sie Tarifverträge für ihre Mitglieder, die organisierten ArbGer und ArbNer, abschließen (Fall Nr. 21–24). Den friedlichen Vertragsabschlüssen können Arbeitskämpfe der Tarifvertragsparteien in Form von Arbeitsniederlegungen (Streik) oder Ausschließung vom Arbeitsplatz (Aussperrung) vorausgehen (Fall Nr. 25 und 26).
Während das individuelle Arbeitsrecht bzw. Vertragsrecht die Rechtsbeziehungen zwischen den Parteien des einzelnen Arbeitsvertrages, dem ArbG und dem ArbN, regelt (II. Abschnitt), sind die Rechtsbeziehungen arbeitsrechtlicher Kollektive untereinander und zueinander Gegenstand des kollektiven Arbeitsrechtes. Hans Carl **Nipperdey** definiert wie folgt:

„Kollektives Arbeitsrecht ist der Teil des Arbeitsrechtes, der das Recht der Arbeitsverbände in Beruf, Betrieb und öffentlichen Verwaltungen, ihrer Verträge und ihrer Kämpfe regelt". (**Hueck-Nipperdey,** Grundriß, a. a. O., S. 158).

Diese Begriffsbestimmung erwähnt außer dem kollektiven Vertragsrecht auch das **Arbeitsverbandsrecht,** d. h. das Recht der Träger des kollektiven Arbeitsrechtes, (H. C. **Nipperdey,** a. a. O.).
Demgegenüber steht im Mittelpunkt der Darstellung des **III. Abschnittes** das Recht der **Verträge** der Träger des kollektiven Arbeitsrechtes (Gesamtvereinbarungsrecht). Das Arbeitsverbandsrecht wird nur insoweit behandelt, als es zum Verständnis des kollektiven Vertragsrechtes erforderlich erscheint.
Kollektivvertrag (Gesamtvereinbarung oder Normenvertrag) ist der Oberbegriff für Tarifvertrag, Betriebs- u. Dienstvereinbarung (Fall Nr. 6). (S. Schaubild S. 69). Nach H.-C. **Nipperdey,** a. a. O., S. 159 ist der **Tarifvertrag** der Vertrag der Gewerkschaften

mit den Berufsverbänden der ArbGer, mit einzelnen oder mehreren ArbGern vornehmlich zur Regelung der Lohn- und Arbeitsbedingungen.
Die Betriebsvereinbarung soll der **Vertrag** (keine Satzung) zwischen der Belegschaft eines Betriebes und dem Arbeitgeber zur Regelung betrieblicher Arbeitsbedingungen sein (H.-C. **Nipperdey,** a. a. O.). Hierzu ist erklärend anzumerken, daß **Adressat** der Betriebsvereinbarung zwar die Belegschaft (§ 77 Abs. 4 BVG), **Vertragspartei** aber der **Betriebsrat** ist (§ 77 Abs. 2 BVG).
Die **Dienstvereinbarung** ist das der Betriebsvereinbarung entsprechende Rechtsinstitut im Geltungsbereich des Personalvertretungsrechtes. Es findet auf die Dienststellen der öffentlichen Verwaltung Anwendung. Rechtsgrundlagen sind das Bundespersonalvertretungsgesetz und die jeweiligen Landespersonalvertretungsgesetze. Dagegen gilt für die von der öffentlichen Hand unterhaltenen juristischen Personen des Privatrechtes (z. B. Regiebetriebe) das BVG (§ 130 BVG).
Damit die zwischen A und B beschlossene Betriebsvereinbarung wirksam ist, bedarf sie der **Schriftform** (§ 77 Abs. 2 Satz 1 u. 2 BVG). Bei mündlicher Absprache würde es sich nur um eine „sonstige" Vereinbarung (§ 77 Abs. 1 BVG) oder **Regelabrede** (**Hueck-Nipperdey,** Grundriß, a. a. O., S. 339) handeln, die lediglich im Verhältnis zwischen ArbG und Betriebsrat Rechte und Pflichten zu begründen vermag. Dagegen hat sie keine kollektivrechtliche Gestaltungskraft. Diese Wirkung kann nur die Betriebsvereinbarung erzeugen, indem sie die Arbeitsverhältnisse der betroffenen Belegschaftsmitglieder **unmittelbar** und **zwingend** erfaßt (§ 77 Abs. 4 BVG). (Vgl. Fall Nr. 6). Im Gegensatz zur formlos gültigen Regelungsabsprache stellt die Betriebsvereinbarung nicht nur für den Betriebsrat sondern auch für die Belegschaft eine Rechtsquelle dar (Fall Nr. 2).
Inhaltlich soll im vorliegenden Falle durch die Betriebsvereinbarung der jeweils für A geltende Tarifvertrag auf „Außenseiter" (nicht oder anders organisierte ArbNer) ausgedehnt werden. Da es bei der angestrebten Gleichstellung um Arbeitsbedingungen geht, ist zu prüfen, ob diese durch Betriebsvereinbarung regelbar sind. § 77 Abs. 3 Satz 1 BVG bestimmt, daß Arbeitsentgelte und sonstige Arbeitsbedingungen, die durch Tarifvertrag geregelt sind oder üblicherweise geregelt werden, nicht Gegenstand einer Betriebsvereinbarung sein können. Diese Zuständigkeitsabgrenzung zwischen Tarifvertrag und Betriebsvereinbarung wirft im einzelnen eine Reihe von Fragen auf, die vor Anwendung dieser Vorschrift auf den zugrundeliegenden Fall zu klären sind. Es handelt sich im wesentlichen um die Fragen:

a) Was versteht man unter „sonstigen" Arbeitsbedingungen?
b) Was bedeutet durch „Tarifvertrag geregelt" sind?
c) Was heißt „üblicherweise geregelt" werden?
d) Findet das Günstigkeitsprinzip (Fall Nr. 23) Anwendung?

Zu a) Unter „sonstigen" Arbeitsbedingungen versteht das **BAG** sog. „materielle" Arbeitsbedingungen, die den Inhalt des einzelnen Arbeitsverhältnisses nach Leistung und Gegenleistung von ArbG und ArbN betreffen (**BAG,** AP Nr. 1 u. 2 zu § 56 BetrVG „Arbeitszeit"). Als Beispiele sind neben Arbeitsentgelt, u. a. die Zeitdauer der Arbeitspflicht, Urlaubs- und Pausendauer sowie Regelungen bezüglich Beginn und Ende von Arbeitsverhältnissen anzuführen. Demgegenüber stellen die Fälle des § 87 Abs. 1 BVG mit Ausnahme der Nummern 10 und 11 sog. „formelle" Arbeitsbedingungen dar, die eine Anpassung der materiellen Arbeitsbedingungen an die jeweiligen betrieblichen Gegebenheiten und Erfordernisse beinhalten. So ist z. B. die Dauer der tarifvertraglichen Wochenarbeitszeit (z. B. 40 Wochenstunden) eine materielle Arbeitsbedingung, während die Verteilung der Arbeitszeit auf die einzelnen Wochentage sowie die

Festlegung von Beginn und Ende der täglichen Arbeitszeit als formelle Arbeitsbedingungen Gegenstand einer Betriebsvereinbarung sein können (§ 87 Abs. 1 Nr. 2 BVG). Die zitierte **BAG**-Rechtsprechung ist zwar zu § 59 BVG 1952 ergangen, hat aber auch noch für die Interpretation des § 77 Abs. 3 BVG (1972) Bedeutung, weil die Rechtslage insoweit beibehalten wurde (Günter **Schaub,** Der Betriebsrat, a. a. O., S. 169). Danach sollen **Betriebsvereinbarungen** grundsätzlich keine materiellen, sondern **formelle** Arbeitsbedingungen regeln. Hierdurch (§ 77 Abs. 3 BVG) soll den überbetrieblichen **Tarifvertragsparteien** im Verhältnis zu den betrieblichen Sozialparteien eine **Monopolstellung** zur Setzung **(materieller) Arbeitsbedingungen** eingeräumt und der einzelne Betrieb frei von Spannungen gehalten werden, die durch Verhandlungen von ArbG und Betriebsrat über materielle Arbeitsbedingungen entstehen könnten; „Keine Lohnstreiterei auf betrieblicher Ebene". (Günter **Schaub,** Der Betriebsrat, a. a. O., S. 168f.; **Dietz-Richardi,** a. a. O., Anm. 174, 175 zu § 72 BVG). Die Unterscheidung zwischen „formellen" und „materiellen" Arbeitsbedingungen ist bestritten. **Fitting-Auffahrt-Kaiser** plädieren unter Hinweis auf § 87 Abs. 1 Nr. 10 und 11 BVG für eine Aufgabe dieser Differenzierung (a. a. O., Anm. 9 zu § 87 BVG).
Im vorliegenden Falle würde die Betriebsvereinbarung die materiellen Arbeitsbedingungen der für A geltenden Tarifverträge auf „Außenseiter" ausdehnen. Dies könnte – nach dem oben Angeführten – ein Verstoß gegen § 77 Abs. 3 Satz 1 BVG sein, wenn die übrigen Voraussetzungen dieser Vorschrift erfüllt sein sollten.

Zu b) Es ist somit weiter zu fragen:

Was bedeutet durch „Tarifvertrag geregelt" sind?

Nach dem TVG sind Arbeitsbedingungen unter den Voraussetzungen der **beiderseitigen** Tarifbindung von ArbG und ArbN (§ 3 Abs. 1 TVG), im Falle des § 3 Abs. 2 TVG auch bei **einseitiger** Tarifbindung des ArbG, unmittelbar und zwingend geregelt (§ 4 Abs. 1 TVG; Fall Nr. 24). Nach Ansicht des **BAG** soll es dagegen bei Anwendung des § 77 Abs. 3 BVG, der statt von Tarifbindung lediglich von Regelung spricht, nicht auf das Vorliegen der Tarifbindung ankommen und die **Sperrwirkung** des Tarifvertrages gegenüber einer Regelung materieller Arbeitsbedingungen durch Betriebsvereinbarung auch dann gelten, wenn weder ArbG noch ArbN tarifgebunden sind, also überhaupt keine Tarifbindung gegeben ist. Nur diese Auslegung des Gesetzes, so das **BAG,** werde der Monopolstellung der Koalitionen (Tarifvertragsparteien) gerecht (**BAG, Beschl. v. 16. 9. 60** = AP Nr. 1 zu § 2 ArbGGBV). Diese Auslegung soll nach dem **BAG** bei **repräsentativen** Tarifverträgen gelten, d. h. die in tarifgebundenen Betrieben beschäftigten ArbNer müssen überwiegen (**BAG,** Beschl. v. 6. 12. 63 = AP Nr. 23 zu § 59 BetrVG). Die Rechtsprechung des **BAG** geht von der Leitfunktion des Tarifvertrages aus und verhindert, daß bei Vorliegen eines repräsentativen Tarifvertrages in nicht tarifgebundenen Betrieben rechtswirksame Betriebsvereinbarungen über materielle Arbeitsbedingungen beschlossen werden können. Ein noch konsequenterer und wirkungsvollerer Schutz der Tarifvertragsfunktion sowie der Tarifautonomie (Fall Nr. 23) ist zu erzielen, wenn man das bloße Vorhandensein eines räumlich und fachlich zutreffenden Tarifvertrages (Fall Nr. 23) genügen läßt, gleichgültig ob dieser repräsentativ ist oder nicht. Dadurch gewinnt man Rechtssicherheit für die Aufgabenverteilung zwischen den überbetrieblichen und den betrieblichen Sozialparteien.
Da nach dem Sachverhalt im vorliegenden Falle eine tarifvertragliche Regelung existiert, sind A und B nicht befugt, diese zum Gegenstand einer Betriebsvereinbarung zu machen.

Ein Freiraum zur Rechtssetzung könnte sich nur insoweit ergeben, als keine tarifliche Regelung – auch nicht „üblicherweise" – bestehen sollte.

Zu c) Selbst wenn Arbeitsbedingungen tatsächlich nicht geregelt sein sollten, aber **üblicherweise** durch Tarifvertrag geregelt werden, tritt nach § 77 Abs. 3 Satz 1 BVG eine Sperrwirkung gegenüber Betriebsvereinbarungen ein. Zu prüfen bleibt, was unter „üblicherweise" zu verstehen ist.
Eine tarifvertragliche Regelung erfolgt „üblicherweise", wenn über die betreffende Arbeitsbedingung für den räumlichen, betrieblichen und fachlichen Tätigkeitsbereich des Betriebes Tarifverträge abgeschlossen zu werden pflegen. Ein **dreimal** hintereinander erfolgter Tarifvertragsabschluß soll genügen (**Fitting-Auffarth-Kaiser,** a. a. O., Anm. 57 zu § 77 BVG). Im Falle der Gewährung einer „Weihnachtsgratifikation" hat das **BAG** ebenfalls die dreimalige Wiederholung als eine Übung bewertet, die einen schutzwürdigen Vertrauenstatbestand schafft (**BAG,** Urt. v. 18. 10. 61 = NJW 62, 220).
Ein Gestaltungsfreiraum für die Betriebsvereinbarung bleibt daher nur insoweit als weder eine tarifvertragliche Regelung materieller Arbeitsbedingungen vorliegt (b) noch überlicherweise erfolgt (c).

Zu d) Aufgrund des Sachverhaltes, verpflichtet sich A ferner zur Zahlung **übertariflicher Zulagen.** Nach § 4 Abs. 3 TVG sind gegenüber den tarifvertraglichen Mindestarbeitsbedingungen abweichende Abmachungen zulässig, wenn sie eine Änderung der Regelungen zugunsten der ArbN enthalten (Günstigkeitsprinzip). So dürfen Betriebe z. B. auf **einzelvertraglicher** Ebene übertarifliche Zulagen gewähren. Ob dieses Günstigkeitsprinzip auch im Verhältnis von Betriebsvereinbarung zu Tarifvertrag gilt, ist fraglich. Bei Anwendung dieses Grundsatzes würden Betriebsvereinbarungen insoweit materielle Arbeitsbedingungen setzen können und damit in ein Konkurrenzverhältnis zum Tarifvertrag treten (vgl. Ausführungen zu **a)**). Daher schließen Sinn und Zweck des § 77 Abs. 3 BVG die Geltung des Günstigkeitsprinzips für die Betriebsvereinbarung gegenüber dem Tarifvertrag aus. Somit können durch Betriebsvereinbarung z. B. weder übertarifliche Löhne noch die Verleihung der Rechte von Angestellten an Arbeiter begründet werden (**Fitting-Auffarth-Kaiser,** a. a. O., Anm. zu § 77 BVG). Es widerspricht auch dem § 77 Abs. 3 TVG – wie im vorliegenden Falle beabsichtigt – die Übernahme eines für den Betrieb geltenden Tarifvertrages durch Betriebsvereinbarung mit der Folge der indirekten Erstreckung des Tarifvertrages auf die „Außenseiter" (**Fitting-Auffahrt-Kaiser,** a. a. O., Anm. 50 zu § 77 BVG). Als Ergebnis ist festzuhalten, daß eine Betriebsvereinbarung von den Rechtsnormen eines Tarifvertrages auch nicht zugunsten des ArbN abweichen darf, es sei denn, der Tarifvertrag gestattet die Abweichung ausdrücklich (§ 77 Abs. 3 Satz 2 BVG) durch eine sog. „Öffnungsklausel" (**Dietz-Richardi,** a. a. O., Anm. 183 zu § 77 BVG). Die Gewährung übertariflicher Zulagen durch Betriebsvereinbarung ist folglich unzulässig.

Zusammenfassung

1. **Betriebsvereinbarungen** erzeugen ebenso wie Tarifverträge **normative** Wirkung, sind jedoch auf die **betriebliche Ebene** beschränkt. Betriebsvereinbarungen dürfen grundsätzlich keine materiellen Arbeitsbedingungen setzen.
2. **Betriebsvereinbarungen** dürfen **nicht in** ein **Konkurrenzverhältnis** zu in der Branche bestehenden Tarifverträgen treten. Dies gilt auch für tarifvertragliche Regelungen, die **üblicherweise,** d. h. mindestens dreimal hintereinander, erfolgt sind.

Vergleich und Gegenüberstellung von Betriebsvereinbarung und Tarifvertrag

Kriterien:	Betriebsvereinbarung – BVG –	Tarifvertrag – TVG –
Vertrag	§ 77 Abs. 2 Satz 1	§ 1 Abs. 1
Kollektivvertrag	§ 77 Abs. 2 Satz 1 (für Belegschaft)	§§ 1 Abs. 1; 2 Abs. 1 (für ArbNer einer Branche od. eines Unternehmens)
Form	§ 77 Abs. 2 Sätze 1 u. 2 (i. V. m. § 125 BGB)	§ 1 Abs. 2 (i. V. m. § 125 BGB)
Geltungsbereich	Betrieb	Überbetrieblich (Branche, Unternehmen)
Wirkung	§ 77 Abs. 4	§ 4 Abs. 1 u. 4
Nachwirkung	§ 77 Abs. 6	§ 4 Abs. 5
Günstigkeits-prinzip	§ 77 Abs. 4 Sätze 1 u. 2 (durch Auslegung)	§ 4 Abs. 3
Durchführung	§ 77 Abs. 1 (§ 80 Abs. 1 Nr. 1)	ArbG (§ 2 Abs. 1 TVG i. V. m. § 80 Abs. 1 Nr. 1 BVG)
Art	Erzwingbare (§ 87 Abs. 1 u. 2), freiwillige (§ 88)	Erzwingbar, z. B. durch Arbeitskampf (Art. 9 Abs. 3 GG)
Gegenstand	Grundsätzl. nur **formelle** (z. B. § 87 Abs. 1 Nr. 1–9, 12) Arbeitsbedingungen (§ 77 Abs. 3); bestr.	**Formelle** und **materielle** Arbeitsbedingungen (§ 1 Abs. 1 TVG; §§ 77 Abs. 3, 87 Abs. 1 BVG)

3. Das **Günstigkeitsprinzip** findet im Verhältnis von Betriebsvereinbarung zu Tarifvertrag **keine Anwendung.** Günstigkeitsregelungen können daher nur einzelvertraglich vereinbart werden. **Tarifverträge** erzeugen gegenüber Betriebsvereinbarungen im Rahmen des § 77 Abs. 3 BVG eine **Sperrwirkung.** Auch gegenüber den Regelungstatbeständen des § 87 Abs. 1 BVG sind tarifvertragliche Bestimmungen **vorrangig.** Dies entspricht der Stellung des Tarifvertrages als **oberer Rechtsquelle** gegenüber der Betriebsvereinbarung. Für diese bleibt hinsichtlich materieller Arbeitsbedingungen nur insoweit ein Gestaltungsfreiraum als die Voraussetzungen des § 77 Abs. 3 Satz 1 BVG nicht vorliegen oder eine Öffnungsklausel (§ 77 Abs. 3 Satz 2 BVG) gegeben ist. Eine weitere Ausnahme enthält § 112 Abs. 1 Satz 4 BVG (s. Fall Nr. 29).

Literaturhinweise

Einschlägige Kommentare zum BVG (s. Quellenverzeichnis); **Hueck-Nipperdey,** Grundriß, a. a. O., S. 336f.; Günter **Schaub,** Arbeitsrecht, a. a. O., Stichwort „Betriebsvereinbarung“; **derselbe,** Der Betriebsrat, a. a. O., S. 174ff.

Fall Nr. 22: Der schuldrechtliche Teil des Tarifvertrages

In dem zwischen der IG-X und dem ArbG-Verband Y abgeschlossenen Tarifvertrag heißt es u. a.:

„1. Der Tarifvertrag ist gültig ab 1. 10. 1972 und kündbar am 31. 3. 1977 zum 30. 9. 1977.
2. Um bei Abschluß von Tarifverträgen, einschließlich der Neuregelung gekündigter Tarifvereinbarungen, Hilfe zu leisten ... vereinbaren die Tarifvertrags-Parteien ein Schlichtungsverfahren ... Die Tarifpartner sind verpflichtet, sich auf die Verhandlungen und das Schlichtungsverfahren einzulassen ... Kampfmaßnahmen dürfen erst dann eingeleitet werden, wenn die Beratungen der Schlichtungsstelle erfolglos abgeschlossen sind ...
3. Außenseiter (nicht oder andersorganisierte ArbNer) dürfen nur zu tariflichen Bedingungen beschäftigt werden."

Wie ist die Rechtslage?
Könnten sich „Außenseiter" auf die Klausel zu Ziffer 3. berufen?

Besprechung

Bei der Behandlung des vorstehenden Sachverhalts geht es zunächst um die Klärung des Inhaltes von Tarifverträgen. Nach § 1 Abs. 1 TVG regelt der Tarifvertrag **Rechte** und **Pflichten** der (tariffähigen) Tarifvertragsparteien (§ 2 TVG) und enthält Rechtsnormen zur Gestaltung der Arbeitsverhältnisse der **Mitglieder** der Tarifvertragsparteien. Die Regelung der Rechte und Pflichten der Tarifvertragsparteien ist Gegenstand des sog. **schuldrechtlichen Teiles** des Tarifvertrages. Die Rechtsnormen, die sich auf die Arbeitsverhältnisse der Mitglieder beziehen, faßt man unter den Begriff des **normativen Teiles** des Tarifvertrages zusammen.
Der schuldrechtliche Teil des Tarifvertrages gilt nur im Verhältnis der Tarifvertragsparteien zueinander. Er entfaltet keine unmittelbare Rechtswirkung gegenüber den Mitgliedern der Tarifvertragsparteien, den einzelnen ArbGern und ArbNern. Schuldner sind also immer nur die Tarifvertragsparteien selbst. Eine Ausnahme bildet der sog. Unternehmens-, Haus- oder Firmen-Tarifvertrag, bei dem der einzelne ArbG Tarifvertragspartei ist (§ 3 Abs. 1 TVG).
Der schuldrechtliche Teil hat die Rechtsnatur eines gegenseitigen privatrechtlichen Vertrages, auf den die allgemeinen Rechtsregeln des Vertragsrechtes (z. B. die §§ 320f. BGB) Anwendung finden. Den besonderen arbeitsrechtlichen Charakter erhält der Tarifvertrag erst durch den normativen Teil (vgl. hierzu Fall Nr. 23).
Die Pflichten der Tarifvertragsparteien im schuldrechtlichen Teil kann man unter die Begriffe **Selbstpflichten** und **Einwirkungspflichten** einordnen.
Unter Selbstpflicht ist vor allem die **Friedenspflicht** zu verstehen. Sie beinhaltet, während der Laufzeit des Tarifvertrages keine Kampfmaßnahmen (vgl. hierzu Fall Nr. 25 und Nr. 26) gegen die andere Tarifvertragspartei zu ergreifen, um eine Änderung der tarifvertraglichen Arbeitsbedingungen zu erreichen. Von dieser **relativen** Friedenspflicht ist die **absolute** Friedenspflicht abzugrenzen. Sie bedeutet das vereinbarte Verbot jeglichen Arbeitskampfes für einen bestimmten Zeitraum. (Sie ist in der Bundesrepublik Deutschland noch nicht praktiziert worden).
Die relative Friedenspflicht, die sich auf die Laufzeit des Tarifvertrages erstreckt, kann durch **Schlichtungsabkommen** über diese Frist hinaus ausgedehnt werden. Schlich-

tungsabkommen enthalten für Tarifvertragsparteien die Verpflichtung, sich vor Eintritt in den Arbeitskampf auf eine Schlichtung einzulassen. Schlichtung ist ein freiwillig vereinbartes Schiedsverfahren vor einer meist paritätisch mit Vertretern der Tarifvertragsparteien und teilweise unparteilichen Schlichtern besetzten Schlichtungsstelle. **Schlichtung** hat die Funktion der Hilfeleistung zur Beseitigung einer Gesamtstreitigkeit durch Abschluß einer kollektivrechtlichen Vereinbarung (Günter **Schaub,** Arbeitsrecht, a. a. O., Stichwort „Schlichtung").
Die Einwirkungs- oder Durchführungspflicht hat jeweils zum Gegenstand die gegenseitige schuldrechtliche (obligatorische) Verpflichtung der Tarifvertragsparteien, auf ihre Mitglieder, die organisierten ArbGer und ArbNer, i. S. der Tariftreue einzuwirken, damit diese den Tarifvertrag rechtlich praktizieren.
Nach diesen Darlegungen ist nunmehr die Voraussetzung gegeben, zu dem vorstehenden Sachverhalt Stellung zu nehmen:

Ziff. 1. enthält eine Vereinbarung über die Dauer der Laufzeit des Tarifvertrages. Bis zum Ablauf der Frist am 30. 9. 1977 besteht eine (relative) Friedenspflicht für beide Seiten. Sollten z. B. ein ArbG aussperren oder ArbNer spontane Arbeitsniederlegungen begehen, wären sowohl der ArbG-Verband Y als auch die IG-X aufgrund des schuldrechtlichen Teiles des Tarifvertrages verpflichtet, auf ihre betreffenden Mitglieder i. S. einer Unterlassung dieser Handlungen einzuwirken.

Ziff. 2. des Tarifvertrages dehnt die relative Friedenspflicht um ein Schlichtungsabkommen aus. Das bedeutet, die Tarifvertragsparteien haben Kampfmaßnahmen gegeneinander zu unterlassen, so lange nicht feststeht, daß die Schlichtung endgültig gescheitert ist. Es ist also **Sinn** und **Zweck** einer **Schlichtungsvereinbarung,** daß **Verhandlungsmöglichkeiten ausgeschöpft** werden, um so einen kollektiven Arbeitskampf zu vermeiden (sog. ultima ratio-Prinzip, vgl. Fall Nr. 25).

Ziff. 3. enthält eine sog. „Außenseiterklausel". Danach sind alle nicht- oder andersorganisierten ArbNer Außenseiter, weil sie nicht tarifgebunden sind und damit hinsichtlich der materiellen Arbeitsbedingungen (Lohn, Arbeitszeit usw.) außerhalb des Tarifvertrages stehen. Nach dem TVG (vgl. §§ 3 Abs. 1; 4 Abs. 1 Satz 1 TVG) ist der einzelne ArbG diesem Personenkreis gegenüber nicht zur Einhaltung der tarifvertraglich vereinbarten Mindestarbeitsbedingungen verpflichtet. In Zeiten der **Arbeitslosigkeit** besteht somit die Gefahr, daß „Außenseiter" durch ihre Bereitschaft, unter Tarif zu arbeiten, gegenüber den tarifgebundenen ArbNern eine günstigere Arbeitsmarktposition erringen oder diese sogar aus ihren Arbeitsplätzen verdrängen. Um dies zu verhindern, will die Außenseiterklausel verbieten, **nicht tarifgebundene ArbNer unter Tarif zu beschäftigen.** Sie gebietet also eine Gleichbehandlung von Organisierten und Nicht- oder Andersorganisierten durch den ArbG, um die für die tarifgebundenen ArbNer nachteilige Konkurrenz der Außenseiter auszuschalten. Die Außenseiterklausel hat somit die Funktion einer Schutzklausel.
Ist die Außenseiterklausel wie im vorstehenden Fall Bestandteil des schuldrechtlichen Teiles des Tarifvertrages, so richtet sie sich nicht unmittelbar an die Mitglieder der Tarifvertragsparteien, sondern an den ArbG-Verband Y, auf die einzelnen organisierten ArbGer i. S. der Außenseiterklausel **einzuwirken** („Einwirkungspflicht").
Eine unmittelbare Wirkung gegenüber den Mitgliedern der Tarifvertragsparteien entwickelt die schuldrechtliche Außenseiterklausel dagegen nicht.
Ebensowenig können „Außenseiter" Ansprüche auf Gleichbehandlung mit den organisierten ArbNern daraus herleiten. In diesem Zusammenhang scheidet so-

wohl die Konstruktion eines Vertrages zugunsten Dritter (§ 328 BGB) als auch ein Vertrag zu „Lasten" Dritter (zu Lasten des ArbG), der im übrigen der Dogmatik des Vertragsrechtes zuwiderlaufen würde, aus (vgl. hierzu Franz **Gamillscheg,** a. a. O.).
Für bei der IG-X organisierte ArbNer könnte die Außenseiterklausel nur durch Aufnahme in den normativen Teil des Tarifvertrages tarifvertragliche Ansprüche vermitteln.
Von der vorstehend dargestellten **Wirkungsweise** der Außenseiterklausel ist die Frage ihrer **rechtlichen Zulässigkeit** zu unterscheiden. Nach der vom **BAG** (AP Nr. 13 zu Art. 9 GG) zu den Tarifausschlußklauseln ergangenen Rechtssprechung dürfte zweifelhaft sein, ob die Außenseiterklausel nicht schon jenseits der Grenzen der Tarifmacht liegt und einen unzulässigen Eingriff in die Vertragsfreiheit (Art. 2 Abs. 1 GG) darstellt. (Günter **Schaub,** Arbeitsrechts-Handbuch, a. a. O., § 201 III 4; § 207 I 2).
Zum Problem der „Tarifausschlußklausel" und der Koalitionsfreiheit siehe Franz **Gamillscheg,** a. a. O., Frage Nr. 313 und Karl **Linnenkohl,** a. a. O., S. 125 ff.

Zusammenfassend ist festzustellen, daß der schuldrechtliche Teil des Tarifvertrages als privatrechtlicher Vertrag – im Gegensatz zum normativen Teil des Tarifvertrages – nur Rechte und Pflichten der Tarifvertragsparteien selbst enthält.
Sein **Inhalt** besteht aus Selbst- und Einwirkungspflichten der Tarifvertragsparteien. Die unmittelbare rechtliche **Wirkung** des schuldrechtlichen Teiles des Tarifvertrages ist auf die Tarifvertragsparteien beschränkt.

Literaturhinweise
Franz **Gamillscheg,** a. a. O., Fragen Nr. 60, 287, 313; **Hueck-Nipperdey,** Grundriß, a. a. O., S. 215 ff.; Alfred **Söllner,** a. a. O., S. 107 ff.

Fall Nr. 23: Der normative Teil des Tarifvertrages

In einem Tarifvertrag heißt es u. a.

„Der Tarifvertrag gilt für alle ArbNer, soweit sie unter die Lohn- und Gehaltstarife der X-AG fallen und im Gebiet der Bundesrepublik Deutschland und West-Berlin beschäftigt werden.
Ist bei der Einstellung kein schriftlicher Arbeitsvertrag abgeschlossen worden, so hat der ArbG das Arbeitsverhältnis innerhalb einer Woche nach Aufnahme der Beschäftigung schriftlich zu bestätigen.
Die regelmäßige wöchentliche AZ beträgt ausschließlich der Pausen 40 Stunden. Sie gilt nicht für Teilzeitbeschäftigte und ArbNer mit Arbeitsbereitschaft.
GAZ kann durch BV eingeführt werden.
Im Bedarfsfalle kann Kurzarbeit . . . unter Beachtung des gesetzlichen Mitbestimmungsrechtes des BR mit einer Ankündigungsfrist von 14 Tagen eingeführt werden.
Die Kündigung des Arbeitsverhältnisses durch den ArbG bedarf der Schriftform. Auf Verlangen sind die Kündigungsgründe schriftlich anzugeben; das gilt nicht für die Probezeit."

1. Um welche Arten von Tarifnormen handelt es sich bei den vorstehenden Bestimmungen?
2. Welche Wirkungen erzeugen die Normen?

Besprechung

Der vorstehende Sachverhalt ist dem normativen Teil des Tarifvertrages zuzuordnen. Auch in diesem Falle ist wiederum **Inhalt** und **Wirkung** des Tarifvertrages zu unterscheiden.
Der normative Teil kann **Rechtsnormen** über den **Abschluß** (z. B. Schriftformerfordernis, Probezeit), den **Inhalt** (z. B. Lohn, Arbeitszeit, Urlaub) und die **Beendigung** (z. B. Form und Frist von Kündigungen, Erweiterung des gesetzlichen Kündigungsschutzes) von **Arbeitsverhältnissen** sowie über **betriebliche** (z. B. Fälle des § 87 Abs. 1 BVG) und **betriebsverfassungsrechtliche** (z. B. §§ 3, 102 Abs. 6 BVG) Fragen enthalten.
Diese Normen haben, was die Wirkung gegenüber den Mitgliedern der Tarifvertragsparteien angeht (§§ 3 Abs. 1; 4 Abs. 1 Satz 1 TVG), die Qualität von **Rechtssätzen.** Die Rechtsnatur der Tarifvertragsnormen sowie die Art der Legitimation der Tarifvertragsparteien zur Rechtssetzung sind umstritten (vgl. hierzu Alfred **Söllner** a. a. O., §§ 107ff.). Mit der inhaltlichen Ausgestaltung von Arbeitsverhältnissen i. S. von **Mindest**arbeitsbedingungen (§ 4 Abs. 3 TVG) erfüllt der normative Teil des Tarifvertrages vor allem **zwei** Aufgaben, nämlich den **Schutz der einzelnen ArbNer** vor der wirtschaftlich-rechtlichen Übermacht der ArbGer (Schutzzweck) sowie die Ordnung der Arbeitsverhältnisse durch Typisierung **(Ordnungszweck).**

Die **Frage 1.** des vorstehenden Sachverhalts betrifft den **Inhalt** des Tarifvertrages. Der erste Absatz des wiedergegebenen Tarifvertrages spricht den **Geltungsbereich** des Tarifvertrages an. Es ist zu unterscheiden die **zeitliche** Geltung (Laufdauer des Tarifvertrages), die **räumliche** Geltung (Tarifgebiet, einzelne Bezirke oder Orte), der **persönliche** Geltungsbereich (Angestellte, Arbeiter, Auszubildende) und die **fachliche** Geltung (Industriezweig, einzelne Unternehmen).
Räumlich und **fachlich** erstreckt sich der vorliegende Tarifvertrag auf alle Betriebe der X-AG in der Bundesrepublik Deutschland und West-Berlin. **Persönlich** sind die unter die Lohn- und Gehaltstarife fallenden ArbNer der X-AG, also die tarifgebundenen Arbeiter und Angestellten (§§ 3 Abs. 1; 4 Abs. 1 TVG), betroffen.
Der **Absatz zwei** des Tarifvertrages geht von der Erwartung aus, daß der einzelne Arbeitsvertrag grundsätzlich **schriftlich** abgeschlossen wird. Sollte das nicht geschehen sein, verlangt der Tarifvertrag eine fristgebundene schriftliche „Bestätigung" des Arbeitsverhältnisses. Die Formulierung des Tarifvertrages wird man nicht i. S. e. konstitutiven Schriftformerfordernisses interpretieren können (vgl. Fall Nr. 5). Es ist eine Auslegungsfrage, ob man in der Forderung nach schriftlicher Bestätigung des Arbeitsverhältnisses ein deklaratorisches Schriftformerfordernis oder nur eine Bestätigung des Vertragsabschlusses und der Arbeitsaufnahme sieht (§§ 133, 157 BGB). Unter Berücksichtigung des Arbeitnehmerschutzgedankens erscheint es vertretbar, den Passus des Tarifvertrages i. S. e. bestätigenden (deklaratorischen) Schriftformerfordernisses auszulegen. Damit stellt diese Regelung inhaltlich eine **Abschlußnorm** dar.
Die tarifvertragliche Festlegung der regelmäßigen Wochenarbeitszeit sowie die Abgrenzung von der Teilzeitbeschäftigung und der Arbeitsbereitschaft (zum Begriff s. **Denecke-Monjau-Neumann,** a. a. O., Anm. 6 zu § 7 AZO) betrifft den zeitlichen Umfang der Arbeitspflicht und ist damit eine **Inhaltsnorm.**
Die Einführung der gleitenden Arbeitszeit durch Betriebsvereinbarung sowie die Vereinbarung über Kurzarbeit sind Fälle i. S. des § 87 Abs. 1 Nr. 2 und Nr. 3 BVG. Hierbei handelt es sich um **Solidar-** oder **Betriebsnormen,** die dem ArbG Pflichten zu-

gunsten der gesamten Belegschaft oder einer Gruppe auferlegen (Alfred **Söllner,** a. a. O., S. 122). Nach H. C. **Nipperdey** (**Hueck-Nipperdey,** Grundriß, a. a. O., S. 212f.) sind die Tatbestände des § 87 Abs. 1 BVG (formelle Arbeitsbedingungen) Fälle der Betriebsnorm.

Der **letzte Absatz** des auszugsweise wiedergegebenen Tarifvertrages verlangt für die Rechtswirksamkeit der Kündigung des Arbeitsverhältnisses durch den ArbG die (konstitutive) Schriftform (§§ 126, 125 BGB). Die Verpflichtung des ArbG auf Verlangen die Kündigungsgründe schriftlich angeben zu müssen, ist – bei einer fristgerechten Kündigung – eine Erweiterung des Kündigungsschutzes, wie er insoweit bei der fristlosen Kündigung aus wichtigem Grund gesetzlich ausgestaltet ist (§ 626 Abs. 2 Satz 2 BGB). Der Wegfall dieser Verpflichtung für die Kündigung in der Probezeit entspricht der gesetzlichen Regelung (§ 1 Abs. 1 KSchG). Die Kündigungsbestimmungen des Tarifvertrages beziehen sich auf die **Beendigung** des Arbeitsverhältnisses. Die **Beendigungsnormen** werden vielfach den Inhaltsnormen systematisch zugeordnet. Es handelt sich dabei um eine terminologische Frage von geringer praktischer Bedeutung.

Die systematische Zuordnung der Bestimmungen des Tarifvertrages hat – außer den betriebsverfassungsrechtlichen Normen – alle übrigen Normen angesprochen. Damit ist die Frage 1. des Falles beantwortet.

Ergänzend sei darauf hingewiesen, daß allgemeine Arbeitsbedingungen wie Arbeitszeit, Urlaub, Kündigungsgründe und -fristen oft Gegenstand langfristiger **Mantel-** oder **Rahmentarifverträge** sind, während die Höhe der einzelnen Vergütungssätze in **Lohn-** und **Gehaltstarifverträgen** geregelt sind.

Die **Frage 2.** führt zu dem Problem der Rechtswirkung des normativen Teils des Tarifvertrages. Da diese Fragestellung wiederum mit der Tarifbindung zusammenhängt, wird hierauf ausführlich bei der Behandlung des Falles Nr. 24 eingegangen. Hier sei vor allem auf § 4 Abs. 1 Satz 1 TVG hingewiesen. Nach dieser Vorschrift erfaßt und gestaltet der normative Teil des Tarifvertrages **automatisch** (Unmittelbarkeitsprinzip) die Arbeitsverhältnisse der tarifgebundenen ArbGer und ArbNer (§ 3 Abs. 1 TVG) mit **zwingender** Wirkung. Dieses sog. **Unabdingbarkeitsprinzip** kommt darin zum Ausdruck, daß für den ArbNer ungünstigere Vereinbarungen im Einzelarbeitsvertrag unwirksam sind (§ 4 Abs. 3 TVG). Das **Unmittelbarkeitsprinzip** bedeutet, daß an die Stelle der auf diese Weise hinfälligen Vertragsregelungen die normativen Tarifvertragsbestimmungen treten. Abweichende Abmachungen im Einzelarbeitsvertrag sind nur zulässig, soweit sie eine Regelung **zugunsten der ArbNer** enthalten (sog. **Günstigkeitsprinzip**) oder durch den Tarifvertrag selbst gestattet sind (§ 4 Abs. 3 TVG). Der normative Teil des Tarifvertrages setzt also **Mindestarbeitsbedingungen** zugunsten der tarifgebundenen ArbNer fest. Die Vereinbarung und Gewährung günstiger Arbeitsbedingungen (z. B. durch übertarifliche Zulagen) bleibt damit rechtlich möglich. Insoweit gilt Vertragsfreiheit. Das **Günstigkeitsprinzip** regelt das Verhältnis des Tarifvertrages zum Einzelarbeitsvertrag i. S. der Vorrangigkeit des Tarifvertrages als **übergeordneter Rechtsquelle.** Hierzu gehört auch das Verbot des einzelvertraglichen **Verzichtes** auf entstandene tarifliche Rechte sowie der Ausschluß der Verwirkung (Begriff s. **Palandt-Danckelmann,** a. a. O., Anm. 9 zu § 242 BGB) tariflicher Rechte (§ 4 Abs. 4 TVG).

Zusammenfassend ist festzustellen, daß **Inhalt** und **Wirkungsweise** des normativen Teiles des Tarifvertrages zu unterscheiden sind. Inhaltlich besteht der normative Teil des Tarifvertrages aus materiellen Arbeitsbedingungen, die sich in bestimmte Normen-

gruppen einteilen lassen (§ 1 Abs. 1 TVG). Gegenüber tarifgebundenen ArbGern und ArbNern wirken diese Rechtsnormen (Rechtssätze) **unmittelbar** und **zwingend** i. S. von Mindestarbeitsbedingungen (§ 4 Abs. 1 und Abs. 3 TVG).
Obwohl der Tarifvertrag als zivilrechtlicher Vertrag zwischen privatrechtlichen Verbänden zustande kommt, entfaltet er normative, rechtssetzende Wirkung. Der Tarifvertrag ist somit gegenüber dem allgemeinen Vertragsrecht ein gemischtes, „hybrides" Gebilde, in jedem Falle jedoch eine eigenständige arbeitsrechtliche Institution. (S. **Schaubild** S. 77).

Literaturhinweise
Franz **Gamillscheg,** a. a. O., Fragen Nr. 277, 279; **Hueck-Nipperdey,** Grundriß, a. a. O., S. 204 ff.; Günter **Schaub,** Arbeitsrecht, a. a. O., Stichwort „Tarifvertrag"; Alfred **Söllner,** a. a. O., S. 107 ff.

Fall Nr. 24: Die Tarifbindung

Im Metallbereich besteht für den Tarifbezirk X ein Tarifvertrag, der u. a. Regelungen über Art und Ort der Auszahlung von Arbeitsvergütungen enthält.
Findet der Tarifvertrag in folgenden Fällen Anwendung:

a) ArbG A und ArbN B sind Mitglieder der tarifschließenden Organisationen;
b) nur ArbG A ist organisiert;
c) nur ArbN B ist organisiert;
d) Fall c) mit der Erweiterung, daß obiger Tarifvertrag für allgemeinverbindlich erklärt worden ist;
e) im Falle c), wenn ArbG A und ArbN B durch einzelvertragliche Bezugnahme auf den Tarifvertrag verweisen?

Im Falle a) tritt A aus dem ArbG-Verband aus. Ist A noch an den Tarifvertrag gebunden?

Besprechung

Während unter dem Begriff des normativen Teiles des Tarifvertrages die Wirkungsweise des Tarifvertrages (Tarifvertragswirkung) behandelt worden ist, geht es bei der **Tarifbindung** um die **Voraussetzungen für die Anwendung des Tarifvertrages** zwischen den einzelnen ArbGern und ArbNern.
Für die Geltung der Inhalts-, Abschluß- und Beendigungsnormen ist **beiderseitige** Tarifbindung (§ 3 Abs. 1 TVG) erforderlich (§ 4 Abs. 1 Satz 1 TVG). Das bedeutet, es muß sowohl eine Tarifbindung des ArbG als auch des ArbN gegeben sein. Tarifbindung tritt durch Mitgliedschaft bei den Tarifvertragsparteien ein oder beim einzelnen ArbG, wenn er – wie beim „Haustarif" – selbst Partei des Tarifvertrages ist (§ 3 Abs. 1 TVG). Dagegen gelten **betriebliche** und **betriebsverfassungsrechtliche** Tarifnormen für alle Betriebe, deren ArbG tarifgebunden sind (§ 3 Abs. 2 TVG). In diesem Falle genügt die **einseitige** Tarifbindung des ArbG. Die Geltung dieser Regelungen von der Gewerkschaftszugehörigkeit abhängig zu machen, wäre hinsichtlich der „Solidarnormen" (vgl. Fall Nr. 23) **unpraktikabel;** hinsichtlich der betriebsverfassungsrechtlichen Normen wäre es rechtlich problematisch, weil das BVG für die Anwendung gegenüber dem einzelnen ArbN lediglich auf die Betriebszugehörigkeit abstellt (z. B. §§ 1, 7 BVG).

Die Tarifbindung bleibt bis zum Ende des Tarifvertrages bestehen (§ 3 Abs. 3 TVG), so daß ein Verbandsaustritt nicht die Tarifbindung beseitigt. Demgegenüber betrifft § 4 Abs. 5 TVG nicht die Tarifbindung, sondern die Tarifvertragswirkung.
Von der Tarifbindung i. S. des § 3 TVG ist die der **AVE** (§ 5 TVG) zu unterscheiden. Hierbei handelt es sich um eine **staatliche Einflußnahme** auf die Mindestarbeitsbedingungen in der Weise, daß die Tarifvertragsnormen über den Kreis der tarifgebundenen Mitglieder der Tarifvertragsparteien hinaus auch auf „Außenseiter" (nicht oder andersorganisierte ArbGer und ArbNer) ausgedehnt werden. Zum wirtschaftlichen Hintergrund für die AVE s. Alfred **Söllner,** a. a. O., S. 132.

Im **Falle a)** des vorstehenden Sachverhaltes liegt **beiderseitige** Tarifbindung vor, so daß der Tarifvertrag auf das Arbeitsverhältnis zwischen A und B gem. §§ 3 Abs. 1; 4 Abs. 1 TVG Anwendung findet.

Im **Falle b)** ist nur **einseitige** Tarifbindung des ArbG A gegeben. Somit erstreckt sich die Tarifbindung im Verhältnis zwischen A und B nur auf die Betriebsnormen und die betriebsverfassungsrechtlichen Normen (§§ 3 Abs. 2; 4 Abs. 1, Satz 2 TVG). Bei der tarifvertraglichen Regelung über Art und Ort der Auszahlung von Arbeitsvergütungen handelt es sich um eine Betriebsnorm (§ 87 Abs. 1 Nr. 4 BVG). An diese sind A und B gebunden, obwohl B nicht organisiert ist.

Im **Falle c)** liegt zwar eine Mitgliedschaft des ArbN B in der tarifschließenden Gewerkschaft vor. Diese erzeugt jedoch keine Tarifbindung. Das TVG geht grundsätzlich von der beiderseitigen Tarifbindung als Anwendungsvoraussetzung für den Tarifvertrag aus. Die Berücksichtigung der einseitigen Tarifbindung des ArbG durch § 3 Abs. 2 TVG stellt – aus Gründen der Praktikabilität – nur eine Ausnahme dar.

Im **Falle d)** liegt keine Tarifbindung i. S. des § 3 TVG vor. Trotzdem gilt für ArbG A und ArbN B der Tarifvertrag. Dies ist eine Folge der AVE (§ 5 Abs. 4 TVG).

Im **Falle e)** vereinbaren die Parteien des Einzelarbeitsvertrages (A und B) die Anwendung des Tarifvertrages. Für eine fortgesetzte Anpassung des Arbeitsverhältnisses an tarifvertragliche Arbeitsbedingungen würde sich die Formulierung eignen: „Auf das Arbeitsverhältnis finden die jeweils für den ArbG A räumlich und fachlich zuständigen Tarifverträge Anwendung". Entscheidend für die Beurteilung des **Falles e)** ist zunächst die Feststellung, daß weder eine gesetzliche Tarifbindung nach § 3 TVG noch eine AVE gegeben sind. Es fragt sich, welche Wirkung demgegenüber eine einzelvertragliche Inbezugnahme tarifvertraglicher Bestimmungen hat. Aufgrund einer derartigen Absprache richten sich die arbeitsvertraglichen Ansprüche der nicht Tarifgebundenen nach Art und Umfang nach den in Bezug genommenen Tarifvertragsbestimmungen. Den Ansprüchen fehlt jedoch die „Unverbrüchlichkeit" tariflicher Rechte nach § 4 TVG. Das bedeutet, es sind abweichende ungünstigere Abreden (§ 4 Abs. 3 TVG), Verzicht und Verwirkung (§ 4 Abs. 4 TVG), rechtlich zulässig. Die rechtliche Absicherung ist also schwächer gegenüber der tarifvertraglichen Geltung infolge beiderseitiger Tarifbindung oder der AVE. Praktische Bedeutung kann der rechtliche Unterschied zwischen der Anwendung des Tarifvertrages aufgrund beiderseitiger Tarifbindung und bloßer vertraglicher Inbezugnahme in Zeiten schlechter Wirtschaftslage erlangen.
Wenn im **Falle a)** ArbG A aus dem ArbG-Verband austritt, bleibt die Tarifbindung – trotz des Verlustes der Mitgliedschaft – erhalten (§ 3 Abs. 3 TVG). Dies würde auch

Tarifbindung und Tarifwirkung

Beiderseitige Tarifbindung:

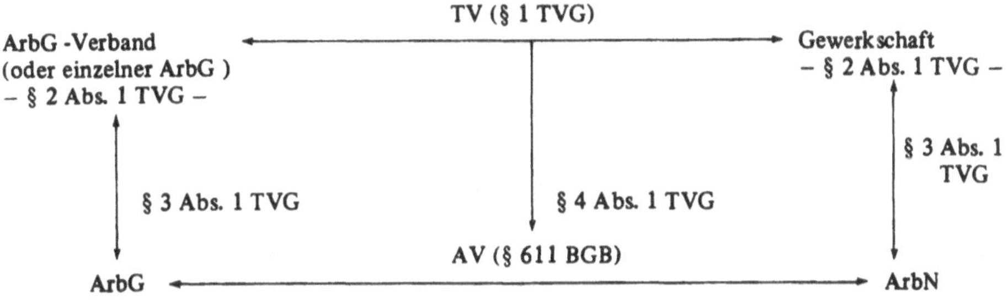

Einseitige Tarifbindung des **ArbG.**:

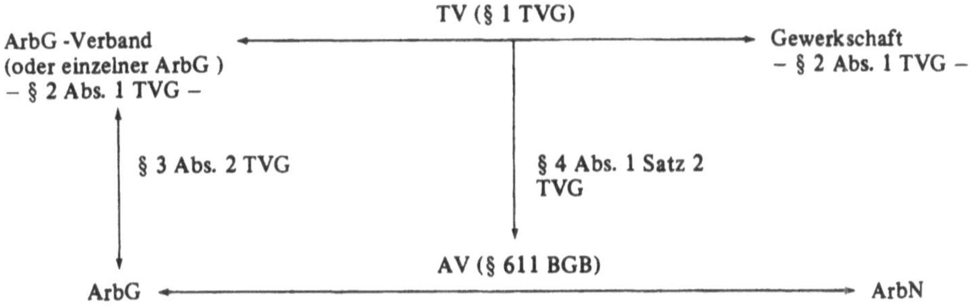

Allgemeinverbindlicherklärung des TV:

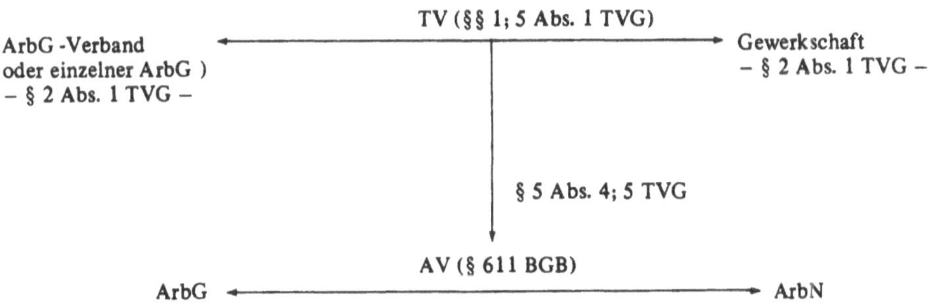

im umgekehrten Falle bei Austritt des ArbN B aus der Gewerkschaft gelten. Es ist also ausgeschlossen, sich durch Koalitionsaustritt der Tarifbindung an einen bestehenden Tarifvertrag zu entziehen. Aufgabe oder Verlust der Mitgliedschaft bei der Tarifvertragspartei wirken sich somit erst für zukünftige neue Tarifvertragsabschlüsse aus.
ArbG A ist noch an den Tarifvertrag gebunden.

Zusammenfassend ist festzustellen, daß von der Tarifwirkung (Fall Nr. 23) die **Tarifbindung** zu unterscheiden ist. Die Tarifbindung regelt die Frage, unter welchen gesetzlichen Voraussetzungen der Tarifvertrag Anwendung findet. Dies sind die **beiderseitige** Tarifbindung von ArbG und ArbN (§§ 3 Abs. 1; 4 Abs. 1 TVG) sowie die **einseitige** des ArbG (§§ 3 Abs. 2; 4 Abs. 1 Satz 2 TVG). Für die Anwendung eines für **allgemeinverbindlich** erklärten Tarifvertrages ist nur entscheidend, daß ArbG und ArbN unter den räumlichen und fachlichen Geltungsbereich des Tarifvertrages fallen (§ 5 Abs. 4 TVG). Auf die Mitgliedschaft in den tarifschließenden Organisationen kommt es nicht an.
(S. **Schaubild** S. 77).

Literaturhinweise
Statt vieler Alfred **Söllner,** a. a. O., S. 107ff.

IV. Abschnitt: Arbeitskampfrecht

Fall Nr. 25: Der Streik

ArbNer eines Betriebes der metallverarbeitenden Industrie legen für die Dauer von zwei Stunden die Arbeit nieder, um ihrer Forderung nach einer entsprechenden Lohnerhöhung im Rahmen der bevorstehenden Tarifverhandlungen mit den Metall-ArbGern Nachdruck zu verleihen.

1. Wie ist die Rechtslage?
2. Wie wäre zu entscheiden, wenn die zuständige Gewerkschaft, die IG-Metall, den Streik nach gescheiterten Tariflohnverhandlungen ausgerufen hätte?

Besprechung

Bei dem vorstehenden Sachverhalt geht es um einen Streik-Fall. Streik ist eine typische Arbeitskampfmaßnahme der Arbeitnehmerseite. Da es an einer gesetzlichen Regelung des Arbeitskampfes und damit an einer gesetzlichen Definition fehlt, ist das gegenwärtige Arbeitskampfrecht ein Produkt von Rechtsprechung und Rechtswissenschaft. Der Begriff findet sich außer im Art. 9 Abs. 3 Satz 3 GG in einigen Bundesgesetzen (§§ 2 Abs. 1 Nr. 1 ArbGG; 116 AFG; 74 Abs. 2 Satz 1 BVG). Die Rechtswissenschaft bestimmt den **Inhalt** des **Arbeitskampfes,** den sie aus der geschichtlichen Entwicklung des kollektiven Arbeitsrechtes ableitet, wie folgt: **Gemeinsame (kollektive) Maßnahmen von ArbNern oder ArbGern, die die andere Seite absichtlich unter wirtschaftlichen Druck setzen, um ein bestimmtes Ziel zu erreichen.** Umstritten ist die Frage, ob zum Begriff des Arbeitskampfes auch gehört, daß das erstrebte Kampfziel auf dem Gebiet des Arbeitsrechtes liegt, (vgl. hierzu Alfred **Söllner,** a. a. O., S. 69). M. E. handelt es sich hierbei nicht um ein Problem der Begriffsbestimmung sondern der Rechtmäßigkeit des Arbeitskampfes (vgl. hierzu Karl **Linnenkohl,** a. a. O., S. 139). Unter Kampfmaßnahmen sind im einzelnen vor allem Streik und Aussperrung, die ausführlich behandelt werden, sowie Boykott, d. h. (nach Rudolf **Wiethölter,** a. a. O., S. 305) „planmäßige und gezielte Ächtung des Gegners" (Beispiele siehe bei Günter **Schaub,** Arbeitsrecht, a. a. O., Stichwort, „Boykott") und andere Maßnahmen (z. B. Massenänderungskündigungen = **BAG** Urt. v. 28. 4. 66 = AP Nr. 37 zu Art. 9 GG „Arbeitskampf").

Unter Streik als einer Arbeitskampfmaßnahme der Arbeitnehmerseite versteht man **kollektive und zielgerichtete Arbeitsniederlegung** oder einfach: kollektive Arbeitseinstellung durch Vorenthalten der Arbeitsleistung. Nach h. M. haben Auszubildende kein Streikrecht, ebensowenig Beamte (Günter **Schaub,** Arbeitsrecht, a. a. O., Stichwort „Streik" m. w. Hinw.; **derselbe,** Arbeitsrecht-Handbuch, a. a. O., § 193 II).

Über **Art** des Streikes (z. B. Teil-, Sympathie- und wilder Streik) siehe Alfred **Söllner,** a. a. O., S. 70ff. Für Einleitung und Durchführung eines gewerkschaftlich getragenen Streikes hat der Deutsche Gewerkschaftsbund zuletzt am 5. 6. 1974 **Streikrichtlinien** beschlossen (RdA 74, 306). Hiernach sind sieben Thesen zu unterscheiden, die mit dem Beschluß der Gewerkschaft zur Einleitung des Streikes beginnen und mit dem Streikbefehl an die Mitglieder und der tatsächlichen Arbeitsniederlegung enden.

Unter welchen Voraussetzungen ein Streik als Arbeitskampfmaßnahme rechtmäßig ist, d. h. den Normen der Rechtsordnung entspricht, ist umstritten. Die in Betracht kommenden Rechtsregeln faßt H. C. **Nipperdey** unter dem Sammelbegriff der sog. „Sozialadäquanz" zusammen. Hiernach soll ein rechtmäßiger Arbeitskampf u. a. auf **tariffähige** Parteien sowie auf den Einsatz als **äußerstes Mittel** („ultima ratio") beschränkt sein. (Vgl. **Hueck-Nipperdey,** Grundriß, a. a. O., S. 290ff.). Demnach stellt der „sozialinadäquate" Streik einen rechtswidrigen Eingriff in das Recht des ArbG am „eingerichteten und ausgeübten Gewerbebetrieb" dar (§ 823 Abs. 1 BGB). Entsprechend soll die nicht „sozialadäquate" Aussperrung das ebenfalls unter die sonstigen (absoluten) Rechte i. S. d. § 823 Abs. 1 BGB fallende „Recht des ArbN am Arbeitsplatz" verletzen.

Der Begriff der „Sozialadäquanz" ist problematisch, weil er eine ausfüllungsbedürftige Leerformel darstellt (Franz **Gamillscheg,** a. a. O., Frage Nr. 341; Karl **Linnenkohl,** a. a. O., S. 142ff.).

Das **BAG** hat der Bestimmung der Rechtmäßigkeit des Arbeitskampfes ebenfalls den Begriff von der sozialen Adäquanz zugrunde gelegt. (**BAG, Gr. S.,** Beschl. v. 28. 1. 55 = **BAGE** 1, 291ff.). In seiner Grundsatzentscheidung von 1971 hat der **Große Senat** des **BAG** (**BAG, Gr. S.,** Beschl. vom 21. 4. 71 = **BAGE** 23, 292ff.) herausgestellt, Arbeitskämpfe hätten im freiheitlichen Tarifvertragssystem die Funktion, Interessenkonflikte über Arbeits- und Wirtschaftsbedingungen im äußersten Fall austragen und ausgleichen zu können. Daher müßten sie dem Gebot der **Verhältnismäßigkeit** („Sozialadäquanz") entsprechen. Dazu hat das **BAG** u. a. ausgeführt, in unserer verflochtenen und wechselseitig abhängigen Gesellschaft berührten Streik und Aussperrung nicht nur die am Arbeitskampf unmittelbar Beteiligten, sondern auch Nichtstreikende und sonstige Dritte sowie die Allgemeinheit vielfach nachhaltig. Weiter folgernd verlangt daher das **BAG,** Arbeitskampfmaßnahmen dürften erst nach Ausschöpfung **aller Verhandlungsmöglichkeiten als letztes Mittel** ergriffen werden („ultimaratio"-Prinzip). Das Gebot der Verhältnismäßigkeit betreffe neben Zeitpunkt und Ziel sowie Art und Durchführung auch die Intensität des Arbeitskampfes, der nicht auf die Vernichtung des Gegners abstellen dürfe. Dies widerspräche den Regeln eines fairen Kampfes. Entsprechende verbindliche Regeln könnten in den Satzungen der Koalitionen sowie in Vereinbarungen der Tarifvertragsparteien festgelegt werden. Diese Rechtsetzung sei in dem von der staatlichen Gesetzgebung freigehaltenen Raum in erster Linie Recht und Pflicht der Tarifvertragsparteien als Ausfluß der Tarifautonomie. Dabei ist u. a. streitig, ob eine **Streikurabstimmung** aller Gewerkschaftsmitglieder erforderlich ist oder nicht. Nach Ansicht des **AG Düsseldorf** darf diese fehlen (DB 73, 876ff.). Diese Rechtsprechung ist aus Gründen der Praktikabilität und dem Erfordernis innerverbandlicher Demokratie nicht unproblematisch.

Das **BAG** leitet also das „Gebot der Verhältnismäßigkeit" aus der Funktion des Arbeitskampfes als eines Mittels der Tarifautonomie ab. Insoweit findet diese Auffassung ihre Begründung in Art. 9 Abs. 3 GG. Im übrigen handelt es sich bei dem „Gebot der Verhältnismäßigkeit" um einen allgemeinen der Rechtsordnung innewohnenden Grundsatz, der u. a. in den Rechtsnormen der §§ 227, 228, 904 BGB zum Ausdruck kommt. Die Ausfüllung des Begriffes der „Verhältnismäßigkeit" ist – ebenso wie bei der „Sozialadäquanz" – eine Schöpfung des **BAG.** Nach Reinhard **Richardi** unternimmt das **BAG** den Versuch, mit dem Prinzip der Verhältnismäßigkeit ein **System der abgestuften Kampfmaßnahmen zu begründen (BAG,** Urt. v. 26. 10. 71 = AP Nr. 44 zu Art. 9 GG „Arbeitskampf" und Anm. von Reinhard **Richardi**).

Nach einer neueren Entscheidung des **1. Senates des BAG** (Urt. v. 17. 12. 76 = BB 77, 39) soll von dem „ultima-ratio"-Prinzip, d. h. dem Erfordernis der Ausschöpfung aller Verhandlungsmöglichkeiten, dann eine Ausnahme zulässig sein, wenn es um einen

gewerkschaftlich getragenen Warnstreik während schwebender Tarifvertragsverhandlungen geht. Diese Art von Streik soll rechtens sein, weil er den beschleunigten Abschluß von Tarifvertragsverhandlungen diene. Eine fundierte Stellungnahme zu diesem **BAG**-Urteil ist nur aufgrund der schriftlichen Entscheidungsgründe möglich, die beim Erscheinen dieses Buches noch nicht vorlagen.

Zu 1. Bei Hinwendung zu dem vorliegenden Fall ist das Verhalten der ArbNer des metallverarbeitenden Betriebes arbeitsrechtlich zu bewerten. Es handelt sich um eine vorübergehende, zeitlich befristete kollektive Arbeitseinstellung, einen sog. **Warnstreik.** Ob die in der Arbeitseinstellung liegende Arbeitsverweigerung rechtmäßig oder rechtswidrig ist, bleibt zu prüfen. Es ist zweierlei festzustellen: **Erstens** wird der Streik **nicht** von einer tariffähigen ArbNer-Koalition, einer Gewerkschaft (Tarifvertragspartei), getragen. Eine derartige Kampfmaßnahme ist nach der Rspr. ein sog. „wilder" Streik, der unrechtmäßig ist (**BAG, Gr. S.,** Beschl. v. 28. 1. 55, a. a. O.). (Der DBG vermeidet den Begriff „wilder" Streik und spricht stattdessen von „spontaner Arbeitsniederlegung"). Der von einer Gewerkschaft getragene Streik ist privilegiert, weil er von einer tariffähigen Partei (§ 2 TVG) geführt wird (vgl. Art. 29 Abs. 4 HV). Demgegenüber ist ein betriebliches Kollektiv von ArbNern nicht zum Abschluß eines Tarifvertrages fähig. Dies hat zur Folge, daß insoweit kein Streikrecht besteht. **Zweitens** würde der Streik, selbst wenn er von einer Gewerkschaft getragen würde, gegen das ultima-ratio-Prinzip verstoßen. Hiernach ist der Arbeitskampf das **äußerste** Mittel, um den sozialen Gegenspieler nach **gescheiterten** Tarifvertragsverhandlungen (einschließlich einer gescheiterten Schlichtung) wieder verhandlungsbereit zu machen. Im vorliegenden Falle haben jedoch Tarifverhandlungen überhaupt noch nicht stattgefunden. Aus diesem Grunde kommt auch die oben erwähnte neuere **BAG**-Rspr. zum Warnstreik nicht in Betracht. Aus alledem folgt, daß die mit dem Warn-Streik begangene Arbeitsverweigerung mangels gewerkschaftlicher Beteiligung sowie wegen Verstoßes gegen das Gebot der Verhältnismäßigkeit rechtswidrig ist.

Die streikenden ArbNer hatten mithin kein Recht zur Arbeitsverweigerung. Sie haben die ihnen nach dem Arbeitsvertrag obliegende Arbeitspflicht (Fall Nr. 7) verletzt. Es ist daher zu prüfen, ob dem ArbG, der Geschäftsleitung des Betriebes, hieraus Rechte gegen die ArbNer auf **Lohnkürzung, Schadenersatz** und **Kündigung** erwachsen sind (vgl. Fall Nr. 7).

Für die durch den Warnstreik versäumte Arbeitszeit verlieren die ArbNer – nach dem Grundsatz „ohne Arbeit kein Lohn" – ihren Lohnanspruch, so daß der ArbG entsprechende Kürzungen der Arbeitsverdienste vornehmen kann (§§ 320 Abs. 1; 611 Abs. 1; 614, 616 Abs. 1 Satz 1 BGB).

Außerdem trifft die Streikteilnehmer wegen des Arbeits- und Produktionsausfalles aufgrund teilweise zu vertretender Unmöglichkeit der Leistung eine vertragliche Schadensersatzpflicht (§§ 325 Abs. 1; 249 BGB). Im übrigen kommen gesetzliche Schadensersatzansprüche aus § 823 Abs. 1 BGB wegen Eingriffes in das „Recht am eingerichteten und ausgeübten Gewerbebetrieb" (**Hueck-Nipperdey,** Grundriß a. a. O., S. 297 f.) in Betracht.

Ob das zweistündige Fernbleiben der betreffenden ArbNer vom Arbeitsplatz als „beharrliche Arbeitsverweigerung" (Fall 14) einen **wichtigen Grund** zur **fristlosen** Kündigung (§ 626 BGB) darstellt, erscheint zweifelhaft, weil im Bereich der Leistungen aus dem Arbeitsvertrag eine fristlose Entlassung in der Regel eine **vorhergehende** Abmahnung voraussetzt (**BAG,** Urt. v. 8. 8. 68 = AP Nr. 57 zu § 626 BGB; Eugen **Stahlhacke,** a. a. O., Rdnr. 87). Eine Abmahnung ist jedoch dem Sachverhalt nicht zu entnehmen.

Abgesehen davon sieht das **BAG** in der Teilnahme an einem sog. „wilden" Streik ein **unbefugtes Verlassen des Arbeitsplatzes,** das den ArbG berechtigt, die streikenden ArbNer fristlos zu entlassen, wenn sie trotz wiederholter Aufforderung die Arbeit nicht aufnehmen (**BAG,** Urt. v. 21. 10. 69 = DB 70, 208; Eugen **Stahlhacke,** a. a. O., Rdnr. 102).

Zu 2. Im Alternativfall, wenn die IG-Metall den Streik nach gescheiterten Tariflohnverhandlungen ausgerufen hätte, würde es sich um einen rechtmäßigen Arbeitskampf um Arbeitsbedingungen handeln. Nach der Rspr. des **BAG** spricht für die Rechtmäßigkeit eines gewerkschaftlich getragenen Streikes eine tatsächliche Vermutung, deren Unrichtigkeit die bestreikte Partei (der ArbG) beweisen müßte (**BAG,** Urt. v. 19. 6. 73 = NJW 73, 1994 ff.). Die Legalität der Gesamtaktion hätte zur Folge, daß die ArbNer weder vertrags- noch rechtswidrig gehandelt hätten, weil die Teilnahme an einem kollektivrechtlich rechtmäßigen Arbeitskampf nach der „Einheits-Theorie" auch individualrechtlich rechtmäßig ist. (**BAG, Gr. S.,** Beschl. v. 28. 1. 55, a. a. O.). Dies gilt auch für die Streikbeteiligung nicht oder andersorganisierter ArbNer, wenn sie den gewerkschaftlichen Kampfaufruf unterstützen (**BAGE** 23, 292 ff.).
Die Teilnahme an einem rechtmäßigen Streik läßt das **sozialversicherungsrechtliche** Beschäftigungsverhältnis grundsätzlich unberührt. Es endet jedoch **drei Wochen** nach Streikbeginn infolge des streikbedingten Wegfalles der „Entgeltlichkeit" des Arbeitsverhältnisses (**BSG,** Urt. v. 15. 12. 71 = NJW 72, 1101 f.).
Steuerrechtlich ist anzumerken, daß die von der Gewerkschaft gezahlten **Streikgelder** zwar nicht dem Lohnsteuerabzug unterliegen, jedoch durch Veranlagung zur Einkommensteuer zu erfassen sind.

Zusammenfassend ist festzustellen, daß nur der von einer **Gewerkschaft** getragene Streik eine rechtmäßige Arbeitskampfmaßnahme darstellt, die darüber hinaus dem **Gebot der Verhältnismäßigkeit** entsprechen muß.

Literaturhinweise
Franz **Gamillscheg,** a. a. O., Fragen Nr. 317–342; Karl **Hernekamp,** a. a. O.; **Hueck-Nipperdey,** Grundriß, a. a. O., S. 283 ff.; (P. **Lerche,** a. a. O.); Karl **Linnenkohl,** a. a. O., S. 137 ff.; Bernd **Rüthers,** a. a. O., S. 120 ff.; Günter **Schaub,** Arbeitsrecht, a. a. O., Stichwort „Arbeitskampf"; Alfred **Söllner,** a. a. O., S. 67 ff.; Rudolf **Wiethölter,** a. a. O., S. 299 ff.
Rspr.: BAG, Gr. S., Beschl. v. 28. 1. 55 = **BAGE** 1, 291 ff.; **BAG, Gr. S.,** Beschl. v. 21. 4. 71 = **BAGE** 23, 292 ff.

Fall Nr. 26: Aussperrung

Der überwiegende Teil der 500 Beschäftigte zählenden Belegschaft des Betriebes X beteiligt sich an einem rechtmäßigen Streik und legt die Arbeit nieder. Die Betriebsleitung des Betriebes X schließt daraufhin alle ArbNer vom Arbeitsplatz aus und untersagt ihnen das Betreten des Werkgeländes.
1. Wie ist die Rechtslage?
2. Wie wäre zu entscheiden, wenn die Aussperrung vor der Arbeitsniederlegung und noch nicht beendetem (tarifvertraglich vereinbartem) Schlichtungsverfahren erfolgt wäre?

Besprechung

Zu 1. Da Belegschaftsmitglieder des Betriebes X sich an einem rechtmäßigen Streik beteiligen, ist die damit verbundene Arbeitsniederlegung gerechtfertigt (Fall Nr. 25). Fraglich ist, wie das Vorgehen der Betriebsleitung rechtlich zu bewerten ist.

Die Maßnahme der Betriebsleitung des Betriebes X stellt eine **Aussperrung** dar. Hierunter kann man die **planmäßige** und **zielgerichtete Ausschließung einer größeren Anzahl ArbNer von ihrer betrieblichen Tätigkeit** verstehen. Im Gegensatz zum Streik ist die **rechtliche Zulässigkeit der Aussperrung** als typisches Arbeitskampfmittel der Arbeitgeberseite nicht unbestritten. So bestimmt z. B. Art. 29 Abs. 5 HV: „Die Aussperrung ist rechtswidrig". Im Anschluß hieran vertritt Hans-Ulrich **Evers** die Ansicht, Art. 9 Abs. 3 GG gewähre zwar die Arbeitskampffreiheit, jedoch nicht die Aussperrungsfreiheit. Der ArbG habe entgegen dem streikberechtigten ArbN nicht ein „elementares", sondern nur ein „relatives" Interesse am Abschluß eines Tarifvertrages (a. a. O., S. 54 ff.).

Demgegenüber hatte der **Große Senat des BAG** die Auffassung vertreten, die Kampfmittel der ArbGer und der ArbNer dürften nicht ungleich behandelt werden; es gelte der Grundsatz der **Waffengleichheit** („Kampfparität") ebenso wie – im Rahmen des historisch Überkommenen – der Grundsatz der **Freiheit der Kampfmittel** (Beschl. v. 28. 1. 55 = **BAGE** 1, 291 ff.). Diese Rspr. hat der **Große Senat des BAG** mit Beschluß v. 21. 4. 71 bestätigt und zur Zulässigkeit von Aussperrungen ausgeführt:

„1. Im Rahmen des Prinzips der Verhältnismäßigkeit sind nicht nur Streiks der Arbeitnehmer, sondern auch als Kampfmaßnahme der Arbeitgeber Aussperrungen zulässig. Unsere Rechtsordnung geht davon aus, daß der Arbeitgeber derartige Maßnahmen – und zwar auch als den ersten Akt eines Arbeitskampfes – ergreifen kann. Denn andernfalls wäre nicht gewährleistet, daß es im Rahmen der Tarifautonomie durch Verhandlungen und notfalls durch Ausübung von Druck und Gegendruck zum Abschluß von Tarifverträgen und damit zu einer kollektiven Regelung von Arbeitsbedingungen kommt. Könnte die eine Seite, nämlich die Arbeitnehmerschaft, vertreten durch die Gewerkschaft, allein das Kampfgeschehen bestimmen und wäre der Arbeitgeber auf ein Dulden und Durchstehen des Arbeitskampfes beschränkt, so bestünde die Gefahr, daß die Regelung der Arbeitsbedingungen nicht mehr auf einem System freier Vereinbarungen beruht, das Voraussetzung für ein Funktionieren und innerer Grund des Tarifvertragssystems ist. Vorbehaltlich der konkreten, insbesondere auch der wechselnden wirtschaftlichen Situation, die vorgegeben ist, muß im Prinzip sichergestellt sein, daß nicht eine Tarifvertragspartei der anderen von vornherein ihren Willen aufzwingen kann, sondern daß möglichst gleiche Verhandlungschancen bestehen. Auf andere Weise kann die Tarifautonomie unter Ausschluß der staatlichen Zwangsschlichtung nicht funktionieren . . ." (**BAGE** 23, 292 ff., 308).

Nach dem **BAG** ist die Anerkennung der Aussperrung als Kampfmittel der Arbeitgeberseite eine Bedingung für das freie Aushandeln von Arbeitsbedingungen zwischen ArbGem und Gewerkschaften. Zugleich verhindert die Möglichkeit der Aussperrung „Vertragsdiktate", die die Tarifautonomie beseitigen würden. Aus allen diesen Gründen, so führt das **BAG** (a. a. O.) aus, könne es der gelegentlich vertretenen Auffassung, die Aussperrung sei kein zulässiges Kampfmittel, nicht folgen.

Dieses Ergebnis findet seine Bestätigung in geltenden arbeitsrechtlichen Vorschriften. Aus dem Wortlaut des § 18 Abs. 7 SchwbG ergibt sich eine Anerkennung der Aussperrung. Hiernach sind Schwerbehinderte, denen lediglich aus Anlaß . . . einer Aussperrung fristlos gekündigt worden ist, nach Beendigung . . . der Aussperrung wieder einzustellen. Zudem gewährt Art. 6 Nr. 4 der Europäischen Sozial-Charta, die geltendes Bundesrecht ist (bestr.), ArbGern und ArbNem das Recht aus „kollektive Maßnahmen" bei „Interessenkonflikten" (BGBl. II, 64, 1262 ff.).

Nach **BAG,** a. a. O., hat das Recht der Aussperrung auch der **einzelne** ArbG. Zur Begründung hat das **BAG** angeführt, der einzelne ArbG sei tariffähig (§ 2 Abs. 1 TVG) und daher berechtigt, einen Unternehmenstarifvertrag einzugehen. Daraus ergebe sich die kollektivrechtliche Befugnis zum Arbeitskampf. Dies stehe in Einklang mit dem Wortlaut des Art. 9 Abs. 3 GG, der gerade von der Koalitionsfreiheit des einzelnen ausgehe (**BAGE** 23, 292 ff., 309).

Wie bei allen übrigen Arbeitskampfmaßnahmen, so richtet sich die **Rechtmäßigkeit** der **Aussperrung** im Einzelfall nach dem Gebot der **Verhältnismäßigkeit** (**BAGE** 23, 292ff., 306–308). Aus diesem Grundsatz hat das **BAG** gefolgert, jede einen Arbeitskampf eröffnende Maßnahme, sowohl Streik wie Aussperrung, habe grundsätzlich nur **suspendierende** Wirkung. Das bedeutet, die Hauptpflichten des Arbeitsverhältnisses, die Arbeits- und Lohnzahlungspflichten, ruhen, um nach Beendigung des Arbeitskampfes wieder aufzuleben (**BAGE** 23, 292ff., 310).
Zunächst hatte der **Große Senat** des **BAG** mit Beschluß vom 28. 1. 55 entschieden, die Aussperrung des ArbG als Antwort auf einen Streit der ArbNer löse die Arbeitsverhältnisse der ausgesperrten ArbNer auf (gesamtlösende Wirkung), weil eine Suspendierung angesichts der bereits durch den Streik suspendierten Arbeitsverhältnisse wirkungs- und daher sinnlos sei (**BAGE** 1, 291ff., 310, 311). Von dieser Rspr. ist das **BAG** abgerückt. Die suspendierende Aussperrung sei, wie das **BAG** meint, heutzutage aus folgenden Gründen nicht sinnlos:
Die Taktik der Gewerkschaften besteht in den letzten Jahren in verstärktem Maße in der Ausrufung von **Schwerpunktstreiks.** Daher kann die suspendierende Aussperrung gegenüber den noch nicht streikenden ArbNern des Betriebes oder der Branche Wirkung erzielen. Außerdem hat es der ArbG nach einer Aussperrung in der Hand, „wann er die Arbeitnehmer nach Streikbeendigung, je nach den betrieblichen Gegebenheiten, stufenweise wieder beschäftigt" (**BAGE** 23, 292ff., 311).
Eine Aussperrung mit **lösender Wirkung** kommt nur unter erschwerten Voraussetzungen in Betracht, insbesondere um einem längere Zeit andauernden oder rechtswidrigen (z. B. „wilden") Streik zu begegnen (**BAGE** 23, 292ff., 314).
Überträgt man die von der Rspr. des **BAG** entwickelten Grundsätze auf den vorliegenden Fall, so ist festzustellen, daß die Betriebsleitung des Betriebes X berechtigt war, als einzelner ArbG auf den Streik der Belegschaftsmitglieder mit einer suspendierenden Aussperrung (Ausschluß vom Arbeitsplatz und Verbot, das Werkgelände zu betreten) zu antworten. Hierbei handelt es sich um eine sog. **Abwehr-** oder **Defensiv-**Aussperrung. Mit der in der BR Deutschland seltenen **Angriffs-** oder **Aggressiv-**Aussperrung würden ein oder mehrere ArbGer von sich aus den Arbeitskampf – ohne vorausgegangenen Streik – eröffnen.
Fraglich ist, ob die Betriebsleitung berechtigt war, auch den nicht streikenden, arbeitswilligen Teil der Belegschaft auszusperren. Hierzu hat das **BAG** in st. Rspr. entschieden, die Aussperrung „arbeitswilliger" ArbNer, gewerkschaftlich organisiert oder nicht, sei grundsätzlich zulässig, weil sich die nicht organisierten und gegebenenfalls auch die anders organisierten ArbNer an einem von der Gewerkschaft getragenen Streik beteiligen könnten. Somit dürften sie auch ausgesperrt werden (**BAGE** 1, 291, 307; 20, 175, 195; 23, 292, 310).
Im vorliegenden Falle war daher die Ausschließung der gesamten Belegschaft einschließlich der „arbeitswilligen" ArbNer rechtens, weil der Streik gewerkschaftlich getragen war. Dadurch kann für ausgesperrte nicht organisierte „arbeitswillige" ArbNer eine besondere Problematik entstehen. Einerseits haben sie als Nichtorganisierte keinen Anspruch auf Streikgeld, das den durch die Aussperrung beseitigten Lohnanspruch – jedenfalls teilweise – ausgleichen könnte. Andererseits besteht auch kein Anspruch auf **Arbeitslosengeld,** weil § 116 Abs. 1 AFG bestimmt, daß durch die Gewährung von Arbeitslosengeld **nicht** in Arbeitskämpfe eingegriffen werden darf (**Neutralität** gegenüber Arbeitskämpfen). Dies gilt auch für nicht an dem Arbeitskampf beteiligte ArbNer, wenn der Arbeitskampf auf eine Änderung der Arbeitsbedingungen in dem Betrieb abzielt, in dem die ArbNer zuletzt beschäftigt waren (§ 116 Abs. 3 Nr. 1 AFG). Da Anspruch auf Arbeitslosenhilfe ebenfalls nicht gegeben ist (§ 134 Abs. 1

AFG), bleibt als Ausweg und Lösung nur die Inanspruchnahme von Sozialhilfe nach dem BSHG.
Im übrigen bleiben die **sozialversicherungsrechtlichen Beschäftigungsverhältnisse** (Fall Nr. 3) während der **suspendierenden** Aussperrung bis zur Dauer von drei Wochen erhalten (**BSG,** Urt. v. 15. 12. 71 = NJW 72, 1101ff.). Im Falle der **auflösenden** Aussperrung würden die sozialversicherungsrechtlichen Beschäftigungsverhältnisse dagegen mit dem letzten Entgelttag enden.

Zu 2. In diesem Falle eröffnet die Aussperrung den Arbeitskampf. Es handelt sich somit um eine Angriffsaussperrung mit suspendierender Wirkung. Ihre Rechtmäßigkeit richtet sich nach dem Gebot der Verhältnismäßigkeit. Der ArbG darf zwar – nach Auffassung des **BAG** (**BAGE** 23, 292ff., 308) – auch von sich aus den Arbeitskampf beginnen. Jedoch gilt auch dafür das oben bereits erwähnte sog. „ultima-ratio-Prinzip", wonach der Arbeitskampf nur das letzte mögliche Mittel sein darf. Im vorliegenden Falle bestand aber noch aufgrund des nicht beendeten Schlichtungsverfahrens eine Verhandlungsmöglichkeit. Die Betriebsleitung hätte nach dem Gebot der Verhältnismäßigkeit den Ausgang der laufenden Schlichtung abwarten müssen. Erst nach gescheiterter Schlichtung hätte sie den Arbeitskampf eröffnen dürfen. Die Aussperrung ist somit rechtswidrig. Daraus ergeben sich rechtliche Konsequenzen. Die Betriebsleitung ist **verpflichtet,** die ausgeschlossene Belegschaft **weiterzubeschäftigen.** Der ArbG befindet sich in **Annahmeverzug** und die ArbNer behalten ihren **Vergütungsanspruch,** ohne zur Nachleistung verpflichtet zu sein (§ 615 BGB). Etwaiger **Schaden** wäre vom ArbG wegen Verletzung der arbeitsvertraglichen **Fürsorgepflicht** (Fall Nr. 10) und des absoluten Rechtes der ArbNer **am Arbeitsplatz** (§ 823 Abs. 1 BGB: umstritten, zum Meinungsstand vgl. Franz **Gamillscheg,** a. a. O., Frage Nr. 37) zu ersetzen. Außerdem hat jeder einzelne ArbN während einer suspendierenden Aussperrung – neben den normalen Kündigungsmöglichkeiten – das Recht der sog. **„Abkehr",** d. h., er darf „das bereits dem Bande nach gelockerte Arbeitsverhältnis durch einseitige, empfangsbedürftige Willenserklärung fristlos lösen" (**BAGE** 23, 292ff., 312).

Zusammenfassend ist festzustellen, daß nach der Rspr. des **BAG** nicht nur der Streik, sondern auch die **Aussperrung** eine **zulässige Arbeitskampfmaßnahme** darstellt. Wie jedes Kampfmittel so steht auch die Aussperrung unter dem **Gebot der Verhältnismäßigkeit.** Danach ist **grundsätzlich** nur die **suspendierende** Aussperrung, die **lösende** Aussperrung dagegen nur **ausnahmsweise** unter erschwerten Voraussetzungen zugelassen.

Schlußbetrachtung zu dem Abschnitt: Arbeitskampfrecht
Mit der Besprechung der Fälle Nr. 25 und 26 ist der Versuch unternommen worden, das sehr komplexe Arbeitskampfrecht, das weitgehend durch die Rspr. rechtlich ausgestaltet worden ist, auf das Allerwesentlichste reduziert darzustellen. Die dabei berührten Rechtsfragen lassen sich nach folgendem Schema **systematisch** einordnen:

- **Rechtsgrundlage** des Arbeitkampfes überhaupt (z. B. Art. 9 Abs. 3 GG);
- **Schranken** oder **rechtliche Voraussetzungen** des Arbeitskampfes i. S. der Lehre von der „Sozialadäquanz" oder neuerdings des **Gebotes der Verhältnismäßigkeit;**
- **einzelne** Arbeitskampfmaßnahmen (Streik, Aussperrung, Boykott).

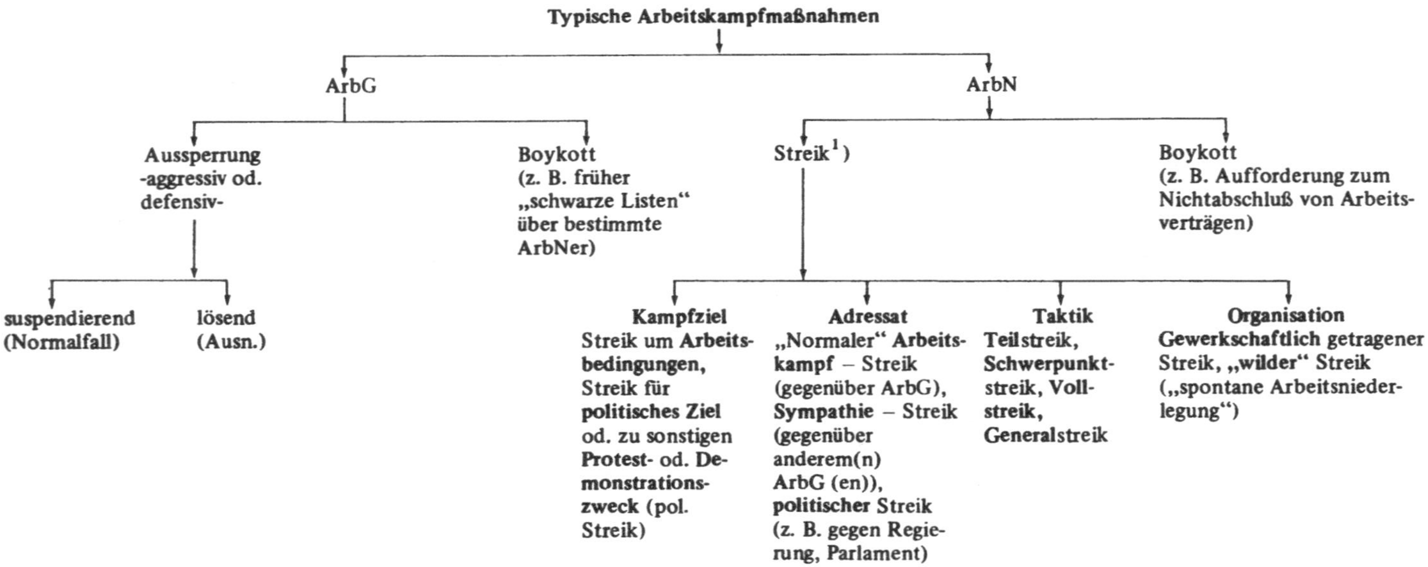

[1] Systematik in Anlehnung an Alfred **Söllner**, a. a. O., S. 70ff.

Literaturhinweise

Karl **Hernekamp,** a. a. O., S. 47ff.; Karl **Linnenkohl,** a. a. O., S. 147ff.; **Hueck-Nipperdey,** Grundriß, a. a. O., S. 283ff.; Bernd **Rüthers,** a. a. O., S. 120ff.; Alfred **Söllner,** a. a. O., S. 73ff.; Günter **Schaub,** Arbeitsrecht, a. a. O., Stichwort „Aussperrung".

V. Abschnitt: Betriebsverfassungsrecht

Fall Nr. 27: Gewerkschaft und Betriebsverfassung

Im Betrieb A ist kein Betriebsrat gewählt. Die Belegschaft besteht aus 200 Mitgliedern, von denen etwa ein Drittel in der IG-X organisiert ist.
Die IG-X drängt auf die Wahl eines Betriebsrates. Kann sie hierzu rechtlich initiativ werden?
Ferner möchte die IG-X – nach Wahl eines Betriebsrates – regelmäßig an den Betriebsversammlungen teilnehmen.

1. Zu Recht?
2. Wie wäre der Fall zu beurteilen, wenn keiner der bei A beschäftigten ArbNer organisiert wäre?
3. Wenn nur jugendliche, noch nicht wahlberechtigte, ArbNer von A bei der IG-X organisiert wären?

Besprechung

Zu 1. Das BVG spricht zwar in § 1 die Erwartung aus, daß in Betrieben mit in der Regel mindestens fünf ständigen wahlberechtigten (§ 7 BVG) ArbNern Betriebsräte gewählt werden. Ob es hierzu kommt, hat der Gesetzgeber jedoch letztlich vom Willen der Belegschaft des jeweiligen **Betriebes** abhängig gemacht. Weder ist der ArbG verpflichtet, die Belegschaft zur Wahl eines Betriebsrates aufzufordern, noch gibt es die Einrichtung eines „kommissarischen" (etwa vom Arbeitsgericht bestellten) Betriebsrates.
Der Betriebsrat ist ein von den **ArbNern** (§§ 5, 6 BVG) **gewähltes Organ** der Betriebsverfassung. Kurz: Repräsentant der Belegschaft, gleichgültig, ob die einzelnen Belegschaftsmitglieder gewerkschaftlich organisiert sind oder nicht (§ 75 BVG, „Diskriminierungsverbot"). Diese Koalitionsfreiheit (Fall Nr. 23) gilt auch für die Mitglieder des Betriebsrates (§ 8 BVG). Wird daher kein Betriebsrat gewählt, ist die Belegschaft ohne legale betriebliche Interessenvertretung (vgl. §§ 74, 80ff. BVG). Das bedeutet, die gesetzliche Beteiligung der Belegschaft am Zustandekommen von betrieblichen Maßnahmen (§§ 80ff. BVG) wäre nicht gegeben. Der Ausübung des Weisungs- und Direktionsrechtes durch den ArbG (Fall Nr. 7) stünde kein rechtlich organisiertes betriebliches Kollektivinteresse gegenüber. Die vom BVG vorgesehene Betriebsverfassung könnte somit nicht Platz greifen. Um diese Situation nicht zwangsläufig eintreten zu lassen, sieht die gesetzliche Regelung die Einschaltung der **Gewerkschaft** – als einer außerbetrieblichen Einrichtung organisierter Arbeitnehmerinteressen – in das Wahl**verfahren** vor.
Es ist bekannt, daß nicht in allen „betriebsratpflichtigen" Betrieben Betriebsräte gewählt worden sind (Bernd **Rüthers,** a. a. O., S. 146). Das kann vielfach daran liegen, daß es an einer „Initiative" fehlt. Dementsprechend sieht § 14 Abs. 7 BVG vor, daß die in dem Betrieb **vertretenen** Gewerkschaften zur Wahl des Betriebsrates **Wahlvorschläge** machen können, wenn in einem Betrieb kein Betriebsrat besteht. „Vertreten" ist die Gewerkschaft, wenn ihr auch nur ein ArbN des Betriebes angehört (Günter **Schaub,** Der Betriebsrat, a. a. O., S. 45, 46). Die betrieblichen Organisationseinheiten der Gewerkschaften, sog. „Vertrauensmännerkörper" sind zwar durch das

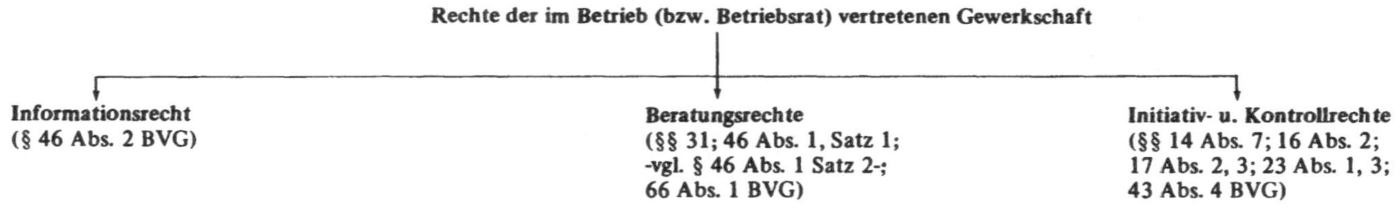
Rechte der im Betrieb (bzw. Betriebsrat) vertretenen Gewerkschaft
Informationsrecht
(§ 46 Abs. 2 BVG)
Beratungsrechte
(§§ 31; 46 Abs. 1, Satz 1;
-vgl. § 46 Abs. 1 Satz 2-;
66 Abs. 1 BVG)
Initiativ- u. Kontrollrechte
(§§ 14 Abs. 7; 16 Abs. 2;
17 Abs. 2, 3; 23 Abs. 1, 3;
43 Abs. 4 BVG)

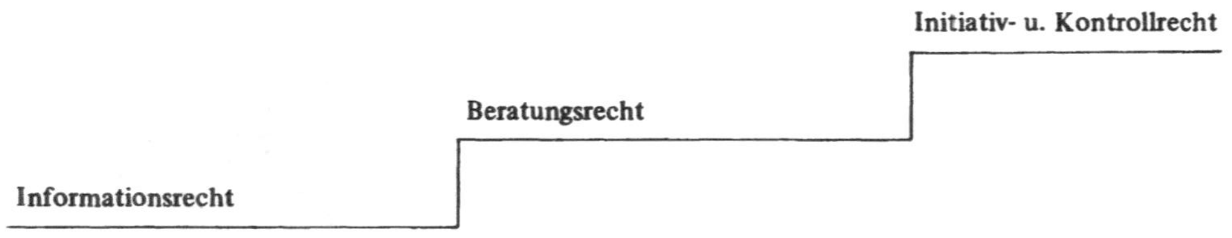
Initiativ- u. Kontrollrecht
Beratungsrecht
Informationsrecht

Koalitionsgrundrecht (Art. 9 Abs. 3 GG) geschützt, jedoch keine gesetzliche Einrichtung der Bertriebsverfassung. Die umstrittene Frage des tarifvertraglich vereinbarten besonderen Kündigungsschutzes für gewerkschaftliche Vertrauensleute wird vom **AG** Kassel (Mit. v. 5. 8. 76 = BB 76, 1127) bejaht. (Vgl. Franz **Gamillscheg,** a. a. O., Frage Nr. 352).
Im vorliegenden Falle steht der im Betrieb vertretene IG-X ein **Initiativrecht** aus § 14 Abs. 7 BVG zu. Ferner ist die IG-X berechtigt, zu einer **Betriebsversammlung** (§ 42 BVG) **einzuladen** und **Vorschläge** für die Zusammensetzung des **Wahlvorstandes** zu unterbreiten (§ 17 Abs. 2 BVG). Im Falle des § 17 Abs. 3 BVG könnte die im Betrieb vertretene Gewerkschaft die Bestellung eines Wahlvorstandes durch das Arbeitsgericht beantragen. Die weitere Frage, ob die IG-X ein **Recht zur Teilnahme** an künftigen **Betriebsversammlungen** hat, ist gem. § 46 Abs. 1 BVG zu bejahen.

Zu 2. Im **Alternativfall,** wenn keiner der bei A beschäftigten ArbNer organisiert wäre, wäre die IG-X im Betrieb **nicht** vertreten, so daß ihr die erwähnten Rechte nicht zustehen würden.

Zu 3. In diesem Falle sind zwar keine erwachsenen, wohl aber jugendliche, noch nicht wahlberechtigte ArbNer (§ 7 BVG) des Betriebes A bei der IG-X organisiert. Fraglich ist, ob die IG-X in diesem Falle im Betrieb „vertreten" ist, um für die Wahl eines Betriebsrates initiativ zu werden. Man könnte angesichts der fehlenden Wahlberechtigung jugendlicher ArbNer hieran zweifeln. Indessen haben jugendliche ArbNer unter den Voraussetzungen des § 60 BVG das Recht, eine betriebliche **Jugendvertretung** (Fall Nr. 28) zu wählen (§ 61 BVG). Diese gelangt jedoch, wie sich aus den §§ 66ff.; 80 Abs. 1 Nr. 3 und Nr. 5 BVG ergibt, rechtlich nur zur Wirkung, wenn ein Betriebsrat vorhanden ist. Dies gilt insbesondere für Vorbereitung und Durchführung der Wahl einer Jugendvertretung (§§ 80 Abs. 1 Nr. 5; 63 Abs. 2 BVG). Daher haben jugendliche ArbNer grundsätzlich ein **berechtigtes** Interesse an der Existenz eines Betriebsrates. Daraus folgt weiter, daß eine Gewerkschaft auch dann i. S. der Vorschriften über die gewerkschaftliche Einleitung, Vorbereitung und Durchführung von Betriebsratswahlen im Betrieb „vertreten" ist, wenn nur jugendliche ArbNer des Betriebes bei ihr organisiert sein sollten.
In dem der Frage 3. zugrundeliegenden Sachverhalt ist die IG-X also ebenso wie im Fall zu 1. berechtigt, gem. §§ 17 Abs. 2, 3 und 14 Abs. 7 BVG tätig zu werden.

Zusammenfassend ist festzustellen, daß die im Betrieb **vertretene** Gewerkschaft zur Wahl eines Betriebsrates rechtlich initiativ werden kann. „Vertreten" ist eine Gewerkschaft, wenn ihr auch nur **ein erwachsener** oder **jugendlicher** ArbNer des Betriebes angehört.

Literaturhinweise

Norbert **Eickhof,** Eine Theorie der Gewerkschaftsentwicklung, a. a. O.; Bernd **Otto,** Gewerkschaftsbewegung in Deutschland, a. a. O.; Hildegard **Waschke,** Gewerkschaften in Westeuropa, a. a. O.; Ralf **Holland,** Arbeitsrecht, a. a. O., 211 42ff.; **Löwisch-Löwisch,** Arbeitsrecht, a. a. O., S. 11ff.; Bernd **Rüthers,** a. a. O., S. 143f.; Günter **Schaub,** Der Betriebsrat, a. a. O., S. 45ff.; Ulrich **Zachert,** Rechtsfragen bei Tarifverträgen zum Schutz der Tätigkeit gewerkschaftlicher Vertrauensleute, BB 76, 514ff.

Fall Nr. 28: Jugendvertretung und Betriebsrat

A ist Ausbilder in der Ausbildungswerkstatt des Betriebes C. A hält den Auszubildenden B, der 17 Jahre alt ist, für faul und nachlässig. A hat B deswegen mehrfach angesprochen und – wie A meint – erfolglos abgemahnt. A verlangt deshalb von B,

an einem bestimmten Tag eine Stunde über die betriebliche Arbeitszeit hinaus im Betrieb zu bleiben und eine Ausbildungsarbeit zu beenden. B kommt dieser Aufforderung nicht nach und beschwert sich bei der Jugendvertretung. Diese verlangt die Abberufung des Ausbilders A.
Wie ist die Rechtslage?

Besprechung

Der vorliegende Sachverhalt spricht einen Problemkreis an, der sich aus der Abgrenzung der Aufgaben und Rechte des Betriebsrates und den Kompetenzen der Jugendvertretung im Verhältnis zum Betriebsrat ergibt.
Im Mittelpunkt des BVG als einem wichtigen Teil des kollektiven Arbeitsrechts steht die Tätigkeit des Betriebsrates. Außer diesem sind als weitere Organe der Betriebsverfassung die Jugendvertretung, die Betriebsversammlung (§§ 42ff. BVG) sowie der Wirtschaftsausschuß (§§ 106ff. BVG) zu erwähnen.
Im zugrunde liegenden Falle verlangt die Jugendvertretung des Betriebes C die Abberufung des Ausbilders A (vgl. Fall Nr. 18). Es fragt sich, ob die Jugendvertretung hierzu berechtigt ist. Für die Beurteilung dieser Frage ist sowohl die Aufgabenverteilung zwischen Betriebsrat und Jugendvertretung sowie die rechtliche Stellung der Jugendvertretung gegenüber dem Betriebsrat und dem ArbG maßgeblich. Nach § 70 Abs. 1 Nr. 1 BVG hat die Jugendvertretung Maßnahmen der Berufsbildung, die den jugendlichen ArbNern dienen, zu beantragen. Ferner hat sie darüber zu wachen, daß die zugunsten der jugendlichen ArbNer geltenden Gesetze durchgeführt werden (§ 70 Abs. 1 Nr. 2 BVG). Die Forderung nach Abberufung des A könnte eine Maßnahme der Berufsausbildung darstellen. Nach § 98 Abs. 2 BVG kann der Betriebsrat die Abberufung einer mit der Durchführung der betrieblichen Berufsbildung beauftragten Person verlangen, wenn diese die persönliche oder fachliche Eignung im Sinne des BBiG nicht besitzt oder ihre Aufgaben vernachlässigt. Aus § 98 Abs. 2 BVG geht zweierlei hervor. Bei der Abberufung eines Ausbilders (vgl. § 20 Abs. 2 BBiG) handelt es sich zwar um eine Maßnahme der Berufsbildung, d. h. der betrieblichen Berufsausbildung (vgl. §§ 1 Abs. 1; 3 Abs. 1 BBiG), jedoch ist für das Abberufungsverlangen nicht die Jugendvertretung, sondern der Betriebsrat zuständig. Das bedeutet, die Jugendvertretung müßte ihre Forderung dem Betriebsrat zuleiten und auf diesen in ihrem Sinne einzuwirken versuchen (vgl. unten).
Ferner fragt es sich, ob das Vorgehen des Ausbilders A nicht auch unter dem Gesichtspunkt des § 70 Abs. 1 Nr. 2 BVG gesehen werden muß, wonach der Jugendvertretung die Aufgabe der Überwachung von Schutzvorschriften zugunsten jugendlicher ArbNer zufällt. Zunächst ist zu prüfen, ob A von B ein Tätigwerden über die betriebliche Arbeitszeit hinaus verlangen konnte. Für die Arbeitszeit jugendlicher ArbNer ist das JASchG maßgebend. § 8 Abs. 1 JASchG bestimmt, daß die tägliche Arbeitszeit der Jugendlichen (vgl. § 2 Abs. 2 u. 3 JASchG) 8 Stunden täglich nicht überschreiten darf. Daher war das Verlangen des A gegenüber B rechtswidrig und stellte einen Verstoß gegen zwingende ArbNer-Schutzvorschriften im Sinne des § 70 Abs. 1 Nr. 2 BVG dar.
Zwar ist die Jugendvertretung zur Überwachung der Einhaltung der zugunsten jugendlicher ArbNer geltenden Gesetze, hier des § 8 Abs. 1 JASchG, berufen. Aber auch in diesem Falle ist nicht der ArbG, sondern der Betriebsrat der Adressat der Beanstandung. Diese hat der Betriebsrat im Rahmen der Wahrnehmung seiner allgemeinen Aufgaben gem. § 80 Abs. 1 Nr. 1 und Nr. 3 BVG weiterzuleiten und auf Erledigung der Beanstandung hinzuwirken. Die Jugendvertretung könnte ihr Anliegen im Rahmen der

§§ 66–68 BVG an den Betriebsrat herantragen. So könnte sie beim Betriebsrat **beantragen,** Angelegenheiten, die **besonders** jugendliche ArbNer betreffen (z. B. Fragen des Jugendarbeitsschutzes oder der Berufsausbildung), auf die nächste **Tagesordnung** zu setzen (§ 67 Abs. 3 Satz 1 BVG).
Zu diesen Tagesordnungspunkten hätte die gesamte Jugendvertretung ein **Teilnahmerecht** (§ 67 Abs. 1 Satz 2 BVG). Sollten die Beschlüsse des Betriebsrates sich **überwiegend** auf jugendliche ArbNer beziehen (z. B. Beratung einer Ordnung für die Ausbildungswerkstatt), so würden die Jugendvertreter über ein bloßes Teilnahmerecht hinaus **stimmberechtigt** sein (§ 67 Abs. 2 BVG). Unter dieser Voraussetzung wäre die Jugendvertretung mitbestimmungsberechtigt und könnte somit direkten Einfluß auf die Willensbildung des Betriebsrates nehmen.
Außerdem könnte die Jugendvertretung gem. § 66 Abs. 1 BVG die **Aussetzung von Beschlüssen des Betriebsrates** mit aufschiebender Wirkung für die Dauer von einer Woche **beantragen.** Darüber hinaus könnte die Jugendvertretung vom Betriebsrat verlangen, im zugrunde liegenden Falle zu der Besprechung zwischen ArbG und Betriebsrat hinzugezogen zu werden (§ 68 BVG).

Betrachtet man **zusammenfassend** das Verhältnis der Jugendvertretung zum Betriebsrat, so kann man hinsichtlich der Rechte der Jugendvertretung **eigenständige** (von der Tätigkeit des Betriebsrates unabhängige) Rechte und Beteiligungsrechte unterscheiden. Bei den eigenständigen Rechten handelt es sich um das Sitzungsrecht gem. § 65 Abs. 2 BVG sowie um das Recht, selbständig Sprechstunden unter den Voraussetzungen des § 69 BVG abzuhalten. Unter Beteiligungsrechten kann man die Einflußnahme der Jugendvertretung auf die Willensbildung des Betriebsrates verstehen. Die Beteiligungsrechte sind im Verhältnis zueinander abgestuft. So wird man das Entsendungs- und Teilnahmerecht i. S. d. § 67 Abs. 1 BVG als bloße **Mitwirkung,** das Stimmrecht nach § 67 Abs. 3 dagegen als **Mitbestimmung** der Jugendvertreter i. S. d. Mitentscheidung betrachten müssen. Festzuhalten ist, daß nach außen im Verhältnis zum ArbG der Betriebsrat auch die Angelegenheiten jugendlicher ArbNer einschließlich der Auszubildenden eigenverantwortlich wahrnimmt. Da die Jugendvertretung gegenüber dem ArbG kein Mitbestimmungs- und Mitwirkungsrecht geltend machen kann, ist die Jugendvertretung kein selbständiges Betriebsverfassungsorgan; ihr kommt keine Repräsentationsbefugnis zu. Demgegenüber hat die Jugendvertretung im Innenverhältnis zum Betriebsrat eine entscheidende Funktion. Im vorstehenden Falle hätte die Jugendvertretung hinsichtlich des TOP „Abberufung des Ausbilders" ein Teilnahme- und Stimmrecht (§ 67 Abs. 1 Satz 2, Abs. 2 BVG). Nach alledem ist also der Betriebsrat das **alleinige Vertretungsorgan der Belegschaft** gegenüber der Betriebsleitung. (Allerdings genießen Mitglieder der Jugendvertretung den gleichen Kündigungsschutz wie Betriebsratsmitglieder, § 15 KSchG; gleiche Rechtsstellung auch hinsichtlich der Weiterbeschäftigungspflicht, § 78a BVG).

Im zugrunde liegenden Falle kann daher nur der Betriebsrat die Abberufung des Ausbilders A verlangen. Indessen dürfte das pädagogische Fehlverhalten des A – jedenfalls für sich allein genommen – nicht ausreichen für eine begründete Abberufung gem. § 98 Abs. 2 BVG. Eine Aussprache der Beteiligten unter Zugrundelegung der Rechtslage sowie eine Beanstandung des Verhaltens des A würde dagegen angemessen sein. Insbesondere wäre A auf die rechtlich zulässigen pädagogischen Einwirkungsmöglichkeiten im Sinne des BBiG (neben der Mahnung z. B. das aufklärende Gespräch, das Hinzuziehen der Erziehungsberechtigten, schriftliche Verwarnung sowie letztmalige Verwarnung mit Androhung der fristlosen Kündigung) hinzuweisen.

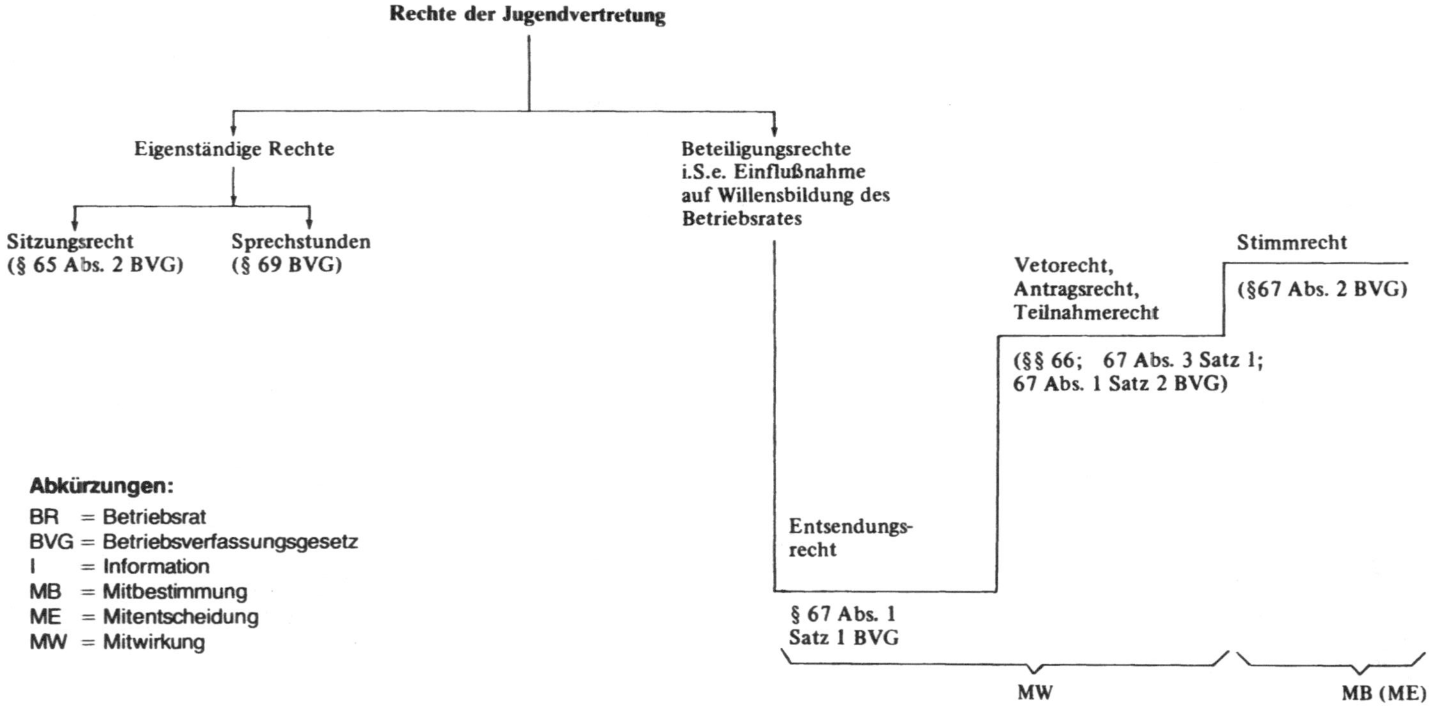

Abkürzungen:

BR = Betriebsrat
BVG = Betriebsverfassungsgesetz
I = Information
MB = Mitbestimmung
ME = Mitentscheidung
MW = Mitwirkung

Zusammenfassung

1. Die Jugendvertretung ist **kein** selbständiges Betriebsverfassungsorgan; sie kann daher gegenüber dem ArbG kein Mitbestimmungs- und Mitwirkungsrecht geltend machen.
2. Der **Betriebsrat** nimmt nach Außen im Verhältnis zum ArbG auch die **Angelegenheiten jugendlicher ArbNer wahr.**
3. die Rechte der Jugendvertretung bestehen vor allem in einer **Einflußnahme auf die Willensbildung des Betriebsrates** (Beteiligungsrechte).

Literaturhinweise

Werner **Brill,** „Die Jugendvertreter", BB 75, 1642ff.; Günter **Schaub,** Der Betriebsrat, a. a. O., S. 107f., 156ff.; **derselbe,** Arbeitsrecht, a. a. O., „Jugendvertretung".

Fall Nr. 29: Die Beteiligung des Betriebsrates in sozialen, personellen und wirtschaftlichen Angelegenheiten i. S. d. BVG

Der Betrieb B mit 300 wahlberechtigten ArbNern beabsichtigt,

1. mehrere Facharbeiter sowie kaufmännische Angestellte einzustellen. Außerdem soll die Stelle des Leiters der Abteilung für Betriebssicherheitsdienst neu besetzt werden.
2. Nach einiger Zeit möchte B wegen Auftragsrückganges Kurzarbeit in einer Betriebsabteilung einführen. Der für B geltende Manteltarifvertrag bestimmt, daß im Bedarfsfalle Kurzarbeit für Betriebe und Betriebsabteilungen unter Beachtung des gesetzlichen Mitbestimmungsrechtes des Betriebsrates mit einer Ankündigungsfrist von 14 Tagen eingeführt werden kann.
3. Da sich für B die Ertragslage laufend verschlechtert, erwägt B, einen Betriebsteil stillzulegen.

Wie ist die Rechtslage?

Besprechung

Bei der Behandlung des vorstehenden Falles geht es vor allem um die Darstellung der **Aufgabenbereiche** und **Beteiligungsrechte** des **Betriebsrates.** Maßgebliche Rechtsquelle ist das BVG in seiner Interpretation durch Rechtswissenschaft und arbeitsgerichtliche Rspr., insbesondere durch die des **BAG.** Neben der Wahrnehmung allgemeiner Aufgaben (§ 80 BVG) hat der Betriebsrat Beteiligungsrechte in **sozialen** (§§ 87ff. BVG), **personellen** (§§ 92ff. BVG) und **wirtschaftlichen** (§§ 106ff. BVG) Angelegenheiten (s. Schaubild S. 103). Der Beteiligung des Betriebsrates kann eine unterschiedliche rechtliche Bedeutung zukommen. Es lassen sich **Unterrichtungs-** oder **Informationsrechte, Mitwirkungs-** und **Mitbestimmungsrechte** unterscheiden (s. Schaubild S. 102). Der Betriebsrat ist der **Repräsentant** der Gesamtheit aller Arbeitnehmer des Betriebes (Belegschaft) gegenüber dem ArbG (Fall Nr. 28). Gegenüber der betriebsverfassungsrechtlichen Tätigkeit des Betriebsrates beschränkt sich die Beteiligung der Belegschaft im wesentlichen auf Wahlakte und auf die Teilnahme an Betriebsversammlungen. Für das Verhältnis von ArbG und Betriebsrat gilt der Grundsatz der **vertrauensvollen Zusammenarbeit (§ 2 Abs. 1 BVG) und der Friedenspflicht** i. S. d. § 74 Abs. 2 BVG. Gegenüber Belegschaftsmitgliedern haben ArbG und Betriebsrat den Grundsatz der **Gleichbehandlung** („Diskriminierungsverbot") zu beachten (§ 75 BVG).

Zu 1. Bei der von B beabsichtigten Einstellung von Facharbeitern (§§ 611 ff. BGB i. V. m. §§ 105 ff. GewO) und kaufmännischen Angestellten (§§ 611 ff. BGB i. V. m. §§ 59 ff. HGB) handelt es sich um **personelle Einzel**maßnahmen (personelle Angelegenheiten) i. S. d. § 99 Abs. 1 BVG. Danach hat der ArbG angesichts der Betriebsgröße von 300 wahlberechtigten ArbNern (§§ 5 Abs. 1; 6; 7 BVG) den Betriebsrat **vor** jeder Einstellung umfassend zu **unterrichten** und diesem die erforderlichen **Bewerbungsunterlagen vorzulegen,** Auskunft über die Person der Beteiligten zu geben und die **Zustimmung** des Betriebsrates zu der geplanten Maßnahme einzuholen (§ 99 Abs. 1 Satz 1 BVG). Hinsichtlich des Umfanges des **Informationsrechtes** hat das **BAG** entschieden, daß nach Sinn und Zweck der Vorschrift der ArbG verpflichtet ist, unter Vorlage der erforderlichen Bewerbungsunterlagen **Auskunft auch über die Bewerber zu geben, die er nicht berücksichtigen will** (**BAG,** Urt. v. 6. 4. 73 = BB 73, 940 f.). Der ArbG darf also die Beteiligung des Betriebsrates nicht auf die bereits in die engere Auswahl genommenen Bewerber beschränken. Andernfalls bliebe die schon in der Vor-Auswahl liegende Entscheidung des ArbG dem Betriebsrat verborgen.
Fraglich ist, ob es sich bei der Zustimmung des Betriebsrates zur Einstellung (§ 99 Abs. 1 BVG) um Mitbestimmung i. S. von Mitentscheidung oder nur um ein Widerspruchs- bzw. Vetorecht handelt. Wie aus § 99 Abs. 2 BVG hervorgeht, kann der Betriebsrat nur in den dort aufgeführten Fällen die Zustimmung zu der personellen Einzelmaßnahme verweigern. Eine diesen Rahmen überschreitende Ermessensentscheidung ist ausgeschlossen. Daher kann man allenfalls von einem **eingeschränkten** Mitbestimmungsrecht sprechen, besser jedoch von **„Vetorecht"** als einer Form der **Mitwirkung.**
Zur Ermittlung der für die Einstellung benötigten Information verwenden viele Betriebe (Personalabteilungen) **Einstellungs-** oder **Personalfragebogen.** Soweit es hierbei um Personaldaten aus dem Intimbereich des Bewerbers geht, entsteht das **Problem der** Frageberechtigung des ArbG gegenüber Bewerbern. Nur solche Fragen können als zulässig angesehen werden, an deren wahrheitsgemäßer Beantwortung der ArbG ein schutzwürdiges Interesse hat. Das darf nur bei der Erforschung von Tatsachen der Fall sein, die in einem **unmittelbaren sachlichen Zusammenhang** mit dem künftigen Arbeitsverhältnis stehen (vgl. hierzu u. a. Udo **Degener,** a. a. O., S. 107 ff.; Karl **Linnenkohl,** a. a. O., S. 44 ff.). Wegen der besonderen Bedeutung unterliegen Personalfragebogen der **Mitbestimmung** i. S. e. Mitentscheidung des Betriebsrates (§ 94 BVG).
Außer Personalfragebogen hat die Praxis zur Erleichterung des Verfahrens bei personellen Einzelmaßnahmen (wie der Einstellung) auch für den Informationsaustausch zwischen der Personalabteilung des Betriebes und dem Betriebsrat **Formularmuster** entwickelt (vgl. Arbeitsunterlagen für die Personalarbeit, a. a. O., S. 63 ff.; s. Quellenverzeichnis).
Die verschiedenen Stationen des Einstellungsverfahrens sind in „Das neue Betriebsverfassungsgesetz", a. a. O., S. 233 ff. graphisch dargestellt.
Während Facharbeiter und kaufmännische Angestellte grundsätzlich ArbNer i. S. d. BVG sind (§§ 5 Abs. 1; 6 BVG), ist das bei einem **Abteilungsleiter für Betriebs-**

sicherheitsdienst nicht ohne weiteres der Fall. Vielmehr ist zu prüfen, ob es sich hierbei um die Tätigkeit eines **leitenden Angestellten** i. S. d. § 5 Abs. 3 BVG handelt. Auf diesen Personenkreis findet das BVG **grundsätzlich** keine Anwendung. **Ausnahmen** sind in den §§ 105; 107 Abs. 1 Satz 2; 108 Abs. 2 Satz 2 BVG enthalten. Das bedeutet, leitende Angestellte sind der Kompetenz des Betriebsrates entzogen. Folglich nehmen sie an den Betriebsratswahlen weder aktiv noch passiv teil.
Da die Tätigkeit im betrieblichen Sicherheitsdienst z. B. aufgrund des sog. Arbeitssicherheitsgesetzes in erster Linie eine **beratende** Aufgabe (§ 6 ArbSichG) darstellt und keine Linienfunktion, treffen die Nr. 1 und 2 des § 5 Abs. 3 BVG nicht zu. Es kommt somit auf die Anwendung des **§ 5 Abs. 3 Nr. 3 BVG** an. Die Tatbestandsmerkmale dieser Vorschrift sind sehr allgemein und daher unbestimmt gefaßt. Aus diesem Grunde konnten aus Anlaß der Betriebsratswahlen nach Inkrafttreten des BVG 72 eine Reihe von Rechtsstreitigkeiten zwischen ArbGern und Betriebsräten über die Abgrenzung des Begriffes des leitenden Angestellten i. S. d. § 5 Abs. 3 BVG entstehen (§ 2 Abs. 1 Nr. 4 ArbGG). Das **BAG** hat erstmals am 5. 3. 74 (BB 74, 553ff.) in einer Grundsatzentscheidung zur Frage des leitenden Angestellten i. S. d. vorgenannten Regelung Stellung genommen. Die entscheidenden Gedanken lassen sich wie folgt zusammenfassen:
Das **BAG** führt aus, der Personenkreis der leitenden Angestellten sei in den letzten 50 Jahren infolge der weitreichenden wirtschaftlichen, sozialen und technischen Veränderungen in der Wirtschaft entstanden. Der Unternehmer sei namentlich in großen Unternehmen allein gar nicht mehr in der Lage, alle Unternehmerfunktionen auszuüben. Die zu treffenden Entscheidungen müsse er vielmehr durch Spezialisten mit besonderem Sachverstand planen, in ihrer Ausführung kontrollieren und bereits schon die Probleme ermitteln lassen. Dabei komme den „Vorentscheidungen" ein die endgültige Unternehmerentscheidung weitgehend bestimmendes Gewicht zu. Dementsprechend müsse für eine leitende Tätigkeit insbesondere die Wahrnehmung **spezifischer unternehmerischer (Teil-)Aufgaben** mit eigenem erheblichen Entscheidungsspielraum vorliegen, wodurch der Angestellte in die Nähe des Unternehmers und in dessen **Interessenpolarität** (Gegnerbezug) zur Arbeitnehmerschaft rücke. Dagegen sei nicht die finanzielle Rechtsstellung des Angestellten entscheidend; ebensowenig komme es darauf an, ob er eine „Linien-" oder „Stabsfunktion" ausüben oder eine Vorgesetztenstellung innehabe. Schließlich hänge Art und Zahl der leitenden Angestellten von der Organisation des einzelnen Unternehmens ab.
Die Entscheidung des **BAG** ist zum Teil kritisch aufgenommen worden (vgl. Ferdinand **Grüll,** BB 74, 653ff.; Theo **Mayer-Maly,** BB 74, 1124ff.). Mit zwei Entscheidungen vom 19. 11. 74 hat das **BAG** seine Rspr. bestätigt und einen im Bergbau tätigen **Grubenfahrsteiger** (BB 75, 326f.) als leitenden Angestellten eingestuft, weil er den Betrieb unter Tage hinsichtlich Produktion und Sicherheit weitgehend selbständig leite. (A. A. neuerdings **LAG** Düsseldorf Beschl. v. 4. 7. 75 = BB 76, 86f.).
Dagegen hat das **BAG** bei drei **Hauptabteilungsleitern** einer der zwanzig AEG-Niederlassungen das Merkmal des leitenden Angestellten verneint, weil diese nur mit der Abwicklung des Verkaufs beauftragt gewesen seien (FAZ v. 22. 11. 74 i. V. m. BB 74, 1530f.; BB 75, 326f.).
Nach der erwähnten Grundsatzentscheidung des **BAG** steht im vorliegenden Falle der Einstufung des Abteilungsleiters für Betriebssicherheitsdienst als leitenden Angestellten (§ 5 Abs. 3 Nr. 3 BVG) nicht entgegen, daß er vorwiegend eine beratende Tätigkeit, also eine Stabsfunktion, ausübt. Entscheidend dürfte aber sein, ob der dem **Abteilungsleiter** übertragene Funktions- und Aufgabenbereich „zu einer **Interessenpolarität,** zu einem **direkten Gegnerbezug** zur **Arbeitnehmerschaft**

und zum **Betriebsrat** führt". Auf diese Bewertungskriterien hat das **BAG** in seinem Beschluß vom 17. 12. 74 besonders hingewiesen (BB 75, 604 ff.). Nach Auffassung des **LAG** Hamm stellt die Wahrnehmung der Sicherheitsaufgaben den **Leiter des betrieblichen Sicherheitsdienstes** in unternehmerische Mitverantwortung und zugleich in einen Gegnerbezug zur Belegschaft. Somit sei er **leitender Angestellter** i. S. d. § 5 Abs. 3 Nr. 3 BVG (Beschl. v. 11. 7. 74 = BB 74, 1347). Unter Berücksichtigung der §§ 1, 5, 6 u. 8 ArbSichG wird man der Entscheidung des **LAG** Hamm beipflichten können. Das bedeutet für den vorliegenden Fall, daß sich bei der Besetzung der Stelle des Abteilungsleiters für betrieblichen Sicherheitsdienst das Beteiligungsrecht des Betriebsrates auf eine reine **Unterrichtung** (Information) beschränken würde (§ 105 BVG). Dagegen würde § 99 BVG keine Anwendung finden (§ 5 Abs. 3 BVG).

Da leitende Angestellte von jeglicher betriebsverfassungsrechtlicher Repräsentanz durch den Betriebsrat ausgeschlossen sind, hat das **BAG** mit Beschluß vom 19. 2. 75 die arbeitsrechtlich umstrittene Frage der Zulässigkeit von **Sprecherausschüssen** zugunsten der leitenden Angestellten entschieden. Allerdings müsse, so das **BAG,** die Bildung von Sprecherausschüssen auf den Personenkreis des § 5 Abs. 3 BVG beschränkt sein. Unter dieser Voraussetzung müsse man derartige Zusammenschlüsse anerkennen. Andernfalls sei dieser Personenkreis ohne gesetzliche oder vertragliche Repräsentationsmöglichkeit und damit von der gemeinsamen Wahrnehmung seiner Interessen ausgeschlossen. Das sei jedoch mit dem Sozialstaatsgebot unvereinbar (**BAG,** Beschl. v. 19. 2. 75 = BB 75, 925 ff.).

Abmachungen zwischen Sprecherausschuß und ArbG sind rein schuldrechtlicher Natur ohne normative Wirkung, sie sind keine Betriebsvereinbarungen (**BAG,** a. a. O., 927).

Zu 2. Während es sich bei Einstellungsfragen um personelle Angelegenheiten handelt, ist die Einführung von **Kurzarbeit** eine **soziale** Angelegenheit (§§ 87 ff. BVG). Nach § 87 Abs. 1 Nr. 3 BVG hat der Betriebsrat, soweit eine gesetzliche oder **tarifliche** Regelung nicht besteht, bei einer **vorübergehenden** Verkürzung der betriebsüblichen Arbeitszeit **mitzubestimmen.** Der Begriff der „Kurzarbeit" hängt mit der gesetzlichen Regelung des Kurzarbeitergeldes i. S. d. §§ 64 ff. AFG zusammen. Danach kann Kurzarbeitergeld in einem Betriebe nur bis zum Ablauf von **sechs Monaten** seit dem ersten Tage, für den Kurzarbeitergeld gezahlt wird, gewährt werden (§ 67 Abs. 1 AFG). Die Bezugsfrist für Kurzarbeitergeld kann bei außergewöhnlichen Verhältnissen auf dem Arbeitsmarkt durch den BMAuS im Wege der Rechtsverordnung bis auf 24 Monate verlängert werden (§ 67 Abs. 2 AFG).

Die Bundesanstalt für Arbeit in Nürnberg wertet das Kurzarbeitergeld als ein regional, sektoral und einzelbetrieblich differenziert einsetzbares und schnell wirksames Instrument der Arbeitsmarktpolitik, wodurch Entlassungen (hätten) vermieden werden können (FAZ v. 6. 3. 1976). Der Arbeitsring der Arbeitgeberverbände der Deutschen Chemischen Industrie e. V. empfiehlt, bevor der Personalbestand durch Entlassungen von ArbNern herabgesetzt werde, zu überlegen, ob die konjunkturelle Krise nicht durch Kurzarbeit überwunden werden könne (a. a. O., S. 51).

Die Einführung von Kurzarbeit sowie die Gewährung von Kurzarbeitergeld haben vor allem die Funktion, Entlassungen zu vermeiden. Dabei wirkt sich die Kurzarbeit betriebswirtschaftlich als Beschränkung der Personalkosten, arbeits- und sozialrechtlich i. S. d. Aufrechterhaltung von Arbeitsplätzen aus.

Unter **Kurzarbeit** kann man nur die **vorübergehende** Kürzung (der vertraglich vereinbarten) regelmäßigen betriebsüblichen Arbeitszeit verstehen, d. h., bei Einführung der Kurzarbeit muß sich bereits ihr Ende absehen lassen (**Bobrowski-Gaul,** a. a. O., D III 44). Ihre Einführung unterliegt der **Mitbestimmung** des Betriebsrates (§ 87 Abs. 1 Nr. 3 BVG). Es handelt sich dabei um eine **Wirksamkeitsvoraussetzung** für das Zustandekommen der Maßnahme. Das bedeutet, ohne Zustimmung des Betriebsrates würde die Maßnahme nicht wirksam (Unwirksamkeitstheorie). Im Streitfalle könnte die fehlende Zustimmung nur durch den Spruch der Einigungsstelle (§§ 76; 87 Abs. 2 BVG) ersetzt werden (Günter **Schaub,** Der Betriebsrat, a. a. O., S. 192).

Das Mitbestimmungsrecht des Betriebsrates besteht gem. § 87 Abs. 1 BVG allerdings nur insoweit, als nicht bereits eine gesetzliche oder tarifvertragliche Regelung besteht (Sperrwirkung). Zur Abgrenzung der Regelungsbefugnisse (Zuständigkeit) von Tarifvertrag und Betriebsvereinbarung s. Fall Nr. 21.

Mantel-Tarifverträge enthalten üblicherweise allgemeine Bestimmungen über die Einführung von Kurzarbeit. Ein Beispiel dafür enthält der vorliegende Sachverhalt, der insoweit dem § 7 Abs. 1 des Manteltarifvertrages für gewerbliche ArbNer und Angestellte in der chemischen Industrie vom 22. 2. 73 entspricht. Der Tarifvertrag läßt das Mitbestimmungsrecht des Betriebsrates (§ 87 Abs. 1 Nr. 3 BVG) zwar grundsätzlich unangetastet. Nach der tarifvertraglichen Regelung kann Kurzarbeit aber nur im **Bedarfsfalle** und mit einer Ankündigungsfrist von 14 Tagen eingeführt werden. In Bezug auf die Erfüllung dieser Forderungen hat der Tarifvertrag somit **Vorrang** und engt das Mitbestimmungsrecht ein.

Fraglich ist, was unter dem von den Tarifvertragsparteien nicht bestimmten (unbestimmten) Begriff „Bedarfsfall" zu verstehen ist. Bei der Einführung der Kurzarbeit geht es um eine vorübergehende Minderung der betriebsüblichen Arbeitszeit. Ob man dieser Sofortmaßnahme „bedarf", hängt davon ab, ob noch andere, weniger einschneidende Maßnahmen in Betracht kommen, die zum gleichen Ergebnis, einer wirkungsvollen (vorübergehenden) Beschränkung der Personalkosten, führen würden. Sollte dies der Fall sein, so wären sie vorab, d. h., vor Einführung der Kurzarbeit, zu ergreifen.

Eine derartige Personalpolitik (Begriff s. **v. Eckhardstein-Schnellinger,** a. a. O., S. 1 ff.) ergibt sich arbeitsrechtlich aus dem **Gebot der Verhältnismäßigkeit** der Mittel und dem **Arbeitnehmerschutzgedanken** i. V. m. der Fürsorgepflicht des ArbG (Fall Nr. 10) gegenüber den ArbNern. Während der Arbeitnehmerschutzgedanke ein unbestrittenes Prinzip des Arbeitsrechtes ist (vgl. Fälle Nr. 1, 15), findet der Grundsatz der Verhältnismäßigkeit der Mittel bisher nur im Arbeitskampfrecht ausdrücklich Anwendung (Fälle Nr. 25, 26). Darüber hinaus kann dieser Grundsatz überall da Geltung beanspruchen, wo es um die rechtliche Zulässigkeit notwendig erscheinender Eingriffe in geschützte Rechtspositionen geht. Die Kurzarbeit würde teilweise in das arbeitsvertraglich und gesetzlich abgesicherte Recht am Arbeitsplatz eingreifen.

Daher müßte die Personalabteilung zunächst unter Beteiligung des Betriebsrates prüfen, ob nicht anstelle von Kurzarbeit andere, weniger einschneidende Maßnahmen für sich allein oder miteinander verbunden zu der angestrebten Senkung der Personalkosten führen würden. Zu denken wäre an den Abbau von Überstunden, einen Einstellungsstop, das Auslaufenlassen von befristeten Arbeitsverträgen, die Beendigung von Arbeitnehmerüberlassungsverträgen (§ 12 Abs. 1 AÜG) sowie an eine Urlaubsverlegung (Arbeitsring der Arbeitgeberverbände der Deutschen Chemischen Industrie e. V. a. a. O., S. 50 ff.).

Der Begriff „Bedarfsfall" ist aber nicht nur von den betrieblichen Maßnahmen, sondern auch von der gesetzlichen Regelung des Kurzarbeitergeldes (§§ 64 ff. AFG) her zu bestimmen. In der betrieblichen Praxis dürfte der Betriebsrat seine Zustimmung zur

Einführung der Kurzarbeit (§ 87 Abs. 1 Nr. 3 BVG) davon abhängig machen, daß die gesetzlichen Voraussetzungen für die Gewährung von Kurzarbeitergeld vorliegen (Arbeitsring der Arbeitgeberverbände der Deutschen Chemischen Industrie e. V., a. a. O., S. 52).
Gem. §§ 64ff. AFG muß der Arbeitsausfall auf wirtschaftlichen Ursachen einschließlich betrieblicher Strukturveränderungen oder auf einem unabwendbaren Ereignis beruhen und sich auf einen Zeitraum von nicht weniger als 4 Wochen erstrecken für mindestens ein Drittel der im Betrieb Beschäftigten und mehr als **10 v. H.** der Arbeitszeit betragen. Die Ursachen des Arbeitsanfalles dürfen **nicht** witterungsbedingt, branchen- oder betriebsüblich sowie saisonbedingt sein oder ausschließlich auf betriebsorganisatorischen Gründen beruhen (vgl. **Das Personal-Büro,** a. a. O., Gruppe 5, S. 29f.).
Ferner muß der Arbeitsausfall **unvermeidbar** sein. Das ist – wie oben ausgeführt – nicht der Fall, wenn andere betriebliche Maßnahmen, wie z. B. eine Urlaubsverlegung, einen Arbeitsausfall verhindern würden. Als weitere Beispiele für **vermeidbaren** Arbeitsausfall werden angeführt: die Möglichkeit der Produktion auf Vorrat oder eine Produktionsumstellung (Arbeitsring der Arbeitgeberverbände der Deutschen Chemischen Industrie e. V., a. a. O., S. 52).
Somit liegt nach den angeführten **betrieblichen** und **gesetzlichen** Kriterien ein **Bedarfsfall** dann vor, wenn infolge **wirtschaftlicher** Ursachen (z. B. Auftragsmangel) oder gleich zu bewertender Umstände (§ 64 AFG) ein **unvermeidbarer Arbeitsausfall** eintritt, dem nicht auf andere Weise als durch **Einführung von Kurzarbeit,** d. h. Streckung der Arbeit (Verhältnismäßigkeit der Mittel), begegnet werden kann.
Der ArbG muß den Arbeitsausfall dem Arbeitsamt **anzeigen** (§§ 64 Abs. 1 Nr. 4; 66 AFG). Das Kurzarbeitergeld beträgt 68 v. H. des ausfallenden Arbeitsentgeltes, vermindert um die gesetzlichen Abzüge. Die sich hiernach ergebenden Leistungssätze je Ausfallstunde sind in einer amtlichen Tabelle zusammengefaßt (**Das Personal-Büro,** Gruppe 14, S. 13f.).
Einen nicht mit dem vorliegenden Sachverhalt zu verwechselnden Fall von Kurzarbeit regelt § 19 KSchG im Zusammenhang mit der Durchführung beantragter Massenentlassungen (Kurzarbeit kraft behördlicher Ermächtigung).
Unter Beachtung der geschilderten Voraussetzungen kann B im vorliegenden Falle mit Zustimmung des Betriebsrates (§ 87 Abs. 1 Nr. 3 BVG) Kurzarbeit nach einer Ankündigungsfrist von 14 Tagen einführen. Sollte der Betriebsrat die Zustimmung verweigern, könnte B die Einigungsstelle (§ 76 BVG) um Entscheidung anrufen (§ 87 Abs. 2 BVG).
Führt B die Kurzarbeit aufgrund einer Betriebsvereinbarung ein (§§ 77 Abs. 3 Satz 2; 87 Abs. 1 Nr. 3 BVG), gilt die Verkürzung der Arbeitszeit und die dadurch bedingte Lohnminderung gegenüber allen Belegschaftsmitgliedern (§ 77 Abs. 4 Satz 1 BVG), gleichgültig ob sie tarifgebunden sind oder nicht. Sollte der Betrieb B keinen Betriebsrat haben, könnte B die Kurzarbeit unter den übrigen tarifvertraglichen Voraussetzungen einführen. Sofern man die Einführung der Kurzarbeit für eine **betriebliche** Norm hält (bestr.!), würde die Regelung auch die Arbeitsverhältnisse nicht tarifgebundener Belegschaftsmitglieder erfassen (§§ 3 Abs. 2; 4 Abs. 1 Satz 2 TVG). Sollte keine Tarifvertragsklausel existieren, bliebe nur die Möglichkeit einer einzelvertraglichen Einführung der Kurzarbeit. Eine einseitige Anordnung durch B käme – wegen des Erfordernisses der inhaltlichen Änderung des Arbeitsvertrages – nicht in Betracht.

Zu 3. Die Stillegung eines wesentlichen Betriebsteiles kann unter den Voraussetzungen des § 111 BVG eine **Betriebsänderung** und damit eine **wirtschaftliche** Angelegenheit (§§ 106ff. BVG) darstellen.

Bei Betriebsänderungen ist das **Beteiligungs**recht des Betriebsrates **mehrstufig** aufgebaut. Die Beteiligungspflichten des ArbG (Unternehmers) beziehen sich auf die rechtzeitige und umfassende **Unterrichtung** (Information) über die geplante Betriebsänderung und die **Beratung** darüber mit dem Ziel des Zustandekommens eines Interessenausgleiches (§§ 111 Satz 1; 112 Satz 1 BVG). Hinsichtlich des Ausgleiches oder der Milderung der durch die geplante Betriebsänderung für die ArbNer entstehenden wirtschaftlichen Nachteile **(Sozialplan),** hat der Betriebsrat ein **Mitbestimmungsrecht** i. S. e. Mitentscheidung (§ 112 Abs. 1 Satz 2; Abs. 4 BVG). Die Beteiligungsrechte bei Betriebsänderungen lassen sich zusammenfassen als Informations (Unterrichtung)-, Mitwirkungs(Beratung)- und Mitbestimmungsrechte. Für den Fall der Nichterfüllung von Beteiligungspflichten durch den ArbG sehen die §§ 113 Abs. 3; 23 Abs. 3 und 121 BVG Sanktionsmöglichkeiten vor.
Ist die Beteiligung des Betriebsrates bei der wirtschaftlichen Maßnahme gewahrt, bedarf es noch seiner Beteiligung bei Durchführung der personellen Einzelmaßnahmen (§§ 99ff. BVG). Werden z. B. infolge einer Betriebsstillegung Kündigungen erforderlich, so ist der ArbG vor Ausspruch der einzelnen Kündigung zur Anhörung des Betriebsrates verpflichtet (§ 102 Abs. 1 BVG). Dagegen wäre die Anhörung nicht erforderlich, wennn der Betriebsrat z. B. im Sozialplan seine Zustimmung zu den Entlassungen ausdrücklich erteilt haben sollte (Günter **Schaub,** Der Betriebsrat, a. a. O., S. 270).
Bei den in § 111 Nr. 1 bis Nr. 5 BVG aufgeführten Fällen von Betriebsänderungen ist stets davon auszugehen, daß sie wesentliche Nachteile für die Belegschaft oder erhebliche Teile der Belegschaft zur Folge haben können (Günter **Schaub,** a. a. O., S. 272). Dies gilt somit auch für die Stillegung eines wesentlichen **Betriebsteiles.** Um einen „wesentlichen" Betriebsteil handelt es sich, wenn von der Maßnahme so viele ArbNer betroffen werden, daß im Falle ihrer Kündigung eine Massenentlassungsanzeige (§ 17 KSchG) erforderlich wäre (Günter **Schaub,** a. a. O., S. 271).
Unter dieser Voraussetzung würden, sobald B im vorliegenden Falle aus dem Stadium der Erwägung in das der **Planung** der Teilstillegung treten sollte, die oben dargestellten Beteiligungspflichten für B bzw. Beteiligungsrechte für den Betriebsrat entstehen. Lediglich kleinere Betriebe mit weniger als zwanzig wahlberechtigten ArbNern sind von den Vorschriften der §§ 111 ff. BVG ausgenommen (§ 111 Satz 1 BVG).
Bei dem von B und dem Betriebsrat anzustrebenden **Interessenausgleich** (§ 112 Abs. 1 Satz 1 BVG) würde es darum gehen, **ob** die Betriebsteilstillegung **überhaupt** und wenn ja, in welchem **Umfang** und zu welchem Zeitpunkt sie stattfinden sollte (Günter **Schaub,** a. a. O., S. 272). Der Interessenausgleich betrifft also die (wirtschaftliche) Durchführung der Betriebsänderung. Er kann nur durch **gütliche Einigung** erzielt werden. Die Einigungsstelle ist nicht befugt (§ 76 BVG), im Streitfalle über den Interessenausgleich verbindlich zu entscheiden. Sie kann sich nur **vermittelnd** einschalten (§ 112 Abs. 3, Abs. 4 BVG). Selbst von einem zustandegekommenen Interessenausgleich darf der ArbG abweichen. Allerdings können dadurch Arbeitnehmeransprüche auf **Nachteilsausgleich** entstehen (§ 113 Abs. 1 BVG).
Bei dem von B und dem Betriebsrat zu beschließenden **Sozialplan** würde es um die **Vermeidung sozialer Härten** gehen, die infolge der geplanten Betriebsänderung (Stillegung eines wesentlichen Betriebsteiles) auftreten könnten (§ 112 Abs. 1 Satz 2 BVG).

Die Praxis der Vereinbarung von Sozialplänen sieht u. a. vor:

Die Gewährung von **Abfindungen** bei Entlassungen,
Lohnausgleich für Zuweisung einer anderen Tätigkeit,

Angebot **anderweitiger Arbeitsplätze** im Unternehmen,
Übernahme von **Umzugskosten,**
Erstattung von **Fahrgeld** (z. B. bei Verlegung des Betriebes),
Umschulungs- und **Vorstellungskosten,**
Zuschuß zum **Arbeitslosengeld,**
die **bevorzugte Wiedereinstellung** ehemaliger Betriebsangehöriger,
Belassen von Werkswohnungen,
die Verpflichtung des ArbG, die in der Berufsausbildung stehenden ArbNer (Auszubildenden) in **Ausbildungsverhältnisse** des gleichen Berufes zu **vermitteln.**
(Beispiel eines Sozialplanes in Form einer BV s. S. 106ff.)

Der Sozialplan kann zustandekommen durch **Vereinbarung** zwischen ArbG (Unternehmer) und Betriebsrat (§ 112 Abs. 1 Satz 2 BVG), durch **Vermittlung** des Präsidenten des Landesarbeitsamtes (§ 112 Abs. 2 Satz 1 BVG) sowie durch Vermittlung oder **Spruch** der Einigungsstelle (§ 112 Abs. 2 Satz 2, Abs. 3 und 4 BVG). Auch im **Konkurs** des Unternehmers kann der Betriebsrat vom Konkursverwalter die Aufstellung eines **Sozialplanes** fordern (**AG** Heilbronn, Beschl. v. 27. 9. 74 = BB 75, 91 f.).
Ebenso können nach Konkurseröffnung **Abfindungsansprüche** gem. § 113 Abs. 3 BVG entstehen, die als Masseschuld i. S. d. § 59 Abs. 1 KO zu werten sind (**BAG,** Urt. v. 17. 9. 74 = BB 74, 1483ff.). Unberührt davon bleibt der Anspruch der ArbNer auf **Konkursausfallgeld** nach den §§ 141 a ff. AFG.
Das Verlangen nach einem Sozialplan ist Gegenstand des erzwingbaren **Mitbestimmungsrechtes** des Betriebsrates (§ 112 Abs. 2 Satz 2, Abs. 4 BVG). Der Sozialplan hat die Wirkung einer Betriebsvereinbarung, ohne daß für ihn die in §§ 77 Abs. 3 BVG statuierte Sperrwirkung des Tarifvertrages (Fall Nr. 21) gilt (§ 112 Abs. 1 Satz 3 und 4 BVG).
Wegen der Einzelheiten und Verfahrensstationen, die durch die Beteiligung des Betriebsrates bei Betriebsänderungen auftreten können, siehe **Schaubild** Seite 104.
Hinsichtlich der **Beteiligungsformen** des Betriebsrates bei **Betriebsänderungen** ist zusammenfassend festzustellen, daß die wirtschaftliche Entscheidung über die Betriebsänderung beim Unternehmer liegt und die Beteiligung des Betriebsrates sich auf Unterrichtung und Beratung, also **Mitwirkungsrechte,** beschränkt. Dagegen hat der Betriebsrat ein **Mitbestimmungsrecht,** soweit es um den **Sozialplan** geht. Würde der Betriebsrat auf der wirtschaftlichen Seite nicht nur mitwirken, sondern mitbestimmen, wäre er Mit-Unternehmer. Die Vertretung und **Mitbestimmung** der **Belegschaft** auf Unternehmensebene ist aber nicht **Gegenstand** des BVG sondern der **Mitbestimmungsgesetze** in der Montanindustrie (Montanmitbestimmungsgesetz) und der übrigen Wirtschaft (MitbestG v. 4. 5. 76). Demgegenüber ist und bleibt der Betriebsrat – auch in wirtschaftlichen Angelegenheiten – Repräsentant der Belegschaft auf betrieblicher Ebene.

Zusammenfassend kann festgestellt werden, daß

1. die Einstellung von ArbNern (1.) eine **personelle Angelegenheit** (personelle Einzelmaßnahmen) darstellt. Hierbei steht dem Betriebsrat ein Mitwirkungsrecht (Vetorecht) zu; bei **leitenden Angestellten** beschränkt sich die Beteiligung des Betriebsrates auf eine **Unterrichtung** (Information) über die geplante personelle Maßnahme.

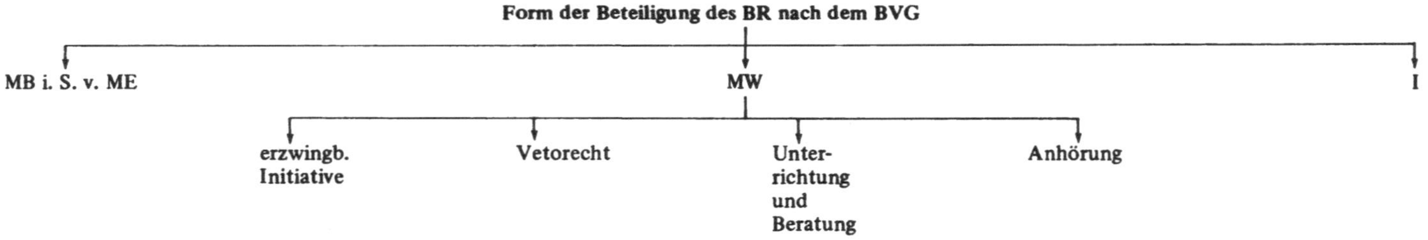

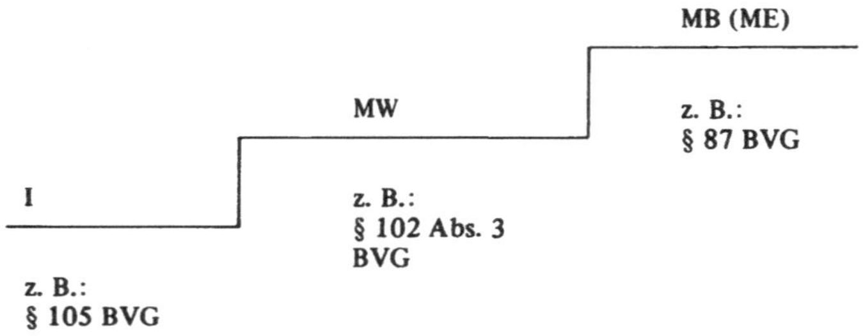

Abkürzungen:

BR = Betriebsrat
BVG = Betriebsverfassungsgesetz
I = Information
MB = Mitbestimmung
ME = Mitentscheidung
MW = Mitwirkung

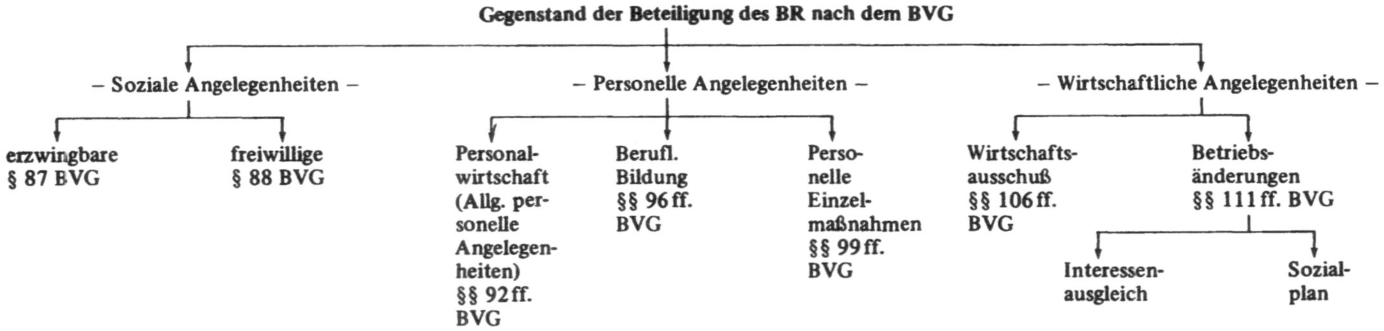

Gegenstand der Beteiligung des BR nach dem BVG
– Soziale Angelegenheiten –
– Personelle Angelegenheiten –
– Wirtschaftliche Angelegenheiten –
erzwingbare § 87 BVG
freiwillige § 88 BVG
Personalwirtschaft (Allg. personelle Angelegenheiten) §§ 92 ff. BVG
Berufl. Bildung §§ 96 ff. BVG
Personelle Einzelmaßnahmen §§ 99 ff. BVG
Wirtschaftsausschuß §§ 106 ff. BVG
Betriebsänderungen §§ 111 ff. BVG
Interessenausgleich
Sozialplan

Beteiligung des BR bei Betriebsänderungen

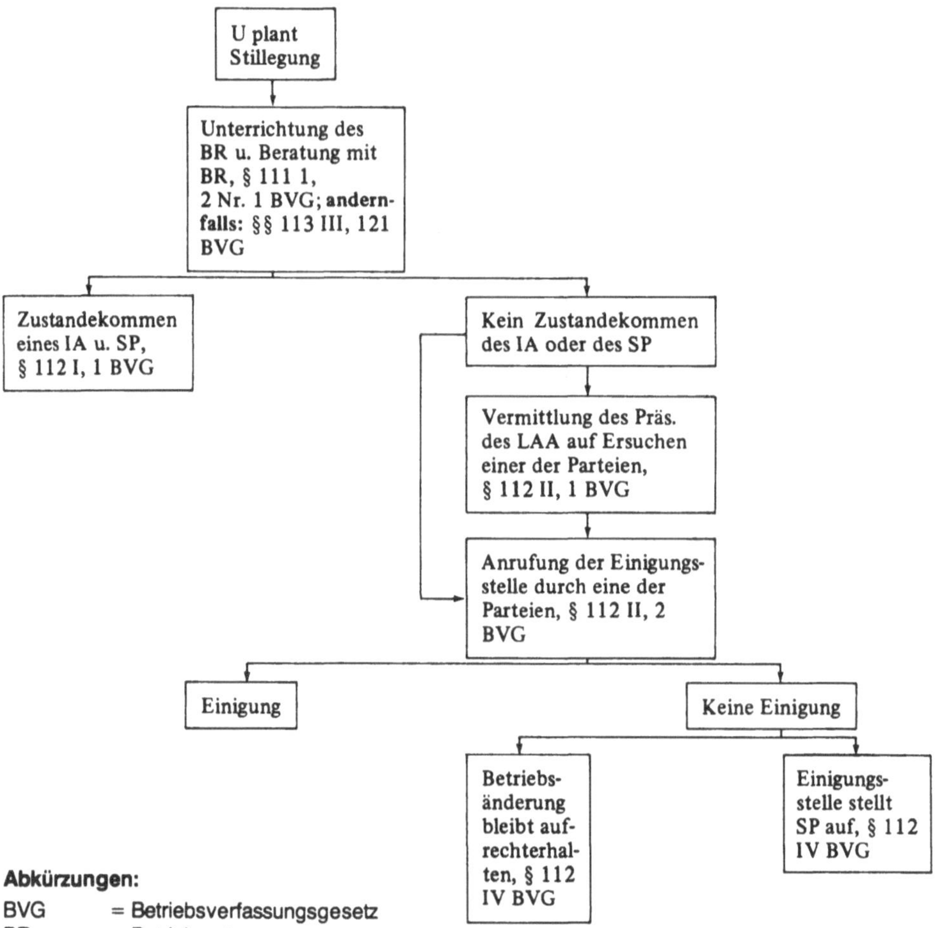

Abkürzungen:

BVG = Betriebsverfassungsgesetz
BR = Betriebsrat
IA = Interessenausgleich
LAA = Landesarbeitsamt
Präs. = Präsident
U = Unternehmer
SP = Sozialplan
Röm. Ziffer = Abs. d. §
Arab. Ziffer = Satz i. §

2. Die Planung der Einführung von Kurzarbeit (2.) ist eine **soziale Angelegenheit,** bei der der Betriebsrat **mitzubestimmen** hat.
Der Begriff des „Bedarfsfalles" der Kurzarbeit ist unter Berücksichtigung des AFG zu bestimmen.
Kurzarbeit hat die Funktion, durch Arbeitsstreckung Arbeitslosigkeit zu verhindern.
3. Bei der Planung einer Teilstillegung (3.) handelt es sich um eine **wirtschaftliche Angelegenheit.** Hinsichtlich des **Interessen**ausgleiches steht dem Betriebsrat ein **Mitwirkungsrecht** (Unterrichtung und Beratung) zu; dagegen unterliegt die Aufstellung eines **Sozialplanes** einem **erzwingbaren Mitbestimmungsrecht** des Betriebsrates. Davon unberührt bleibt das Mitwirkungsrecht im Einzelfall bei Entlassungen (§ 102 BVG) als Folge einer Betriebsänderung.

Zusätzliche Literaturhinweise

Generell (einschlägige **Kommentare** z. BVG); Werner **Brill,** Die höchstrichterliche Rechtsprechung zum neuen Betriebsverfassungsgesetz, Beilage 8/1974 zu BB Heft 23/1974.

Zu 1. (Personelle Angelegenheiten):

Das **Personal-Büro,** a. a. O.; Peter G. **Meisel,** a. a. O.

Zu 2. (Soziale Angelegenheiten):

Wolfgang **Böhm,** Die Einführung von Kurzarbeit, Das Personal-Büro, Gruppe 3, S. 577ff.; Clemens **Becker,** Arbeitsförderung, Das Personal-Büro, Gruppe 5, S. 23ff.; W. **Böhm,** Massenentlassung und Kurzarbeit, in BB 74, 281ff.; Günter **Schaub,** Arbeitsrecht, a. a. O., Stichwort „Kurzarbeitergeld".

Zu 3. (Wirtschaftliche Angelegenheiten):

Das Personal-Büro, a. a. O.; „Ein Sozialplan kann sehr teuer werden", 3/74, 27ff.; Klaus **Rumpf,** a. a. O.; Ernst **Teubner,** Interessenausgleich und Sozialplan, in BB 74, 982ff.

Rechtsprechung des BAG zum Begriff des leitenden Angestellten i. S. d. § 5 Abs. 3 Nr. 3 BVG:

v. 5. 3. 74 = BB 74, 553ff. (Heft 12) = NJW 74, 965ff., (Grundsatzentscheidung); Bespr. dieser Entscheidung = BB 74, 653ff. (Heft 14);
v. 19. 11. 74 = BB 74, 1530f. (Heft 33);
v. 19. 11. 74 = BB 75, 279ff. (Heft 6);
v. 19. 11. 74 = BB 75, 326f. (Heft 7), (Grubenfahrsteiger);
v. 4. 12. 74 = BB 75, 743 (Heft 16);
v. 17. 12. 74 = BB 75, 604ff. (Heft 13);
v. 17. 12. 74 = BB 75, 787f. (Heft 17), (Angestellter als Unternehmensplaner);
v. 28. 1. 75 = BB 75, 743f., (angestellter Wirtschaftsprüfer);
v. 10. 2. 76 = BB 76, 839ff., (Sektionsleiter eines Forschungsunternehmens).

Zulässigkeit der Bildung von Sprecherausschüssen für leitende Angestellte:

BAG, Beschl. v. 19. 2. 75 = BB 75, 925ff. (Heft 20).

Beispiel eines Sozialplanes

Betriebsvereinbarung

betreffend Sozialplan gemäß § 112 Betriebsverfassungs-Gesetz zwischen der X-GmbH – nachfolgend X genannt – und dem Betriebsrat der X-Werke GmbH – nachfolgend Betriebsrat genannt –

X und Betriebsrat haben eine Betriebsvereinbarung betreffend einen Interessenausgleich gemäß § 112 Betriebsverfassungs-Gesetz am 12. November 1973 abgeschlossen.
Zum Ausgleich beziehungsweise zur Milderung der wirtschaftlichen Nachteile, die den Mitarbeitern infolge der bevorstehenden Stillegung beziehungsweise Einschränkung des Betriebes entstehen werden, vereinbaren die Geschäftsleitung der X und der Betriebsrat hiermit gemäß § 112, Abs. 1 BetrVG den folgenden Sozialplan:

I. Abfindung der Mitarbeiter

1. Jeder Mitarbeiter, dem aus Anlaß der Stillegung beziehungsweise Einschränkung des Betriebes gekündigt wird, erhält eine Abfindung, die sich aus dem Grundbetrag, aus einem Steigerungsbetrag und dem Treuebetrag zusammensetzt.
2. a) Als Grundbetrag erhält jeder Mitarbeiter ein Brutto-Monatseinkommen.
b) Zusätzlich zum Grundbetrag wird ein Steigerungsbetrag nach der Formel

$$\frac{\text{Lebensalter} \times \text{Betriebszugehörigkeit}}{\text{Divisor}}$$

ergibt Brutto-Monatsverdienst

gewährt.
In Abhängigkeit vom Lebenslater gelten folgende Divisoren:
bis vollendete 35 Jahre = 95
bis vollendete 40 Jahre = 90
bis vollendete 45 Jahre = 80
bis vollendete 50 Jahre = 70
bis vollendete 65 Jahre = 65
Als Lebensalter werden die vollendeten Lebensjahre und die angefangenen Monate bis zum Austrittstermin voll gerechnet. Bei der Berechnung der Betriebszugehörigkeit wird im Ein- und Austrittsjahr jeder angefangene Monat voll gezählt.
c) Für die Zeit ab 1. Oktober 1973 bis zum Termin seines Ausscheidens (angefangene Monate werden voll gerechnet) erhält jeder Mitarbeiter einen Treuebetrag in Höhe von DM 100,– pro Monat.
3. a) Die Abfindung gemäß I. 2. wird in ihrer Höhe entsprechend § 10 Kündigungsschutz-Gesetz begrenzt:
Mitarbeiter, die das 55. Lebensjahr vollendet haben und mindestens 20 Jahre dem Betrieb angehören, erhalten höchstens 18 Monatsverdienste. Mitarbeiter, die das 50. Lebensjahr vollendet haben und mindestens 15 Jahre dem Betrieb angehören, erhalten höchstens 15 Monatsverdienste, alle anderen Mitarbeiter erhalten höchstens 12 Monatsverdienste.
b) Mitarbeiter, die das 62. Lebensjahr vollendet haben, erhalten als Abfindung höchstens so viele Monatsverdienste, wie der Zahl der Monate zwischen Beendigung des Arbeitsverhältnisses und der Vollendung des 65. Lebensjahres entspricht, geteilt durch 2.
4. Die Abfindungen werden bei Ausscheiden fällig.

II. Härtefonds

Die X errichtet einen Härtefonds in Form einer Rückstellung von DM 100 000,–. Dieser Härtefonds dient zur Milderung von wirtschaftlichen und sozialen Nachteilen, die diese Betriebsvereinbarung nicht erfaßt.
Der Fonds wird von 4 Mitgliedern verwaltet, von denen je 2 durch X und den Betriebsrat zu benennen sind. Aus diesem Fonds können Unterstützungen bis zum 31. 12. 1975 gezahlt werden.
Zum Beispiel können aus dem Härtefonds Zahlungen geleistet werden für Angehörige von Mitarbeitern, die innerhalb von 12 Monaten nach dem Ausscheiden sterben.

III. Sonstige Bestimmungen,

gültig für Mitarbeiter, denen X aus Anlaß der Stillegung beziehungsweise Einschränkung des Betriebes gekündigt hat.
1. Mitarbeiter, die zum Zeitpunkt des Ausscheidens das 45. Lebensjahr und eine 10jährige Betriebszugehörigkeit vollendet haben, erhalten – wenn und so lange wie sie Arbeitslosengeld beziehen, längstens jedoch bis zur Dauer von 12 Monaten seit dem Ausscheiden – einen monatlichen Zuschuß in Höhe des Unterschiedsbetrages zwischen dem jeweiligen monatlichen Arbeitslosengeld und 90 Prozent des bisherigen Netto-Einkommens. Der Bezug des Arbeitslosengeldes ist nachzuweisen. Der Anspruch auf die zusätzliche Zahlung entfällt, wenn der ausgeschiedene Mitarbeiter Altersruhegeld aus der gesetzlichen Rentenversicherung beanspruchen könnte (65 Jahre).
Für die Berechnung des Netto-Einkommens gilt XII. entsprechend.
2. Mitarbeiter, die sich Umschulungsmaßnahmen nach den Bestimmungen des Arbeitsförderungsgesetzes unterziehen, können unter Anrechnung der Leistungen nach dem Arbeitsförderungsgesetz einen Zuschuß entsprechend der Differenz zwischen den Bezügen nach dem AFÖG und 90 Prozent des bisherigen Netto-Einkommens erhalten. Bezugsberechtigung und Umfang der Leistungen werden von den in II. genannten Personen bestimmt. Die Zuschußzahlung wird längstens bis 31. Dezember 1975 gewährt.
3. Ferner können Zuschußleistungen an Mitarbeiter gewährt werden, deren Arbeitseinkommen beim neuen Arbeitgeber geringer ist als bisher bei X.
Bezugsberechtigung und Umfang der Leistungen werden von den in II. genannten Personen bestimmt.
4. Mitarbeiter, denen X zu einem Stichtag im Jahre 1974 kündigt, erhalten den vollen tariflichen Jahresurlaub und ein entsprechendes Urlaubsgeld sowie die volle tarifliche vermögenswirksame Leistung für 1974. Das tarifliche 13. Monatsgehalt wird wie folgt gezahlt:
bei Ausscheiden bis einschließlich 31. 3. 1974 = 50 Prozent,
bei Ausscheiden bis einschließlich 30. 9. 1974 = 75 Prozent,
bei Ausscheiden ab 1. 10. 1974 = 100 Prozent.
Urlaubsgewährung erfolgt entsprechend einer Betriebsvereinbarung zwischen Geschäftsführung und Betriebsrat.
5. Ausscheidende Mitarbeiter, welche bis zum 31. Dezember 1974 ein Dienstjubiläum ab 10 Jahren oder bis 31. Dezember 1975 ein Dienstjubiläum von 20 und mehr Jahren begehen würden, erhalten die üblichen Jubiläumszuwendungen.

IV. Versetzungen

1. Soweit möglich, werden den betroffenen Mitarbeitern Arbeitsplätze bei der X Hamburg oder Dahlheim sowie in anderen zur Gruppe gehörenden Unternehmen angeboten. Eine derartige Versetzung ist nur mit Zustimmung des Mitarbeiters möglich.
2. Das Angebot einer Versetzung muß schriftlich erfolgen. Es muß die Bezeichnung der angebotenen Tätigkeit mit einer groben Aufgabenbeschreibung enthalten. Ferner müssen darin angegeben sein:
Unternehmen und Betriebsort, Tarifgruppe, Monatsverdienst und eventuelle Umschulung. Das Angebot sollte eine gleichwertige Beschäftigung enthalten. Die Annahmefrist beträgt 10 Kalendertage (Ausland 14 Kalendertage).
Die betroffenen Mitarbeiter können innerhalb einer Frist von 6 Monaten nach der Versetzung kündigen und unterliegen dann noch den Bestimmungen dieses Sozialplanes. Von seiten des Arbeitgebers kann diesen Mitarbeitern frühestens nach Ablauf von 6 Monaten nach der Versetzung gekündigt werden. Mitarbeiter, denen innerhalb von 12 Monaten nach der Versetzung seitens des Arbeitgebers gekündigt wird, fallen auch unter diesen Sozialplan.
Ausgenommen von dieser Regelung sind Kündigungen, die aus Gründen schludhaften Verhaltens des Mitarbeiters erfolgen.
3. Die Auswahl der Mitarbeiter, denen ein Angebot gemacht werden kann, erfolgt unter Mitwirkung des Betriebsrates bei Berücksichtigung sozialer Gesichtspunkte.
Mitarbeiter, denen ein anderer Arbeitsplatz angeboten wird, erhalten die Möglichkeit, diesen Arbeitsplatz auf Kosten der Firma zu besichtigen, bevor sie sich entscheiden.
4. Macht die Versetzung einen Wohnungswechsel erforderlich, so erhält der Mitarbeiter:
a) eine Umzugskostenvergütung,
b) firmenseitige Unterstützung bei Wohnungsbeschaffung,
c) Trennungsentschädigung und Fahrtkosten.

Die Leistungspflicht der X entfällt, soweit der neue Arbeitgeber die vorgenannten Leistungen übernimmt.

5. Ist im Zusammenhang mit einer Versetzung innerhalb der X eine Umschulung erforderlich, so übernimmt die X neben der Fortzahlung des Entgelts die Umschulungskosten. Bei einer Versetzung innerhalb des Konzerns übernimmt X die Kosten für eine ausreichende Grundsprachschulung.

6. Ist das Arbeitsentgelt eines innerhalb der X Hamburg nach Mühlheim oder innerhalb der Y-Gruppe versetzten Mitarbeiters geringer als bei X vor der Versetzung, so erhält er für 12 Monate den Unterschiedsbetrag monatlich ausgezahlt. Hierbei wird entsprechend XII. das monatliche Bruttoeinkommen zugrunde gelegt.

V. Kündigungen

1. Firmenseitige Kündigungen wegen der Stillegung oder Betriebseinschränkung können erst nach Unterzeichnung dieses Sozialplanes sowie der Betriebsvereinbarung betreffend den Interessenausgleich ausgesprochen werden.

Die gesetzlichen und tariflichen Kündigungsfristen sind einzuhalten, auch falls eine Beschäftigung bis zum Kündigungstermin nicht möglich ist.

2. X kann Mitarbeiter vor Ablauf der Kündigungsfrist von der Arbeit freistellen. In diesem Fall hat sie das Arbeitsentgelt bis zum Ablauf der Kündigungsfrist weiterzuzahlen. Das Arbeitsentgelt wird in diesem Fall wie das Urlaubsentgelt berechnet. Die Zeit der Freistellung kann nicht auf den Jahresurlaubsanspruch angerechnet werden. Freigestellte Mitarbeiter sind berechtigt, vor Ablauf der Kündigungsfrist eine andere Arbeit aufzunehmen. Die Aufnahme der anderen Arbeit ist X unverzüglich schriftlich anzuzeigen. Mit Aufnahme der anderen Arbeit endet die Entgeldfortzahlung vorzeitig. Einen etwaigen Minderverdienst hat X jedoch bis zum Ablauf der Kündigungsfrist auszugleichen.

VI. Stellenbewerbung und Vorstellung beim neuen Arbeitgeber

Den betroffenen Mitarbeitern ist zur Bewerbung um einen neuen Arbeitsplatz die erforderliche Zeit ohne Verdienstminderung zu gewähren. In begründeten Fällen werden die notwendigen Fahrtkosten von X erstattet.

VII. Wiedereinstellung

Die X verpflichtet sich, die infolge der Stillegung oder Betriebseinschränkung entlassenen Mitarbeiter bevorzugt wieder einzustellen, sobald ein Bedarf an Arbeitskräften entsteht.

Über die Anrechnung vormals erworbener Betriebszugehörigkeit wird dann zwischen Geschäftsführung und Betriebsrat einvernehmlich entschieden.

VIII. Darlehen

Bei Darlehen, die zum Zeitpunkt des Ausscheidens durch Kündigung der X wegen Stillegung oder Betriebseinschränkung noch einer Tilgungsverpflichtung unterliegen, wird im Einzelfall einvernehmlich zwischen Geschäftsführung und Betriebsrat über den Rückzahlungsmodus entschieden.

IX. Wohnungen oder Wohnheim für Mitarbeiter

1. Allen von der Stillegung oder Betriebsbeschränkung betroffenen Mitarbeitern, die bei X in einer Werkswohnung oder im Wohnheim wohnen, beläßt X bis 31. Dezember 1975 das Wohnrecht, soweit der Arbeitnehmer oder seine Ehefrau/Ehemann die Wohnung für eigene Zwecke weiter nutzt. Die Bestimmungen günstigerer Mietverträge werden von dieser Regelung nicht berührt.

2. Darüber hinaus verpflichtet sich X für den Fall eines Verkaufs der Werkswohnungen oder des Wohnheims, dem Arbeitnehmer oder seiner Ehefrau/Ehemann das Wohnrecht nach IX. 1. bis zum 31. Dezember 1975 sicherzustellen.

X. Unterstützungseinrichtung

Da zum Zeitpunkt der Erstellung dieses Sozialplanes nicht alle Einzelheiten in bezug auf die Unterstützungseinrichtung der X-Werke e. V. restlos geklärt werden konnten, werden von dem in II. genannten Personenkreis die abschließenden Formulierungen festgelegt.

XI. Auszubildende

Arbeitnehmer im Sinne dieser Vereinbarung sind auch die zu ihrer Berufsausbildung Beschäftigten. Die Firma verpflichtet sich, sofern notwendig, sich dafür einzusetzen, daß die in Berufsausbildung stehenden Arbeitnehmer in Ausbildungsverhältnisse des gleichen Berufes vermittelt werden.

XII. Abgrenzungen

Bei der Ermittlung der Brutto- und Netto-Monatsverdienste werden die Brutto-Effektiv-Monatsverdienste der Monate April bis einschließlich September 1973 zugrunde gelegt. Bei Verdiensterhöhungen nicht nur vorübergehender Natur, die bis zum Ausscheiden des Mitarbeiters eintreten, ist von dem erhöhten Verdienst auszugehen bei Beibehaltung des vorgenannten Berechnungszeitraumes. Entschuldigte Fehlzeiten dürfen nicht zu einer Minderung des Durchschnittsverdienstes führen. Urlaubsgelder und andere einmalige Sonderzahlungen bleiben unberücksichtigt.

XIII. Personenkreis

1. Die vorstehenden Leistungen werden allen Mitarbeitern gewährt, die in I. Ziffer 1 genannt sind einschließlich der Auszubildenden.
2. Mitarbeiter, die zu anderen Betrieben der Y-Gruppe unter voller Dienstzeitanrechnung überwechseln oder innerhalb der X versetzt werden, haben mit Ausnahme von IV. keinen Anspruch aus dieser Betriebsvereinbarung.
3. Mitarbeiter, die gegen die Kündigung der X Klage beim Arbeitsgericht erheben oder erhobene Klagen nicht zurücknehmen, haben keinen Anspruch aus dieser Betriebsvereinbarung.

XIV. Schlußbestimmung

Diese Betriebsvereinbarung findet auch Anwendung auf solche Mitarbeiter, denen bis 30. 9. 1975 als Folge der Stillegung bzw. Betriebseinschränkung aus betrieblichen Gründen gekündigt wird.

Hamburg, den 13. November 1973

X-Werke GmbH

Betriebsrat der
X-Werke GmbH

Anhang

Fall Nr. 30: Musterklausur
Sachverhalt:

Das Unternehmen A ist tarifgebunden. In dem zuständigen Tarifvertrag heißt es u. a.: „Ist bei der Einstellung kein schriftlicher Arbeitsvertrag abgeschlossen worden, so hat der Arbeitgeber das Arbeitsverhältnis innerhalb einer Woche nach Aufnahme der Beschäftigung schriftlich zu bestätigen".
A stellt ArbN B, der nicht organisiert ist, formlos ein. Ferner enthält der Tarifvertrag folgende Klausel:
„Im Bedarfsfalle kann Kurzarbeit für Betriebe oder Betriebsabteilungen unter Beachtung des gesetzlichen Mitbestimmungsrechtes des Betriebsrates mit einer Ankündigungsfrist von 14 Tagen eingeführt werden".
Nachdem die Konjunktur schlecht geworden ist, und die Aufträge nur sehr schleppend eingehen, beschließt A, Kurzarbeit einzuführen und statt 40 nur noch 35 Stunden in der Woche arbeiten zu lassen. A holt die Zustimmung des Betriebsrates ein und verkündet fristgemäß durch Aushang am Schwarzen Brett die beschlossene Maßnahme.
B bietet seine Arbeitskraft an und verlangt den Lohn für die ausgefallenen Stunden.
Wie ist die Rechtslage?
Wie wäre der Fall zu beurteilen, wenn B tarifgebunden wäre?
Hilfsmittel: Gesetzestexte
Bearbeitungszeit: 90 Minuten

Besprechung

Vorbemerkung: Die Frage nach der **Rechtslage** bedeutet, daß der vorgegebene Sachverhalt grundsätzlich in chronologischer Folge nach seiner Entstehung satzweise zu überprüfen ist.
Nach **Satz 1** besteht für A ein Tarifvertrag. Damit treten in jedem Falle die Wirkungen der **einseitigen** Tarifbindung ein (§§ 3 Abs. 2; 4 Abs. 1 Satz 2 TVG).
Satz 2 gibt ein wörtliches Zitat aus dem zuständigen Tarifvertrag wieder, das die Form des Abschlusses des Arbeitsvertrages anspricht. Es handelt sich um eine Abschlußnorm, deren normative Geltung beiderseitige Tarifbindung voraussetzt (§§ 3 Abs. 1; 4 Abs. 1 Satz 1 TVG). Nach der Abschlußnorm hat der ArbG das Arbeitsverhältnis innerhalb einer bestimmten Frist, einer Woche, schriftlich zu bestätigen, wenn bei der Einstellung der Arbeitsvertrag nicht in schriftlicher Form abgeschlossen worden ist. Wie hieraus hervorgeht, macht der Tarifvertrag die Wirksamkeit des Vertragsabschlusses nicht von der Beachtung der Schriftform abhängig. Auch ein mündlicher, also formloser AV soll gültig sein. Es handelt sich mithin nicht um die rechtsbegründende (konstitutive, §§ 127, 126 BGB), sondern die rechtserklärende, bestätigende (deklaratorische) Schriftform. Ihre Verletzung würde daher nicht zu der existenziell bedrohlichen Nichtigkeit des Arbeitsvertrages führen, sondern lediglich zur Rechtssicherheit eine Verpflichtung für den ArbG zur Abgabe einer schriftlichen Bestätigung und für den ArbN einen Anspruch auf Vornahme dieser Rechtshandlung begründen (vgl. Fall Nr. 5).

Nach **Satz 3** stellt A den nicht organisierten B formlos, d. h. mündlich oder durch schlüssiges (konkludentes) Verhalten, ein. Da B nicht organisiert ist, besteht keine beiderseitige Tarifbindung. Somit hat die tarifvertragliche Abschlußnorm im Verhältnis zwischen A und B keine Gültigkeit. Eine schriftliche Bestätigung des Arbeitsverhältnisses hat daher nicht zu erfolgen.

Nach **Satz 4** des Sachverhaltes enthält der Tarifvertrag eine Klausel über die Einführung betrieblicher Kurzarbeit. Danach erklärt der Tarifvertrag die Einführung von Kurzarbeit unter bestimmten Voraussetzungen für zulässig. Wie aus § 87 Abs. 1 BVG hervorgeht, sind die Tarifvertragsparteien berechtigt, Normen über Kurzarbeit zu beschließen, die etwaigen bereits bestehenden Regelungen auf betrieblicher Ebene vorgehen würden (Vorrangigkeit tariflicher Abreden). Ferner ist § 87 Abs. 1 BVG zu entnehmen, daß Klauseln über die Einführung von Kurzarbeit betriebliche Normen darstellen, die sämtliche Arbeitsverhältnisse eines tarifgebundenen Betriebes erfassen (einseitige Tarifbindung i. S. des § 3 Abs. 2 TVG).

Die tarifliche Regelung als solche ist inhaltlich nicht zu beanstanden, zumal sie das Mitbestimmungsrecht des BR nach § 87 Abs. 1 Nr. 3 BVG berücksichtigt.

Die in den **Sätzen 5 und 6** geschilderte Einführung der Kurzarbeit im Unternehmen A entspricht inhaltlich und verfahrensmäßig dem Tarifvertrag. Dabei ist hervorzuheben, daß konjunkturell bedingter Auftragsrückgang einen „Bedarfsfall" darstellt, der vorübergehende Kurzarbeit rechtfertigt.

Das Verlangen des B **(Satz 7)** auf vollen Lohn wäre begründet, wenn B einen Beschäftigungsanspruch im Rahmen der üblichen Arbeitszeit hätte. In diesem Falle würde A mit der Annahme der Dienste in Verzug kommen (§ 615 BGB). B ist zwar selbst nicht organisiert, unterliegt jedoch andererseits den betrieblichen Normen des für A geltenden Tarifvertrages (§ 3 Abs. 2 TVG). Das bedeutet: B muß die Einführung der Kurzarbeit und damit die Reduzierung der üblichen AZ gegen sich gelten lassen. Demgemäß verringert sich sein Lohnanspruch. (Gegenseitigkeit von Lohn und erbrachter Arbeitsleistung); der teilweise Lohnausfall kann durch die Gewährung von Kurzarbeitergeld (gem. §§ 63ff. AFG gemindert werden). A gerät also nicht in Annahmeverzug.

Im Alternativfall **(Satz 8)** ist B, weil bei der tariflichen Gewerkschaft organisiert, tarifgebunden. Es liegt also eine beiderseitige Tarifbindung vor. Daher findet der gesamte normative Teil des Tarifvertrages auf das Arbeitsverhältnis zwischen A und B Anwendung. A ist somit verpflichtet, dem B gem. der tariflichen Abschlußnorm das Arbeitsverhältnis schriftlich zu bestätigen. Im Übrigen ändert die beiderseitige Tarifbindung nichts an der Rechtslage.

Stichwortverzeichnis

Abfindungsanspruch *101, 106*
Abkehr *85*
Abschlußfreiheit *13, 14*
– Abschlußzwang *14, 18*
Abschlußnorm *73*
Änderungskündigung *36*
Angestellter *3, 4, 9, 42, 95, 101, 105*
– Begriff *96f.*
– gewerblicher *9, 42*
– kaufmännischer *6, 36*
– leitender *38*
– sonstiger (BGB-) *9, 26*
ArbG *3, 77*
– Begriff *3*
– Konkurs des *24*
– nichtorganisiert *17, 19*
– organisiert *75*
– Recht am eingerichteten u. ausgeübten Gewerbebetrieb *80f.*
– Verband *77*
– Weisungs- u. Direktionsrecht *17, 20, 88*
Arbeiter *3, 4, 9, 36*
– Rentenversicherung der *3*
ArbN *1, 3, 77*
– Abhängigkeit *1, 3*
– Begriff *1, 2, 3*
– gewerbliche *42*
– Minderjährigkeit des *10, 56, 59*
– nichtorganisiert *17, 19*
– organisiert *75*
– Recht am Arbeitsplatz *80, 85*
arbeitnehmerähnliche Personen *5*
Arbeitnehmerschutzgedanke *10, 13, 23, 34, 44, 98*
Arbeitnehmerschutzrecht *44ff., 54, 91*
– des erwachsenen ArbN *44f.*
– Sonderschutz der Jugendlichen *52ff.*
– Sonderschutz der Frauen *48ff.*
– spezielle Gesetze *44*
Arbeitnehmerüberlassung *21*
Arbeitsbereitschaft *72, 73*
Arbeitsbedingungen
– formelle *66f., 74*
– materielle *66f., 71*
– Mindest- *68*
Arbeitskampf *71*
– Begriff *79*
– Gebot (Prinzip) der Verhältnismäßigkeit *83f.*
– Kampfmittel, Grundsatz der Waffengleichheit *83*
– maßnahmen, typische *86*
– recht *79ff.*
– Rechtmäßigkeit *79ff.*
– Sozialadäquanz *80*
Arbeitsleistung *21*
– Anspruch auf *21, 22*
Arbeitslosengeld *84*
Arbeitslosenhilfe *84*
Arbeitslosigkeit *71*
Arbeitsniederlegung *71*
– spontane *71, 81*
Arbeitspflicht *20, 22, 25, 26, 30, 81*
– in Notfällen *21*
– persönlichkeitsgebundene; entpersönlichte *21*
– Suspendierung von der *43*
– Umfang *26*
Arbeitsplatz *14*
– freie Wahl *14*
– Recht am *36, 80*
– unbefugtes Verlassen des *82*
Arbeitsschutzrecht *1, 2, 13, 20, 44ff.*
– Arbeiterschutzrecht *2*
– Arbeitsschutzgesetze *16*
– Übersicht *54*
Arbeitssicherstellungsgesetz *14*
Arbeitsrecht *1, 2, 5, 9*
– Arbeitsgesetzbuch *1*
– Aufgabe *1*
– Begriff *1*
– geschichtliche Entwicklung *2*
– kollektives, Begriff *65*
Arbeitsunfähigkeit *9*
Arbeitsverhältnis *8, 9, 11, 31, 77*
– auf unbestimmte Zeit *34f.*
– Beendigung *31ff.*
– Befristung *33ff.*
– faktisches *10*
– Gruppen- *11, 12*
– mittelbares *12*
Arbeitsvertrag *7, 8, 10, 12, 13, 15, 16, 18, 19, 20, 22, 76*
– Abschluß *10*
– Arbeitsvertragsrecht *13*
– Ausfertigung *13, 15, 16*
– Einwilligung des gesetzlichen Vertreters *10*
– Formerfordernis *18*
– Formfreiheit *15*
– Inbezugnahme des TV *76*
– Kollektiv- *16, 18, 19*
– mündlich *13, 15*
– Schriftform *15, 72,*
rechtsbegründend (konstitutiv) *15, 16, 18*
rechtserklärend (deklaratorisch) *15, 16*
– Synallagma *20, 22*
– Tarifbindung *77*
– Vertragsfreiheit *13, 16, 18*
– Wirksamkeit *15*

Arbeitsvertragsparteien *20*
– Rechte u. Pflichten *20, 30*
Arbeitsverweigerung *22, 81*
– beharrliche *22, 42, 51, 81*
Arbeitszeit
– einfache *17*
– gleitende *16, 45*
– Gleitzeit *17*
– höchstzulässige *44*
– Kernzeit *17*
– qualifizierte *17*
– regelmäßig werktägliche *44, 50, 53*
– schutz *44ff., 48ff., 52ff.*
– wöchentliche *53, 72*
Arzt, frei praktizierender *5*
Aufhebungsvertrag *17, 31, 33, 62*
Ausbildender *55ff.*
– Ausbildungspflicht *57f.*
Ausbilder *56, 59, 61, 64*
– Abberufung *91*
– Eignung *59*
Ausbildungsberufsbild *57*
Ausbildungsordnung *55, 57, 59*
Ausbildungspflicht *57, 58f., 60*
– schuldhafte Nichterfüllung *58*
Ausbildungsplanung *57*
Ausbildungsrahmenplan *57*
Ausbildungsstätte *55*
– überbetrieblich *55*
Ausbildungsziel *57, 59ff.*
Ausgleichsabgabe *12, 14*
Ausgleichsquittung *62, 64*
Ausländer *12, 15*
Außenseiter *68, 70ff., 76*
Außenseiterklausel *71f.*
Ausschlußfrist *43*
– fristlose Kündigung *43*
Aussperrung *65, 79f., 82ff.*
– Abwehr- *84*
– Angriffs- *84f.*
– Begriff *83*
– gesamtlösende *84ff.*
– Rechtmäßigkeit *83ff.*
– suspendierende *84ff.*
Auszubildender *13, 59, 60ff., 109*
– Lernpflicht *57, 60f.;* Nichterfüllung *61*
– Pflichten *60ff.*
– Schulpflicht *60f.*
– Streikrecht *79*

Beamte *4f.*
– hergebrachte Grundsätze des Berufsbeamtentums *4*, besondere Treuepflicht, Streikverbot *4, 79*
Beendigungsnormen *74*
Befristung
– des Arbeitsverhältnisses *33ff.*
– des Berufsausbildungsverhältnisses *62, 64*
– sachliche Gründe *34*
Berufsausbildung *56*
– Dualismus *61*
Berufsausbildungsverhältnis *13, 55ff.*
– Beendigung *61ff.*
– Befristung *62, 64*
– Kündigung *61f.*
– Verzeichnis *56*
Berufsausbildungsvertrag *13, 56ff.*
– Abschluß *56*
– Schriftformerfordernis *56*
Berufsbildung *56*
Berufsbildungsgesetz *59*
Berufsschulpflicht *53, 60*
Berufsschulunterricht *55*
Berufsunfähigkeit *31, 33*
Berufswechsel *62, 64*
Beschäftigungsanspruch s. Beschäftigungspflicht
Beschäftigungspflicht *14*
– öffentlich-rechtliche *14, 24*
Beschäftigungsverbote *48ff., 53*
Beschäftigungsverhältnis *11*
– sozialversicherungsrechtliches *82, 85*
Bestätigung des Arbeitsverhältnisses *72f.*
Betrieb *21*
– betriebsratspflichtiger *88*
– rechtsgeschäftliche Übertragung *21*
Betriebsänderung *37, 99ff., 104f.*
Betriebsarzt *50*
Betriebsautonomie *17*
Betriebsgruppe *11f.*
Betriebsnormen *73f., 75f.*
Betriebsordnung *42*
Betriebsrisiko *24*
Betriebsteil s. Betrieb
Betriebsrat *11, 16, 66, 69, 89*
– Anhörung des *38, 41, 43*
– Aufgaben u. Rechte *91ff., 94ff.*
– Aufgabenbereiche u. Beteiligungsrechte *94ff.*, Übersicht *102f.*
– Begriff *88*
– Beteiligung des *11f.*
– Beteiligung in
sozialen *97ff.*, personellen *95ff.*, wirtschaftlichen *99ff.* Angelegenheiten
– Wahl *88*
– Zustimmung *22, 25, 38, 45*
Betriebsvereinbarung *6f., 19, 65ff., 106ff.*
Betriebsverfassungsrecht *2, 88ff.*
betriebsverfassungsrechtliche Normen *73, 75f.*
Betriebsversammlung *90f.*

Betriebszugehörigkeit *36*
– Kündigungsfrist *36, 39*
Boykott *79, 85*

Defensiv-Aussperrung *84*
Dienstleistung, persönliche *21*
Dienstvereinbarung *66*
Druckkündigung *42*
Dualismus der Berufsausbildung *61*

Eigengruppe *12*
Eingliederungstheorie *8*
Einigungsstelle *17, 100f.*
Einwilligung des gesetzlichen Vertreters *10, 56*
Einwirkungspflichten der Tarifvertragsparteien *70ff.*
Einzelarbeitsvertrag *18ff., 41*
Endigungsgründe s. Arbeitsverhältnis
Entgeltschutz *49*
Entfaltungsfreiheit *13*
Ermächtigung des Minderjährigen *56*
Europäische Sozialcharta *7, 83*

Facharbeiter *3, 95*
faktische Gesellschaft *10*
faktisches Arbeitsverhältnis *10*
Firmen-Tarifvertrag *70*
Formfreiheit *13, 15f., 36*
Frauenschutz *48ff.*
Freistellungsanspruch *20ff., 28*
Friedenspflicht *70*
– absolute *70*
– relative *70f.*
Fürsorgepflicht des ArbG *7, 20, 25f., 27ff.*

Geldlohn *23*
Geldschuld *23*
gefahrengeneigte Tätigkeit *28*
Gefahrenschutz *48, 52f.*
Geltungsbereich des Tarifvertrages *73*
– fachlicher *73*
– persönlicher *73*
– räumlicher *73*
– zeitlicher *73*
Gesamthandseigentum *12*
Gesamtrechtsnachfolge *33*
Gestaltungsfreiheit *13, 16, 18*
Gesundheitsfürsorge *52f.*
Gewerkschaft *88ff.*
– gewerkschaftliche Vertrauensleute 88, 90
– Gewerkschaftsbewegung *90*
– Gewerkschaftsentwicklung *90*
– im Betrieb vertretene *88ff.*
Gewinnbeteiligung *23*
Gleichbehandlungsgrundsatz *28*
Gleichberechtigungsgrundsatz *48*

gleitende Arbeitszeit s. Arbeitszeit
Gratifikation *23*
Gruppenakkordsatz *11*
Günstigkeitsprinzip *13, 18, 57, 66, 68f., 74*

Handlungsgehilfe *6, 9, 26, 36*
Handelsvertreter *5*
Handwerker, selbständiger *5*
Haus-Tarifvertrag *70, 75*
Heimarbeiter *5*
Höchstarbeitszeiten s. Arbeitszeit
höhere Gewalt *31*

Industrialisierung *2f.*
Inhaltsnormen *18*
Interessenausgleich *100, 105*

Jahresurlaubsanspruch *55*
Jugendschutz *2, 52ff.*
– Begriff des Jugendlichen *52f.*
– Begriff des Kindes *52*
Jugendvertretung *90ff.*
– Aufgaben u. Rechte *91ff.*
– Verhältnis zu Betriebsrat *91ff.*

Kinderarbeit
– Verbot *52*
Koalitionsfreiheit *2, 83*
Kollektiv-Arbeitsvertrag *17, 19, 65*
Konkursausfallgeld *24, 101*
Kündigung *31, 72, 74*
– betriebsbedingte *37f.*
– durch den ArbG *36ff.*
– Freistellungsanspruch des ArbN zur Stellensuche *21*
– fristen *36, 39*
– K.-Schutzprozeß *38;* Beweislast *38*
– ordentliche (fristgerechte) *35ff.*
– personenbedingte *33, 37f.*
– Rechtsnatur *36*
– Schriftform *74*
– Sozialplan *109*
– Teilkündigung *36*
– u. Beteiligung des Betriebsrates *38, 40*
– verhaltensbedingte *37*
Kündigung, außerordentliche (fristlose) *35, 41ff., 62*
– Ausschlußfrist *43*
– Beteiligung des Betriebsrates *43*
– Druckkündigung *42*
– durch den ArbG *41*
– durch den ArbN *41*
– K.-Schutzklage *43*
– schriftliche Begründung *43*
– Umdeutung in ordentliche *43*
– Verdachtkündigung *42f.*
– wichtiger Grund *42f., 62, 64*

Kündigungsschutz
– im MuSchG 49, 51 f.
Koalition 2, 18, 80
kollektives Arbeitsrecht
– Begriff 65
kollektives Vertragsrecht 65 ff.
Kurzarbeit 72 f.
– Begriff 97 f.
– soziale Angelegenheit 97
– Voraussetzungen für Einführung 97 ff., 105
– Zustimmung des Betriebsrates 22, 25

Leichtlohngruppen 48
Leiharbeitsverhältnis 21
Leistungsstörungen 25
leitender Angestellter s. Angestellter
Lohn
– Formen 23
– Höhe 23
– u. Gehaltskonten 23
Lohnanspruch 9, 20
Lohnfortzahlung bei Krankheit 9
Lohnzahlungspflicht 20, 22 ff.
– trotz Nichtleistung 25

Manteltarifvertrag 74
Massenentlassungen 37, 99
Mehrarbeit 45 ff.
– Verbot der Mehrarbeit 50
Mindestarbeitsbedingungen 68
– tarifvertragliche 70 f., 73 ff.
Minderjähriger
– Abschluß eines Arbeitsvertrages 10
mittelbares Arbeitsverhältnis 12
Mutterschaftsgeld 50 f.
Mutterschutz
– gedanke 34
– Inhalt 48 ff.
– Kündigungsverbot 34 f.
Mutterschutzlohn 50 f

Nachteilsausgleich 100
Neutralität gegenüber Arbeitskämpfen 84

Offenbarungspflicht des ArbN 95
Öffnungsklausel 68

Pausen 44
Persönlichkeitsentfaltung 7
Personalfragebogen 95
– Frageberechtigung des ArbG 95
– Mitbestimmung des Betriebsrates 95
personelle Angelegenheiten 95 ff., 101, 103
Prämiensystem 23
Privatautonomie 13, 19
Probezeit 62, 74
Provision 23

Rauchverbot 5 ff.
Recht am Arbeitsplatz 85
Recht am eingerichteten u. ausgeübten Gewerbebetrieb 81
Rechtsnorm 6
– Begriff 6
– Tarifvertrag 73
Rechtsquellen 5 ff.
Reisender 1, 5
Rentenversicherung der Arbeiter 3
Richterrecht 7

Samstagsarbeitsverbot für Jugendliche 53
schadensgeneigte Tätigkeit s. gefahrengeneigte Tätigkeit
Schlichtung 70 f., 85
Schreibkraft 3
Schwerbehinderter 14 ff.
– Aussperrung 83
– Begriff 14
– Schwerbehindertengesetz 14 ff.
– Schwerbeschädigtengesetz 14
– Staatsangehörigkeit 15
Solidarnormen 73, 75
Sozialhilfe 85
Sozialplan 100
– Begriff 100
– Beispiel aus Praxis 106 ff.
– Gegenstand 100 ff.
Sozialautonomie 17
soziale Angelegenheit 97 ff.
Sozialadäquanz 80
Sozialversicherung, gesetzliche 2, 3
Sphärentheorie 25
spontane Arbeitsniederlegung 81
Sprecherausschuß 97
Stellensuche 21
Stillegung 99, 104
Strafgefangener 1, 4 f.
Streik 65, 79 ff.
– Begriff 79
– beteiligung 82
– geld 82
– Rechtmäßigkeit 79 ff.
– Richtlinien des Deutschen Gewerkschaftsbunds 79
– Urabstimmung 80
Streikrecht 79
– kein Streikrecht für Auszubildende u. Beamte 79
Streikverbot
– für Beamte 4
Suspendierung 43, 51

Tarifausschlußklauseln 72
Tarifbindung 75 ff.

Tarifbindung, beiderseitige *22f., 67, 75ff.*
– durch AVE des Tarifvertrages *19*
– durch Mitgliedschaft bei Tarifschließenden *19*
– einseitige *67, 75ff.*
Tarifautonomie *13, 17f., 80, 83*
Tarifvertrag *7, 68f.*
– als Selbsthilfe der ArbNer *2*
– AVE *19*
– Begriff *65f.*
– Geltungsbereich *73*
– hybrides Gebilde *75*
– Schriftform *17f.*
– Verhältnis zu Betriebsvereinbarung *8*
Tarifvertrag, normativer Teil *70, 72ff.*
– Inhalt *73f.*
– Wirkung *74f., 77*
Tarifvertrag, schuldrechtlicher Teil *70ff.*
– Inhalt *70*
– Wirkung *70ff.*
Tarifvertragsparteien *17f., 65, 67, 70, 80*
– Selbst- u. Einwirkungspflichten *70ff.*
Tarifvertragsrecht
– Entwicklung *2*
Tarifwirkung *73ff., 77*
Teilstillegung *99ff., 105*
Treuepflicht *25ff.*
– Begriff *26*
– des Beamten *4*
– Inhalt *26*
– Verletzung *26f.*
Truckverbot *2, 23*

Überarbeit *46f.*
überbetriebliche Ausbildungsstätte *55*
Überstunde *47*
Überstundenvergütung *44ff.*
übertarifliche Zulage *13, 65, 68, 74*
Unabdingbarkeitsprinzip *74*
Unmittelbarkeitsprinzip *74*
ultima ratio-Prinzip *71, 80f., 85*
Unterlassungspflichten *26*
Unternehmenstarifvertrag *70, 83*
Unverbrüchlichkeit tariflicher Rechte *76*
Urlaub *21*
– Anspruch Jugendlicher *53, 55*

Verbandsaustritt *76, 78*
Vergütungsanspruch *24, 85*
Verdachtskündigung *42f.*
verhaltensbedingte Kündigung s. Kündigung
Verhältnismäßigkeitsgebot s. Arbeitskampf
Versetzung
– aufgrund Sozialplan *107*
– personelle Einzelmaßnahme *95*
Vertrag
– zugunsten Dritter *72*
– zu Lasten Dritter *72*
Vertragsfreiheit *13ff., 28*
– Eingriff durch Tarifautonomie *72*
– Günstigkeitsprinzip *74*
– im Arbeitsrecht *13*
– Inhalt (Abschluß-, Form- u. Gestaltungsfreiheit) *13ff.*
– Rechtsgrundlage *13*
Vertrauensmännerkörper *88, 90*
Vorrangigkeit des Tarifvertrags *18*

Weihnachtsgratifikation *68*
Wochenarbeitszeit *53*
– regelmäßige *72f.*
Weisungs- u. Direktionsrecht des ArbG *12, 17, 20, 88*
wilder Streik *82, 84*
Waffengleichheit (Arbeitskampf) *83*
Wirtschaftsrisiko *24*
Weiterbeschäftigung
– Anspruch auf *34f., 38*
– Unzumutbarkeit *51*
Wettbewerbsverbot
– nach Beendigung des Arbeitsverhältnisses *27*
– während des Arbeitsverhältnisses *26f., 42*
Warnstreik *81*
Wirtschaftsausschuß *91*
wirtschaftliche Angelegenheiten s. Betriebsrat
Wiedereinstellung *108*

Zeitlohn s. Lohn
Zwangsarbeit *4f.*

FSC
www.fsc.org
MIX
Papier | Fördert
gute Waldnutzung
FSC® C083411

Kolibri 360 GmbH
Ferdinand-Jühlke-Straße 7
99095 Erfurt, Deutschland
produktsicherheit@kolibri360.de